100세 쇼크

100세 쇼크

100세 시대의 시작, 준비됐는가?

NH투자증권 100세시대연구소 지음

굿인포메이션

2부 연령별 · 특성별 노후준비, 다 다르다

3부 직업에 따라 노후준비 십인십색(十人十色)

1부

100세 시대의 시작, 준비됐는가?

우물쭈물하다가
장수가 재앙된다

인생은 우물쭈물하다간 그냥 간다. 모든 게 때가 있는 법이다. 그때를 놓치면 두 번 다시 기회가 오지 않는 경우도 많다. "60대는 끝났고, 50대는 늦었다. 40대가 해야 할 가장 중요한 일이며, 30대부터 본격적으로 해야 하고, 20대부터 시작한다면 가장 현명한 일"은 무엇일까? 바로 노후준비이다.

노후준비는 50~60대에 하는 것이 아니다. 사실 60대는 노후준비가 이미 끝났어야 한다. 50대도 조금 늦었다. 충분한 노후준비가 안 되었다면 모든 경제적, 비경제적 활동을 노후준비에 초점을 맞추어야 한다. 이때를 놓치면 남은 인생이 힘들다. 그럼에도 불구하고 노후준비와 관련된 모든 논의들이 50대가 되어서야 집중되는 이유는, 주택마련과 자녀교육 등으로 정작 자신을 돌아볼 시간이 없었던 사람들이 그제서야 자신의 노후문제를 피부로 실감하기 때문이다.

40대가 해야 할 제일 중요한 일은 자녀교육만 있는 것이 아니다. 사업성공, 직장 내 승진, 주택 마련 등 현실적인 과제들이 많지만, 본인의 20년 이후 미래를 결정짓는 가장 중요한 일은 은퇴준비이다. 40대에 은퇴준비를 체계적으로 하지 못한다면 50대에 '허겁지겁' 노후준비는 불 보듯 뻔하다. 특히 40대에는 라이프사이클상 지출만큼이나 수입이 큰 때이므로 이를 계획적으로 잘 배분해야 한다.

💰 청춘이고 싶은 중년, 영포티(Young forty)

요즘 40대는 사고와 생활 패턴이 예전의 40대와 달라 '영포티(Young forty)'로 불린다. 영포티는 젊게 살고 싶어하는 40대를 말한다. 제2차 베이비붐(1968~1974년생)세대이자 X세대였던 이들은 자신만의 라이프 방식과 라이프스타일을 중시하며 트렌드에 민감하다. 기성세대의 가치관을 이어받지 않고 자신들만의 삶의 방식을 찾아낸 첫 중년 세대이다. 중년의 고리타분함을 깬 이들은 신체적 나이가 40대일 뿐, 사회적 나이는 30대 청춘에 가깝다. 그 어느때의 40대보다 건강하고 젊은 이들은 평균수명이 역사상 최초로 100세에 도달할 것으로 예상되어 100세 시대를 준비해야 하는 첫 번째 세대이다.

현재 40세의 기대여명(특정연령의 생존자가 향후 생존할 것으로 기대되는 평균 생존년수)은 43.4세로 평균 83.4세까지 살 것으로 예상된다. 의학 발전에 따라 기대수명과 기대여명이 통계청 예측치보다 빠르게 증가하고 있다. 기대수명 증가추세를 고려하면 100세 시대는 먼 미래가 아니다. 기대여명은 최근 20년 사이 8년 가까이 증가했다. 단순 계산하여 앞으로 20년 후에(지금 40대가 60대가 되었을 때) 65세 생존자의 기대여명이 지금보다 8년 증가한다면 기대여명 29년, 기대수명 94세(65세 기대여명 29년)로 많은 사람들이 100세 이상 산다.

의학발전 속도까지 감안한다면 100세 시대는 더 빨리 올 수 있다. 인구통계 전문가인 고려대 박유성 교수팀은 의학발달을 고려한 '신(新)기대수명예측'에서 2030년 기대수명이 90.8세에 이를 것으로 전망했다. 1971년생 남성 중 47.3%가 94세까지 살고, 같은 해 태어난 여성은 96세 생일상을 받을 것으로 예측했다.

100세까지 사는 삶은 축복일까? 막연히 '80세까지 살겠지'라고 생각하며 노후준비를 했거나, 미처 준비하지 못했다면 100세 시대는 축복이 아니라 위기다. 60세 은퇴하고 소득없이 20년을 사는 것과 40년을 사는 것은 분명 다르다. 100세 시대를 맞이할 첫 번째 세대인 영포티는 기존의 그 어떤 세대보다 긴 노후를 준비해야 한다.

💰 정년퇴직 후 40년, 보너스인가 짐인가?

평균수명 100세 시대에는 60세에 정년퇴직을 하고도 노후생활 기간이 40년으로 늘어나게 된다. 성장기인 퍼스트에이지 30년, 생산활동기인 세컨드에이지 30년, 그리고 노년기인 써드에이지 40년의 인생을 살게 된다. 생산활동기에 노후준비를 충실히 한 사람에게는 노후생활 기간이 40년으로 늘어난 것이 보너스이고 축복이지만, 노후준비를 충분히 하지 못한 사람에게는 지나치게 긴 시간이고 짐이다.

① '가구주가 은퇴한 가구'의 60% 생활비 부족

40년의 인생 보너스가 생기면 노후생활자금이 더 많이 필요한 것은 당연하다. 그런데 '가구주가 은퇴한 가구' 중 노후생활비 충당 정도가 '부족하다'는 가구가 절반을 넘는다. 2016년 가계금융 · 복지조사에 따

르면 '가구주가 은퇴한 가구'는 전체가구의 16.3%이다. 가구주가 은퇴
한 가구 중 생활비에 '여유 있는 가구'는 8.7%인 반면, '부족한 가구'
는 39%, '매우 부족한 가구'도 21.5%로 나타났다. 가구주가 은퇴한 10
가구 중 6가구는 노후준비가 부실하여 생활비가 부족하다는 것이다.

② '가구주가 은퇴하지 않은 가구'도 노후준비 잘 된 경우 10% 불과

노후준비가 필요하다고 생각은 하지만 실제 준비는 미흡한 편이다.
2016년 조사 당시 기준 '가구주가 은퇴하지 않은 가구'는 83.7%이다.
이들 중에서 노후준비가 '잘 된 가구'는 8.8%이며, '잘 되어 있지 않은

세계 노인 빈곤율

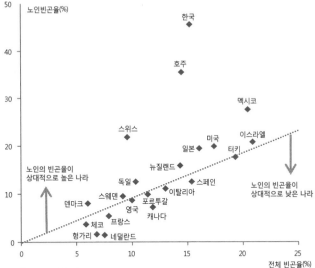

▲자료: OECD(2012)

*주1. 우리나라 노인(65세 이상)들의 빈곤율이 절대적, 상대적 측면 모두 전세계에서 가장 높다.
 – 우리나라의 노인 빈곤율이 45.6%에 달해 전세계에서 가장 높은 수준이다. 뿐만 아니라, 15.2% 수준에 그친
  일반 빈곤율과의 차이가 30% 이상에 달해 노인의 상대적 빈곤율도 전세계에서 가장 높다.
 – 결국, 우리나라의 경우 나이가 들어감에 따라 빈곤층으로 하락하는 인구가 많음을 시사한다.
*주2. 반면, 이스라엘, 터키, 멕시코 등의 경우 일반 빈곤율은 우리나라보다 높지만, 노인 빈곤율과의 차이는 크지 않다.
 – 이는 우리나라와는 달리 노인이 된다고 해서 딱히 빈곤층으로 하락하는 경우가 많지 않음을 뜻한다.

가구'는 37.3%, '전혀 준비 안된 가구'도 19.3%로 나타났다. 노후준비가 잘되어 있는 가구는 10가구 중 1가구에 불과하고, 노후준비가 잘 되어 있지 않은 가구가 10가구 중 6가구에 달하고 있다. 노후준비가 전혀 되어 있지 않은 가구도 10가구 중 2가구나 되었다.

준비되었는가? 100세 시대 준비지수로 본 현실

수명 100세를 기준으로 산출한 '100세 시대 준비지수'를 살펴보면 우리나라 30~50대의 노후준비는 수준 미달이다. 물론 과거 수많은 은퇴연구소나 금융기관에서 말한 정도는 아니어서 지레 겁먹을 필요는 없지만, 상당히 부족한 게 사실이다.

과거 노후준비지수들은 '희망하는 노후생활비'로 60세 이후에도 과거와 똑같은 수준의 소비를 할 것이라고 가정하였다. 그러나 통계청 빅데이터를 이용해 살펴보면 '실질 생활비'와 '희망 생활비'의 격차가 크며, 60세 이후 나이가 들수록 소비수준이 감소하여 4억8,000만원이면 60세 이후 평균적인 삶을 살 수 있다고 추정하고 있다. 가계금융·복지조사 통계를 바탕으로 '100세 시대 준비지수'를 연령대별로 다시 산정해 본 결과 30대와 40대의 준비수준은 67% 수준이고, 50대는 75% 수준이었다. 부족한 차이를 저축으로 감당한다고 할 때 30대(35세 기준)는 매월 89만원을 저축해야 하며, 40대(45세 기준)는 114만원, 50대(55세 기준)는 매월 204만원을 저축해야 60세 이후 평균적인 노후의 삶을 영위할 수 있다는 결론이 된다.

여기서 50대가 준비수준이 높은데도 저축금액이 큰 이유는 50대의 소득수준이 높은 영향도 있지만, 은퇴 시점까지 소득을 올릴 기간이 짧기 때문이다. 물론 50대의 저축금액 204만원은 무조건 추가로 저축해야 하는 금액이 아니다. 평균적인 삶을 사는 55세 세대주가 현재 저축을 매월 150만원씩 하고 있다고 가정하면 추가로 매월 54만원(54만원=204만원-150만원)을 5년간 더 저축하면 60세 이후 평균적인 노후생활을 영위할 수 있다는 의미이다.

은퇴는 준비이고, 행복은 연습이다. 미리 준비하고 연습해야 한다. 그래야 행복한 노후가 보장된다. 노후준비는 빠르면 빠를수록 좋다. "우물쭈물하다가 내 이럴 줄 알았다"는 후회를 하지 않으려면 말이다.

구글, 노화방지 연구 돌입, 인간의 수명은 더 길어질 것

세계적인 정보통신 기업을 일군 실리콘밸리 거부들이 바이오 기업을 세우거나 의학연구재단에 거금을 지원하면서 노화 방지와 인간 수명연장 연구를 지원하고 있다. 이들이 노화 연구를 지원하는 것은 스스로 오래 살기 위한 것도 있지만 노화 방지 산업이 엄청난 시장이 될 것이라고 확신하고 있기 때문이다.

세계 최고 인터넷 기업 구글은 2013년 바이오 기업 '칼리코(California Life Company)'를 세웠다. 구글 창업자들은 노화의 비밀을 알아내 인간의 수명을 획기적으로 연장하는 것이 칼리코의 목표라고 밝혔다. 이듬해 구글은 세계 10위 제약사인 애비브와 칼리코의 노화연구에 15억달러(약 1조 8,000억원)를 공동 투자하는 계약을 맺었다.

인간의 수명연장을 위한 칼리코의 연구개발은 '벌거숭이 두더지쥐', '효모' 같은 실험 생물을 통해 진행되고 있다. 아프리카 동부지역에 사는 벌거숭이 두더지쥐는 몸길이가 8cm에 털이 거의 없는 보잘것없는 동물이다. 하지만 수명은 32년으로 같은 크기의 다른 쥐보다 10배 이상이다. 사람으로 치면 800세 이상 사는 것이다. 암에 걸리지도 않고 통증도 느끼지 않는다. 칼리코 과학자들은 벌거숭이 두더지쥐의 혈액이나 분비물을 분석해 구체적으로 어떤 물질이 수명과 관련되는지 연구하고 있다.

칼리코가 주목한 두 번째 생물은 빵이나 술을 빚을 때 들어가는 발효 세균인 효모이다. 효모는 감자에서 싹이 나듯 나이 든 세포에서 새로운 세포가 돋아나 증식한다. 칼리코는 오래된 세포와 새로 나온 세포에서 작동하는 유전자가 어떻게 다른 지 추적하여 수명연장의 단서를 찾고 있다.

슬픈 희망
(Gloomy Hope)

　인구구조의 변화는 가장 본질적이고도 근원적인 변화를 일으킨다. 그 누구도 피해가기 어렵다. 또한, 장기간에 걸쳐 일어나는 일들이라서 매우 안정적으로 보이지만, 실은 매우 위협적이다. 만혼(晩婚)이 저출산을 유발하고, 다(多)인 가구가 1인 가구로 변화하는 등 사회적 관습이나 생활 양태는 단기간이 아니라 오랜 기간 동안 만들어지고 지속된다. 그래서 인구구조 변화는 쉽게 바뀌지 않는 거대한 물결이지만, 일단 바뀌기 시작하면 아주 오랜 기간 동안 광범위하게 사회현상을 지배한다.

　인구구조 변화의 핵심적인 두 축은 출산율과 사망률이다. 불과 50년 전만 하더라도 인류의 고민은 높은 출생아수로 늘어나는 인구와 부족한 식량을 걱정했었다. 그러나 이제 우리는 정반대의 고민을 하기 시작했다. 낮은 출산율과 예상을 뛰어넘는 생존율, 즉 저출산과 고령화가 이제 우리나라는 물론 많은 나라의 걱정거리로 부상하고 있다.

　그동안 저출산은 그 본질적인 심각성에 비해 우려감이 덜 했다. 오히려 고령화에 더 많은 관심과 초점이 모아져 왔다. 그 이유는 고령화는 현재의 문제이고, 저출산은 미래의 문제였기 때문이다. 저출산은 '인간의 존재 그 자체에 대한 위협'이라는 점에서 사회적 중요성이 더욱 부각된다. 무엇보다 고령화로 인구는 늙어가지만, 저출산은 인구 자체가 줄어드는 대재앙이 올 수 있다. 이런 어마어마한 인구구조의 변화는 세상을 어떻게 바꿀까?

100세시대연구소는 그동안 한국인과 한국사회를 옥죄왔던 경쟁 사회가 해체될 것이라고 감히 주장한다. '뜨거운 경쟁(Hot competition)'의 시대에서 '쿨다운(Cool down)'의 시대로 넘어갈 것이다. '입시 경쟁체제의 해체', '취업 경쟁체제의 해체', '주택구입 경쟁체제의 해체' 즉, 한국인을 가장 힘들게 했던 3대 경쟁체제가 붕괴될 것이다. 그래서 희망적이다.

경쟁의 필요조건은 수요과 공급의 불균형이다. 그동안 많은 수요를 채우지 못한 적은 공급 때문에 '한국형(型) 경쟁'이 일어났다. 이런 상황에서 바람직한 경쟁체제의 완화는 공급의 증가이지, 수요의 감소가 아니다. 저출산은 수요감소의 출발점이다. 저출산으로 인해서 만들어진 경쟁체제의 해체는 결국 우리나라의 국가 경쟁력 약화와 경제력 둔화를 가져올 수 있다. 무엇보다도 저출산으로 인한 경쟁체제의 붕괴는 과거에는 예상치 못한 혁명적인 사회문화적 변화를 몰고 올 것이다. 그래서 '슬픈 희망(Gloomy Hope)'이다.

🎒 '쿨다운'의 시대로

그동안 우리나라는 역동적인 경기 성장세와 함께 매우 빠르게 변화하고 움직이는 사회였다. 그러나 더 이상 신흥개발이라는 단어와는 어울리지 않는 나라가 되었다. 다양한 분야에서 이미 선진국의 문턱을 넘어섰으며 경기의 성장세도 과거만큼 역동적이지 못하다.

역동적이었던 우리나라의 사회상도 인구구조의 변화와 함께 '쿨다운(Cool down)'의 시기를 맞고 있다. 몸을 뜨겁게 달구기 위한 것이 '워밍업(Warming up)'이라면 이제 우리나라는 그동안 뜨겁게 달궈진 몸을 부작용 없이 서서히 식히는 '쿨다운'이 필요한 나라가 됐다. 사회의 모습이 한결 차분해지면서 보다 안정적인 모습으로 변화하는 시기가 다가오고 있다.

그 변화를 주도하는 것이 바로 인구구조의 변화이다. 인구구조의 변화, 그중에서도 역동성의 척도가 될 수 있는 청년 인구의 감소는 사회

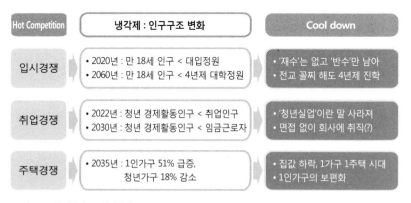

3대 경쟁체제의 쿨다운

Hot Competition	냉각제 : 인구구조 변화	Cool down
입시경쟁	• 2020년 : 만 18세 인구 < 대입정원 • 2060년 : 만 18세 인구 < 4년제 대학정원	• '재수'는 없고 '반수'만 남아 • 전교 꼴찌 해도 4년제 진학
취업경쟁	• 2022년 : 청년 경제활동인구 < 취업인구 • 2030년 : 청년 경제활동인구 < 임금근로자	• '청년실업'이란 말 사라져 • 면접 없이 회사에 취직(?)
주택경쟁	• 2035년 : 1인가구 51% 급증, 　청년가구 18% 감소	• 집값 하락, 1가구 1주택 시대 • 1인가구의 보편화

▲자료: NH투자증권 100세시대연구소

의 다양한 변화를 일으킬 것이 분명하다. 역동적인 사회의 한 단면이었던 치열한 경쟁의 모습도 마찬가지이다. 사회발전의 원동력이기도 했던 경쟁이 향후에는 한 단계 '쿨다운'되면서 개인의 자발적인 선택과 역량이 더 존중받는 사회가 될 것이다.

🎒 저출산과 장수가 빚은 인구 모양

50년 전과 현재, 그리고 50년 후의 인구구조 변화가 매우 극적이다. 1960년대 인구구조는 밑변이 넓은 삼각형의 모습이었다가 지금은 중간이 볼록한 다이아몬드 형태를 띠고 있다. 그리고 앞으로 50여년 뒤인 2060년에는 역삼각형의 모양을 이룰 것으로 예상하고 있다. 100년 만에 인구구조의 모습이 정확하게 반대로 뒤집어지는 상하반전이 이루어진다.

인구구조의 변화가 극적인 만큼 연령별 인구의 숫자 변화도 극적이다. 1960년에는 만 0세 인구가 100만명이 넘는 등 4세 이하의 유년 인구가 460만명으로 전체 인구의 18.4%나 되었지만, 현재는 220만명, 4.4%로 줄어들었다. 그리고 50여 년 뒤인 2060년에는 전체인구의 3.3%에 불과한 146만명이 될 것으로 전망되고 있다.

반면 80세 이상 인구는 정반대의 움직임을 보인다. 1960년 전체 인구의 0.23%, 6만명에 불과했던 80세 이상 인구가 현재는 150만명으로 3%를 넘고 있고, 2060년에는 754만명으로 17.2%까지 폭증할 것으로 전망되고 있다. 2060년에 우리나라의 전체 인구가 4,400만명 정도가 될 것으로 예상하고 있는데, 그때가 되면 국민 5명 중 1명은 80세 이상이라는 말이 된다.

인구구조의 상전벽해

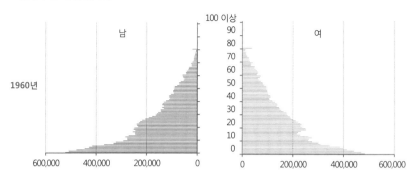

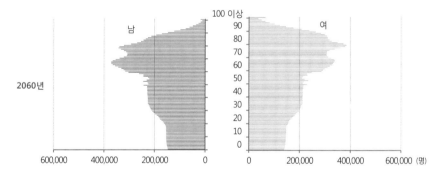

▲자료: 통계청, NH투자증권 100세시대연구소

　우리나라 인구구조의 극적인 변화는 낮은 출산율과 장수에 기인한다. 낮은 출산율로 인해 아이들이 태어나지 않으면서 밑변이 계속 줄어드니 시간이 지날수록 위쪽이 두꺼워지는 역삼각형 모양을 띠게 되는 것이다. 실제로 우리나라의 2016년 현재 출산율은 1.2명에 불과해 전 세계에서 가장 낮은 수준이다. 대부분의 여성이 평생 아이를 1명 정도만 낳고, 아예 출산을 포기하는 경우도 늘고 있다. 남녀 둘이 결혼

해서 평균 1.2명밖에 낳지 않으니 출생인구는 갈수록 줄어들게 되고, 인구구조의 밑변은 계속해서 좁아지게 된다.

장수로 인해 고령 인구가 늘어나고 있는 상황 역시 인구구조의 변화에 일조하고 있다. 사람들이 더 오래 살게 되면 될수록 인구 구조의 모양을 위쪽으로 갈수록 뚱뚱하게 만드는 효과를 발생시킨다. 이 같은 인구구조의 급격한 변화는 필연적으로 사회의 다양한 영역에 걸쳐 영향을 주며, 또 다른 변화를 일으킨다.

연령별 인구변화

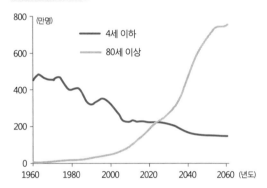

▲ 자료: 통계청, NH투자증권 100세시대연구소

💰 치열했던 3대 경쟁체제의 해체

인구구조의 변화로 입시, 취업, 주택구입과 관련한 소위 3대 경쟁체제가 향후 빠르게 해체될 가능성이 크다. 완전한 해체까지는 여러 변수로 인해 생각보다 시간이 오래 걸릴 수도 있지만, 최소한 10~20

년 내 모든 경쟁이 한 단계 '쿨다운'되어 경쟁 강도가 크게 완화될 것임은 분명해 보인다.

① 입시경쟁의 쿨다운

몇 년 후인 2020년이 되면 만 18세 인구가 50만명으로 현재 대학정원(57만명)보다 적어지게 되어 경쟁 없이 그냥 대학을 들어갈 수 있게 된다. 그리고 2060년이 되면 18세 인구가 30만명으로 줄어들어 4년제 대학정원 35만명(2015년 기준)보다 적게 되어 '전교 꼴찌'를 하더라도 4년제 대학을 갈 수 있게 된다. 물론 그 사이에 대학은 구조조정을 필연적으로 할 것이고, 강의방식도 온라인화 등으로 대학교가 사라지고 있어 실제로는 그 이상이 걸리겠지만 입시 경쟁체제의 해체는 가정에서의 사교육비 감소로 이어질 것이며, 이에 따라 부모세대의 노후준비에 도움을 줄 것이다.

만 18세 인구 추이

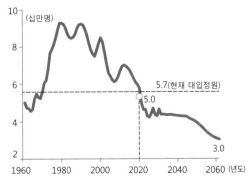

▲자료: 통계청, NH투자증권 100세시대연구소

② 취업경쟁의 쿨다운

　일할 의사가 있는 생산가능인구를 '경제활동인구'라고 하는데, 현재 우리나라 청년(15~29세)의 취업자 수(창업+취업)가 380만명인데 반해 청년의 경제 활동인구는 420만명이여서 약 40만개의 일자리가 부족하다. 청년실업이 심각한 것이다. 그런데 앞으로 2022년에는 청년 경제활동인구수가 370만명으로 줄어들어 일자리가 남아돌게 될 것이고, 2030년이면 청년 인구의 급격한 감소로 회사의 청년 일자리가 남아 완전고용이 가능할 것으로 보인다. 이렇게 되면 '청년실업'이라는 말도 없어지고, 어쩌면 면접도 안보고 청년을 모셔가는 기업이 나올지도 모른다. 그러나 주된 직장에서 퇴직한 고령자들 간의 취업경쟁은 더욱 치열해지고 단순 저임금 노동시장은 고령자들이 상당 부분 채울 것이다. 물론 여기에는 현재의 일자리 수가 그대로 유지되어야 한다는 전제가 있다. 다만 경제성장 부진으로 인한 일자리 감소, 인공지능이나 로봇 등에 의한 일자리 대체, 과학기술의 발달에 따른 신규 일자리 창출 등 일자리와 관련한 변수가 많기 때문에 실제로는 2030년 이

청년인구(15~29세) 추이

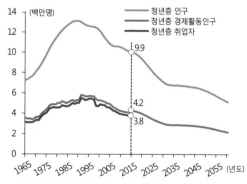

▲자료: 통계청, NH투자증권 100세시대연구소

전이 될 수도 이후가 될 수도 있다. 그러나 분명한 것은 일자리 변화와 관련한 모든 변수를 청년 인구의 급격한 감소가 압도하기 때문에 취업경쟁의 강도 자체는 현재보다 지속적으로 완화될 것이 분명하다.

③ 주택구입경쟁의 쿨다운

현재 우리나라 가구 중에 주택을 소유한 가구는 10가구 중 6가구에 불과하다.(62%) 그러나 앞으로 가구구성원의 수가 빠르게 변하면서 이 양상도 바뀔 것이다. 2016년 조사 당시 3인 이상의 가구 수는 860만 가구로 20년후인 2035년에는 700만 가구로 줄어드는 반면, 2인 이하 가구 수는 약 1,000만 가구에서 약 1,500만 가구로 크게 늘 것으로 보인다. 특히 주택구입 의지와 경제력이 약한 1인 가구의 경우 1990년 100만 가구에서 2035년에는 760만 가구로(전체의 34%) 무려 7배나 늘어날 것으로 보인다. 한편 잠재적인 주택구입 수요층인 청년 가구는 지속적으로 줄어 2035년에는 5.2%에 불과할 것으로 보여 주택공급에 비해 수요가 줄어들어 경쟁이 크게 약화될 가능성이 커 보인다.

1인 가구와 청년가구(가구주 29세 이하) **추계**

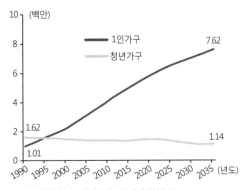

▲자료: 통계청, NH투자증권 100세시대연구소

2017년 출생 사망 통계 잠정결과

통계청이 발표한 '2017년 출생 사망 통계 잠정결과'에 따르면 2016년 합계출산율은 역대 최저치인 1.05명을 기록했다. 합계출산율은 15~49세 여성이 가임(可妊) 기간에 낳는 자녀 수를 뜻한다. 결혼 기피 등 저출산 현상이 심화되면서 급기야 현재 인구를 유지할 수 있는 합계출산율인 2.1명의 절반 수준으로 추락한 것이다. 1.05명이라는 합계출산율은 경제협력개발기구(OECD) 35개 회원국 평균(1.68명, 2015년 기준)을 크게 밑돈다. 대표적인 저출산 국가로 꼽히는 일본(1.46명)이나 싱가포르(1.24명)보다도 낮은 수준이다.

'2017 한국의 사회지표'를 보면 우리나라 총인구는 5,144만6,000명에 인구성장률은 0.39%로 나타났다. 특히, 저출산 등의 영향으로 65세 이상 고령인구가 707만6,000명으로 유소년 인구 675만명을 처음으로 넘어섰다.

노후설계,
어렵지 않아요

🏺 노후설계의 필요성, 막연한 태도 버려야

　전 세계적으로 가장 빠른 고령화 속도를 자랑하는 우리나라는 2017
년, 65세 이상 고령 인구가 전체인구의 14%를 넘는 '고령사회'로 진입
하였고, 2026년에는 고령 인구가 20%를 넘는 '초고령사회'에 도달하
게 된다.(2010 통계청 장래인구추계) 그 이후로도 고령 인구 비율은 지속적
인 증가 추세를 보이며 2060년에는 전체 인구의 무려 40%에 이를 것
으로 예상되고 있다.

　이처럼 고령화가 진행되어 감에 따라 필연적으로 관심이 증가될 수
밖에 없는 문제가 바로 노후준비 문제다. 고령화로 인해 인구구조의
변화가 생기면서 국민연금과 같은 공적연금제도에도 영향을 미치고,
결과적으로는 국가부담이 늘어나면서 다시 국민들의 노후준비를 취
약하게 만드는 요인으로 작용할 수 있기 때문이다. 이러한 이유로 여
러 공공기관이나 금융회사들은 기회가 될 때마다 우리나라 사람들의

전반적인 노후준비 수준을 측정하기 위한 각종 지표를 수시로 발표하고 있다.

우리나라의 고령인구 변화

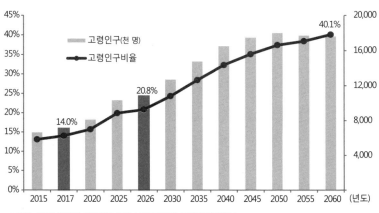

▲자료: 2010 통계청 장래인구추계, NH투자증권 100세시대연구소

하지만 대중들에게 객관적인 노후준비 정도의 측정방법과 대안을 제대로 알려주기보다는 단순히 노후준비의 취약성을 알리기에 급급한 수준에 머무르고 있는 것으로 보인다. 게다가 일반 대중들은 그러한 결과를 보고 노후준비에 대한 경각심을 가지기에 앞서 너무 차이가 크게 나는 부족 금액으로 인해 아예 포기해버리거나 현실적이지 못하다는 비판만 하는 경우가 많은 것 같다.

노후자산관리는 인생 전반에 걸쳐 오랜 기간 실행을 해야 하고 한번 목표를 설정하고 끝나는 것이 아니라 그 과정을 지속적으로 관찰하고 조정해야 한다. 한편으로 노후자산관리의 목표를 명쾌하고 간단하게 설정해야 한다. 보통 금융기관의 노후설계 프로그램을 이용하다

보면 물가 상승률이다 투자수익률이다 해서 여러 가지 가정에다가 복잡한 재무적인 계산을 통해 구하는 경우가 많다. 그러나 목표설정 자체에 의미를 둔다면 어려운 가정을 적용하여 복잡하게 구할 필요까지는 없다. 노후자산관리는 목표를 달성하기 위해 스스로 지속적인 관리와 조정을 해 나가는 과정이 훨씬 더 중요하기 때문이다. 그럼 '100세 시대 준비지수' 산출방법을 이용해 쉽고 간단한 노후설계를 알아보자.

⚱ 노후설계 프로세스와 재무상태의 사전점검

본격적인 노후설계에 들어가기에 앞서 전반적인 재무상태 점검과 기본적인 노후설계 프로세스에 대한 이해가 필요하다. 재무상태 점검이란 노후설계와 관련된 재무적 구성요소와 현황들을 미리 파악해 보는 사전준비 작업이다. 현재의 보유자산과 부채 현황, 소득(수입)과 지출금액 등을 확인하는 과정이다. 자신의 재무현황을 파악하고 있는 것은 노후설계뿐만 아니라 전반적인 자산관리를 위해서도 필요한 일이기 때문에 평소 정리해 놓으면 도움이 될 때가 많다.

노후설계라는 여정은 크게 4가지 단계로 나누어 볼 수 있다. 첫째는 필요노후자금을 추정하여 목표 노후자산을 알아보는 목표설정 단계이다. 둘째는 현재 진행되고 있는 노후준비현황을 파악하는 단계인데 주로 연금자산을 중심으로 이루어지게 된다. 셋째는 앞선 1, 2단계에서 파악한 내용을 바탕으로 노후준비 수준을 측정하고 평가하는 단계이다.

마지막은 노후자산이 부족 상태로 나왔다면 이를 채우기 위한 대응방안을 검토하는 단계이다. 3단계에서 평가결과가 잘 나왔다면 필요

없을 수도 있다. 반면, 너무 과한 목표설정이나 심한 준비 부족으로 현실적인 대응방안을 마련할 수 없다면 다시 처음으로 돌아가 목표를 재조정하고 다시 한번 프로세스를 거쳐야 한다. 노후준비수준이 너무 높게 나온 경우도 문제는 있다. 목표 노후자산을 상향 조정하여 다시 설계해 보는 것도 나쁘지 않다.

노후설계 프로세스

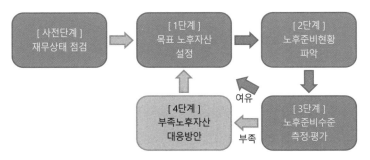

▲자료: NH투자증권 100세시대연구소

1단계 : 목표 노후자산의 설정, '시작이 반이다'

원하는 바를 달성하기 위해서는 먼저 구체적인 목표가 설정되어야 한다. 예상되는 노후생활 기간과 희망하는 노후생활비를 바탕으로 필요한 목표 노후자산의 추정부터 이루어져야 한다. '시작이 반'이라는 말처럼 목표설정은 일을 시작하기 위한 첫 단계이자 중요한 과정이다. 그러나 목표를 설정하는 과정 자체가 중요한 의미가 있는 것이지 지나치게 목표 수치의 정확성에 매달릴 필요는 없다. 장기적인 노후설계에 있어서는 합리적인 범위 내의 목표설정만으로도 충분하다.

복잡한 가정을 쓸 필요까지는 없지만 한 가지 유의사항은 있다. 단순하게 한다고 해서 전체 노후생활 기간(개월)에 희망하는 월 노후생활비를 곱하여 구하게 되면 목표 노후자산을 너무 크게 설정하는 실수를 범할 수 있다. 실제 소비통계를 보면 나이가 들어감에 따라 활동성이 줄어들면서 소비금액 또한 함께 줄어드는 현상을 볼 수 있다. 이러한 노후소비의 특성을 감안한다면 목표 노후자산은 생각보다 그렇게 많이 필요하지 않을 수도 있다.

나이에 따른 소비패턴과 지출금액의 변화

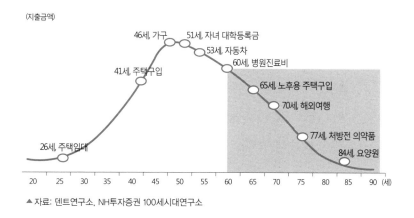

▲ 자료: 덴트연구소, NH투자증권 100세시대연구소

최초 은퇴 시점(60세 가정)에 희망 노후생활비를 월 250만원(50대 이상 부부 기준 적정생활비 230만9,000원, 2017 국민 노후보장패널 6차 조사)으로 잡았을 때 목표 노후자산을 계산해 보자.

노후생활 기간은 세 개 구간으로 구분하였다. 실제는 노후생활비가 점진적으로 줄어들겠지만 계산 편의성을 위해 구분해 보았다. 일단 왕성한 활동이 예상되는 은퇴 시점부터 70세까지를 노후생활 1기로 월생활비를 100% 반영하였다. 70~80세까지는 노후생활 2기로 활동성이 다소 저하되므로 월 생활비를 175만원(=250만원×70%)으로 조정하고, 80세 이후를 노후생활 3기로 활동성이 좀 더 떨어진다고 가정하여 125만원(=250만원×50%) 수준으로 가정한다. 이를 바탕으로 해당 기간별 합계금액(=기간별 월 노후생활비×12개월×노후생활 기간)을 계산해 보면 1기 3억원, 2기 2억1,000만원, 3기 3억원이 나오고, 모두 합산한 총 필요노후자금은 8억1,000만원이 된다. 노후생활비 감소추세를 반영하지 않았을 경우인 12억원(=250만원×12개월×40년)의 약 3분의2 수준이다. 물론 노후자산이 많으면 많을수록 좋겠지만 지나치게 높은 목표는 오히려 노후준비를 포기하게 만드는 부작용을 낳을 수 있다.

목표 노후자산의 계산사례

구분	1기 은퇴~70세	2기 70~80세	3기 80~100세
조정월생활비	250만원	175만원	125만원
노후생활기간	10년	10년	20년
기간별 합계	3억원	2억1,000만원	3억원
총 필요노후자금(목표노후자산)	3억원 + 2억1,000만원 + 3억원 = 8억1,000만원		

▲자료: NH투자증권 100세시대연구소

좀 더 단순화된 방식으로 계산해 보면, 목표 노후자산은 노후생활비의 감소추세를 반영하지 않았을 경우 총 필요노후자금(=월 노후생활비×12개월×총 노후생활 기간)의 60~70% 정도를 잡으면 적당한 수준이라 할 수 있다. 이는 특별히 심한 질병이나 큰 상해사고 없이 부부 2인 가구의 건강한 노년을 가정했을 때의 금액이다.

2단계 : 노후준비현황 파악, '자신을 알라'

둘째 단계에서는 노후생활비를 위해 준비하고 있는 노후준비자산의 예상되는 현금흐름과 적립금 규모를 파악해야 한다. '너, 자신을 알라'라는 소크라테스의 말처럼 자신의 노후준비현황을 제대로 알고 있어야 노후준비수준의 적정 여부를 판단할 수 있다.

보통 노후준비자산으로는 3층 연금제도로서 국가에서 운영하는 1층 국민연금(또는 공무원·사학·군인연금), 2층 회사에서 운영하는 퇴직연금, 3층 개인적으로 납입하는 개인연금으로 구분된다. 과거에는 각각의 연금현황을 파악하기 위해서 국민연금공단 및 금융회사를 통해 별도로 알아볼 수밖에 없었다. 그러나 요즘은 금융감독원에서 제공하는 '통합연금 포털(100lifeplan.fss.or.kr)'을 이용하면 편리하게 연금자산에 대한 정보를 확인할 수 있다.

먼저 국민(공적)연금은 월 예상연금액 기준으로 현황을 파악할 수 있다. 현재 40세 직장인 가입자의 경우 연금수령은 65세부터 가능하다. 이때 월 예상연금액이 90만원이라고 했을 때 종신 지급인 국민연금은 예상수명(100세)까지 35년간을 받게 된다. 그럼 국민연금 자산은 3억 7,800만원(=90만원×12개월×35년)으로 평가될 수 있다. 이처럼 국민연금은 수령 기간이 길어 환산해 보면 적지 않은 금액이 나오게 되고 노후준비의 중추적인 역할을 하게 된다.

퇴직연금과 개인연금은 예상수령액을 파악하기가 쉽지 않으므로

금융감독원 통합연금포털

현재 퇴직급여(또는 퇴직금)와 월급, 개인연금 적립금 및 납입액 등으로 평가한다.

퇴직연금자산부터 계산해 보자. 현재 월급이 350만원이고 퇴직급여(퇴직금) 적립금이 4,000만원인 40세 직장인의 경우 은퇴 시점(법정정년 60세 가정)의 퇴직연금자산은 1억1,000만원(=350만원×(60세-40세)년+4,000만원)으로 평가할 수 있다. 참고로 퇴직금은 일반적으로 근무기간(연수)에 최근 3개월의 월 평균급여를 곱하여 계산한다.

또한, 같은 조건의 직장인이 현재 개인연금 월 납입액이 30만원이고 적립금이 2,500만원이라고 가정하면 개인연금자산은 9,700만원(=30만원×12개월×20년+2,500만원)으로 나온다. 정리해 보면 은퇴 시점의 3층 연금자산은 총 5억8,500만원이 되면서 별도의 노후대비용 금융자산으로 5,000만원을 보유하고 있다고 가정하면 노후준비자산의 전체 총합계는 6억3,500만원이 된다.

3단계 : 노후준비수준 측정 및 평가, 준비지수 알아보기

1, 2단계를 거쳐 목표 노후자산과 노후준비자산 금액을 구해보았는데, 3단계는 비교적 간단한 과정이다. 노후준비수준을 측정하고 평가하는 단계로 노후준비자산을 목표 노후자산으로 나누어 100세 시대 준비지수(백분율)를 구하면 된다. 앞선 사례에서 구한 각각의 금액을 기준으로 계산하면 78%(≒6억3,500만원÷8억1,000만원×100)가 나오는데, 이는 노후준비수준이 부족한 상태로 볼 수 있다. 100세 시대 준비지수의 식은 다음과 같다.

100세 시대 준비지수(%)=노후준비자산÷목표 노후자산×100

노후준비수준을 측정하고 평가하는 과정은 각 개인마다 차이가 있기 때문에 모든 사람들에게 동일한 기준으로 이루어질 수는 없다. 하지만 목표 노후자산을 만들어 가는 과정을 효율적으로 관리하기 위해서는 그 적정성을 판단하는 기준이 필요하다. 따라서 희망하는 노후생활비를 기준으로 구한 목표 노후자산의 90~110%를 적정 수준으로 보고, 90% 미만인 경우는 부족 상태, 110% 초과인 경우는 여유 상태로 평가해 볼 수 있다. 달리 해석해 보면 100세 시대 준비지수는 절대평가 방식이 아니므로 목표 노후자산에 너무 많은 금액을 잡으면 당연히 부족 상태가 나올 수 있고, 반대로 적정이나 여유 상태인 경우는 목표 노후자산을 너무 적게 잡은 결과일 수도 있다는 점도 감안해야 한다.

나아가 100세 시대 준비지수 외에 경제수명이라는 개념이 있다. 경제수명이란, 준비되고 있는 노후자산으로 희망하는 삶의 수준을 언제까지 유지 가능한지를 계산한 값이다. 앞선 사례에서의 경제수명은 88세로 나오는데 노후준비자산을 희망하는 노후생활비로 계속 써간다면 88세가 되면 자산이 모두 떨어진다는 의미가 된다. 결국, 예상수명이 100세인데 경제수명이 88세가 되니 12년간의 노후준비가 부족하다는 뜻으로 해석해 볼 수 있다. 경제수명은 준비지수와 달리 단순한 계산으로 구해지는 값은 아니니 NH투자증권(www.nhqv.com) 100세시대 연구소 '100세 시대 준비지수' 코너에서 별도로 계산해 보기 바란다.

평가결과 노후준비수준이 부족 상태라면 목표 노후자산에서 노후준비자산을 차감하면 부족 금액이 발생하게 된다. 그럼 4단계에서 그 대응방안을 검토해 보자.

4단계 : 부족 노후자산에 대한 대응방안 검토

마지막 단계는 노후자산에 부족 금액이 발생하게 되는 경우 이를 보완하는 방안을 검토하고 마련하는 것이다. 노후준비수준을 평가하는 실질적인 이유가 바로 여기에 있다. 부족한 노후준비를 어떻게 보완해 나갈 것인가에 대한 방법을 찾기 위해서이다. 앞선 사례에서 발생한 부족 금액 1억7,500만원을 기준으로 부족한 노후자산에 대한 대응방안들을 한 번 찾아보자.

① 개인연금 추가하기

가장 일반적인 방법으로 연금상품에 추가 적립하는 방법이 있다. 연금을 활용하는 것은 노후설계에 있어 가장 바람직한 방법이기도 하다. 추가로 필요한 적립금액은 부족 금액을 은퇴연령에서 현재 연령을 차감한 적립 가능 기간으로 나누어 구할 수 있다. 부족한 1억7,500만원을 20년 동안 적립해야 한다면 매년 875만원(=1억7,500만원÷20년)의 추가연금 적립이 필요한 상황이며, 월납 기준으로는 환산해보면 월 73만원 정도 된다.

② 근로기간 연장하기

연금에 추가로 적립하는 방법이 여의치 않다면 은퇴 시점을 늦추어 근로기간을 연장하는 방법을 고민해 볼 수 있다. 주된 일자리에서는 퇴직한다고 할지라도 조금 적은 보수의 일자리를 통해 부족한 노후준비를 보완하는 방법이다. 은퇴 시점을 10년간 늦춘다고 가정하면 연봉 기준 1,750만원(≒1억7,500만원÷10년), 월 급여로는 146만원의 일자리가 필요한 셈이다.

③ 주택연금 가입하기

보유주택이 있다면 주택연금 가입으로 부족한 노후자산을 보완할 수 있다. 주택연금은 종신 지급이 가능하므로 월 36만5,000원(≒1억7,500만원÷40년÷12개월) 정도 받을 수 있으면 충분해 보인다. 해당 주택연금은 60세 가입기준으로 주택담보 가치가 1억7,000만원(2017.2월 기준) 정도면 받을 수 있는 금액으로 보유주택에 계속 살면서 연금액도 받을 수 있다. 따라서 연금에 추가가입 여력이 없거나 은퇴 후 근로기간 연장이 어려운 경우 좋은 대안이 될 수 있다.

④ 임대소득 확보하기

임대소득을 활용하는 방법은 앞의 세 가지와 달리 자산을 유지하면서 부족한 노후생활비를 보완하는 방법이다. 다만 보유한 부동산자산이 있거나 은퇴 시점까지 해당 규모의 부동산 구입을 위해 투자금액을 만들어야 한다는 전제조건이 있다. 부동산 임대소득은 임대수익률에 따라서 차이가 많이 날 수 있기 때문에 투자금액이 달라질 수 있다는 점에 주의해야 한다. 이 밖에도 임대소득을 활용하는 경우 부동산의 공실률 및 관리비용, 각종 세금 등 추가로 고려해야 할 비용요소들이 많으므로 실행 전에 미리 잘 체크해 보아야 한다.

📌 노후설계 포트폴리오의 구성

금융회사에서 노후설계 컨설팅을 받는 경우 부족한 노후자산에 대하여 금융상품을 활용한 추가적인 적립 외에는 별다른 대안을 제시받지 못하는 경우가 많다. 문제는 부족 금액이 큰 경우에는 금융상품을 활용한 방법이 현실적인 대안이 되지 못한다는 것이다. 앞에서 제시한 개인연금 추가, 근로기간 연장, 주택연금 가입, 임대소득 확보는 부족한 노후자산을 100% 모두 채우는 방법이다. 그런데 부족 금액의 규모가 너무 커서 한 가지 대응방안으로 보완할 수 없다면 어떻게 해야 할까? 다음 2가지 이상의 대안을 함께 사용하면 해결할 수 있다.

부족 금액 1억7,500만원을 추가연금으로 해결하려면 월 73만원 정도 더 넣어야 한다고 했는데 이미 가입한 연금상품이 있다면 현실적으로 어려울 수 있다. 또 은퇴 후 일자리를 통해 해결하는 방법도 누구나 월 150만원 가까운 일자리를 구한다는 것이 쉽지 않다. 그럼 이 두 가지를 조합해 보자.

연금 추가적립으로 40%, 근로기간 연장으로 60%를 해결하는 것이다. 각각의 대응방안에 비중을 곱해 보면 추가연금은 29만원으로 줄어들고 근로기간 연장은 월 급여 88만원이라면 충분하게 된다. 좀 더 실천 가능한 현실적인 노후설계 포트폴리오가 되었다. 이렇게 해보아도 부족한 노후자산을 만들 방법이 없다면 현실보다 노후생활의 눈높이가 너무 높은 것으로 해석해 볼 수 있다. 이 경우 희망하는 노후생활비를 조금 하향 조정하여 목표 노후자산 금액을 낮추고 노후준비수준을 다시 한번 측정해 보자.

된다 된다 된다, 플라시보 효과

최근 수년간 여러 연구기관에서 각종 노후준비지표를 이용해 노후준비의 심각성을 경고해 왔다. 하지만 실제 준비에 대한 개선 효과는 생각보다 크지 않았다. 노후준비라는 것이 사람마다 생각하는 기준이 모두 다르고 절대적인 수준으로 평가하기에는 어려운 부분이 많아 공감대를 이끌어 내는 것 또한 쉽지 않았기 때문이다.

보통 노후설계 이야기를 꺼내면 복잡하고 어렵다는 생각에 걱정부터 앞서는 사람들이 많다. 이는 노후준비가 정말 어려운 문제라서가 아니라 알 수 없는 미래에 대한 두려움이 아닐까 싶다. 모든 문제는 달성 가능한 목표를 설정하는 것만으로도 상당 부분 두려움을 떨칠 수 있다. 따라서 노후설계는 쉬운 방법으로 자주 해보고 조금씩 조정해 나가는 것이 좋다. 노후설계는 단지 거들어주는 도구일 뿐 행복한 100세 시대를 위해서는 목표를 설정하고 실천하는 자세가 훨씬 더 중요하다.

궁극적으로는 모든 사람들이 더 나은 미래와 노후를 꿈꾸기 때문에 현실의 문제점보다는 앞으로 어떻게 해야 하는지에 대한 방법론을 제시해 주는 것이 중요하다. 따라서 '100세 시대 준비지수' 역시 객관적인 결과의 심각성을 알리려는 의도보다는 각자 개인들마다의 노후준비 수준을 좀 더 이해하기 쉬운 방법으로 평가하고 이를 바탕으로 구체적인 노후준비 방법을 찾기 위한 참고 용도로 이해해야 할 것이다.

긍정의 힘을 나타내는 '플라시보 효과'라는 것이 있다. 노후준비도 마찬가지로 어렵고 심각하게 여기며 방치하는 것보다는 목표를 정하고 이를 달성하고자 노력하는 것만으로도 훨씬 더 긍정적인 결과를 가져다줄 수 있다.

어차피 목표가 달성되었다고 해서 끝나는 것이 아니다. 목표가 달성된 만큼 자산은 늘어나 있을 것이고, 이에 따라 새로운 목표로 더 높게 조정해야 할 것이다. 이러한 과정에서 노후준비를 너무 복잡하게 고려하기보다는 실천목표를 빠르고 쉽게 정하기 위한 수단으로 '100세 시대 준비지수'가 많이 활용되었으면 한다.[1]

고령자를 위한 일자리는 부족

취업을 원하는 고령층은 많지만 60세 이후에는 고용률이 점차 낮아지고 근로소득의 비율이 감소하는 것으로 나타났다. 취업을 원하는 고령층(55~79세)의 비율이 61%로, 우리나라 고령층 10명 중 6명 이상이 계속 일하기를 원했다. 성별로 보면 남자가 여자보다 일하기를 더 원했다. 60~64세 인구의 고용률(58.3%)이 20대의 고용률(57.4%)보다 더 높아 정년퇴직 이후에도 계속 일하는 고령층이 많은 것을 알 수 있다. 취업을 원하는 이유는 '생활비 보탬'이 가장 많았고,(57%) 그다음은 '일하는 즐거움'(35.9%)이었다. 취업을 원하는 고령층은 많지만 65세 이상 고령층의 고용률은 31.3%로 크게 낮은 것으로 나타났다. 연령대별 고용률은 40대가 가장 높고 그다음이 50대, 30대의 순이며, 65세 이상 고령자의 고용률이 가장 낮았다. 인간의 노동력에는 한계가 있기 때문에 70세 이후에 생활비를 충당할 만큼의 근로소득을 벌기는 어렵다.

---

1. 본 장에서 설명한 노후설계 방법은 NH투자증권 홈페이지(www.nhqv.com) 연금자산 코너 또는 QV연금·ISA앱 '100세 시대 준비지수'를 통해서 확인해 볼 수 있다.

현재 중산층 노후준비 성적,
62점^(C+)

너무 낮은 3층 연금 가입률

안정적이고 여유로운 노후를 위해서는 3층 연금제도를 모두 활용하는 것이 가장 효과적인 방법이다. 2005년 12월, 2층에 해당하는 퇴직연금제도가 도입되면서 1988년 도입된 국민연금 및 1994년 도입된 개인연금과 함께 우리나라의 3층 연금 제도가 완성된 지 이제 만 12년이 넘었다. 이처럼 제도적으로는 완성되었지만 안타깝게도 3층 연금에 모두 가입한 중산층의 비율이 아직 절반에 못 미치는 46.5%로 여전히 낮은 수준이다.

중산층은 3층 연금제도 중에서 국민연금 등 공적연금(공무원·사학·군인연금 포함)의 가입률이 90.6%로 가장 높게 나타났다. 제도적으로 의무화가 되어 있기 때문에 나타난 결과로 보인다. 국민연금 같은 경우 한때 불신이 많던 시기도 있었지만, 도입된 지 제법 시간이 흘렀고 연금수령 혜택을 받는 사람들이 점차 늘어나면서 장수 시대의 노후자산

마련에 가장 도움이 되는 연금제도로 인식이 바뀌어가고 있다.

중산층의 연금제도 가입

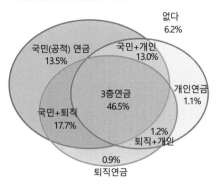

▲ 자료: NH투자증권 100세시대연구소

반면, 개인연금 가입률은 61.8%이다. 국민연금 다음으로 도입되어 20년 이상 시간이 흐른 것과 비교해 가입률이 낮아 보여 아쉬운 상황이다. 개인연금 등에 대한 세제 혜택 확대 등 정부 차원에서도 계속 노력하고 있어, 향후 가입률은 점진적으로 늘어날 것으로 예상된다. 3층 연금제도 중 도입 기간이 가장 짧은 퇴직연금 가입률은 66.2%로 개인연금보다 살짝 높은 수치였다. 하지만 퇴직금 제도까지 포함한 결과이기 때문에 퇴직연금 역시 노후준비를 위한 연금제도로써 아직 제대로 자리 잡지 못한 것으로 보인다.

정작 문제는 아무런 연금제도에도 가입되어 있지 않은 중산층이 6%가 넘고 있다는 점이다. 현재는 중산층에 속해 있지만, 이들의 노후가 크게 걱정된다. 이런 상태로는 3층 연금제도가 중산층에게 효과적인 노후준비 수단으로 자리잡기까지 시간이 좀 더 걸릴 것 같다. 노후준비 수단으로 3층 연금이 역할을 제대로 해내기 위해서는 중산층의 획기적인 인식전환과 동시에 제도적인 유인정책도 더 강하게 이루어져야 할 것으로 보인다.

장수리스크에 너무 관심없어

중산층의 전반적인 노후준비수준을 알아보기 위해서는 먼저 주된 직장에서의 퇴직연령(이하 '은퇴연령')과 기대수명을 살펴보자. 중산층의 예상 은퇴연령은 평균 60.3세, 기대 수명은 82.2세로 조사되었다. 법정정년 60세에 대한 기대가 사회 전반적으로 반영된 것으로 보이며, 기대 수명 역시 최근 통계청의 기대수명(82.4세)과 매우 근접한 수준이다. 기대수명에서 은퇴연령을 차감하면 노후생활 기간이 나오게 되는데 중산층은 평균 22년(=82세-60.3세) 정도의 노후 생활 기간을 예상하

소득에 따른 은퇴연령과 기대수명, 노후생활기간

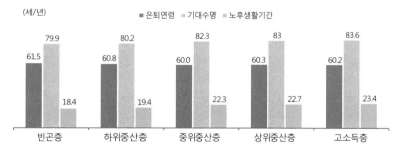

(세/년)　■ 은퇴연령　■ 기대수명　■ 노후생활기간

구분	빈곤층	하위중산층	중위중산층	상위중산층	고소득층
은퇴연령	61.5	60.8	60.0	60.3	60.2
기대수명	79.9	80.2	82.3	83	83.6
노후생활기간	18.4	19.4	22.3	22.7	23.4

▲ 자료: NH투자증권 100세시대연구소

는 것으로 나타났다. 100세 시대에 대한 인식과는 조금 멀어 보인다.

빈곤층과 중산층, 고소득층을 그룹별로 살펴보면 은퇴연령과 기대수명이 큰 차이는 아니지만, 소득과 일정한 상관관계를 보이고 있었다. 은퇴연령은 소득이 높을수록 낮아지는 반비례 형태를 보이고 있지만, 빈곤층을 제외하고는 모두 비슷한 수준이다. 기대수명 역시 소득이 높을수록 조금씩 늘어나는 정비례 관계를 보이고 있었다. 결과적으로 은퇴연령과 기대수명에 따라 결정되는 노후생활 기간은 소득과 정비례 관계를 보여주고 있어 소득이 높을수록 더 긴 노후생활 기간을 예상하는 것으로 나타났다.

하지만 100세 시대를 기준으로 한 40년에 달하는 노후생활 기간과는 모두 많은 차이가 존재한다. 생각보다 오래 살게 될 가능성, 즉 장수리스크에 대한 준비가 부족해질 수 있는 상황임에도 정작 중산층은 별로 관심이 없는 듯하다.

🎒 노후생활비, 얼마면 되겠니?

우리나라 중산층들은 부부 2인 기준 노후생활비로 월평균 234만원을 희망하고 있었다. 최근 발표한 통계청의 월평균 적정 노후생활비(276만원)보다 적은 금액이다. 우리나라 전체 가구가 희망하는 평균 노후생활비보다 중산층이 희망하는 노후생활비 수준이 좀 더 낮게 나온 것이다.

한편 하위 중산층의 노후생활비는 월 209만원으로 중위 중산층의 229만원보다 20만원 적었고, 중위 중산층은 상위 중산층 250만원과 21만원의 차이가 있었다. 소득수준과 높은 정비례 관계를 보인다.

빈곤층의 노후생활비는 192만원, 고소득층은 303만원을 희망하고 있었다. 상위 중산층과 고소득층의 노후생활비 차이가 53만원으로 다른 구간들의 20만원 내외의 금액 차이와는 큰 폭으로 늘어난 점이 다르다. 노후생활비를 바탕으로 은퇴 시점에 중산층에게 필요한 노후자산(이하 '필요노후자산')을 구할 수 있다. 필요노후자산을 구할 때 한 가지 주의사항이 있는데, 노후생활비가 사망 시점까지 동일하게 들어가는 것이 아니라 나이가 들어감에 따라 점점 줄어든다는 점이다. 실제 소비통계를 분석해 보아도 연령대에 따라 생활비가 줄어드는 모습이 나타난다. 배우자 사망이나 활동성 감소 등이 반영되면서 은퇴 직후 노후생활 초기에 들어가는 생활비 수준이 나이 들어감에 따라 동일하게 유지되지 않기 때문이다.

노후생활비와 필요노후자산

구 분		중산층 전체	하위 중산층	중위 중산층	상위 중산층
희망 노후생활비(부부기준)		월 234만원	월 209만원	월 229만원	월 250만원
필요 노후자산	기대수명 기준	5억544만원	4억5,144만원	4억9,464만원	5억4,000만원
	100세 기준	7억5,816만원	6억7,716만원	7억4,196만원	8억1,000만원
	금액차이	2억5,272만원	2억2,572만원	2억4,732만원	2억7,000만원

▲자료: NH투자증권 100세시대연구소
*가정 : 은퇴연령 60세, 기대수명 82세, 노후생활비 60~70세 100%, 70~80세 70%, 80세 이상 50% 적용
　　필요노후 자산 = 월 노후생활비 × 12개월 × 노후생활기간

중산층 그룹별로 해당하는 희망 노후생활비 기준으로 60세부터 10년간은 기존 활동성이 유지되는 것으로 가정해 100%를 적용하였다. 다음 70세부터 10년간은 약간 줄어든 70%를 적용하고, 80세 이후로는

은퇴 시점 노후생활비의 50% 수준을 적용해서 필요노후자산을 구했다. 이때 중산층 전체의 은퇴연령(60세)과 기대수명(82세)을 기준으로 산출한 필요노후자산은 약 5억 1,000만원이 나온다. 100세 수명 기준으로 산출해 보면 약 7억 6,000만원으로 나오면서 2억 5,000만원 정도 금액 차이에 해당하는 장수 리스크가 존재한다.

기대수명 기준으로는 하위 중산층의 필요노후자산이 약 4억 5,000만원으로 가장 많은 상위 중산층의 5억 4,000만원과 비교해도 1억원 안쪽으로 차이 나고 있었다. 하지만 100세 기준으로 보면 하위 중산층은 6억 8,000만원으로 중위(7억 4,000만원) 및 상위(8억 1,000만원) 중산층과의 금액 차이가 더 많이 벌어지면서 소득에 비례하여 상위 중산층으로 갈수록 장수리스크도 함께 커지고 있음을 알 수 있다.

💰 국민(공적)연금에 대한 의존도 가장 높다

중산층에게 국민연금과 같은 공적연금은 노후설계에 있어 빼놓고 이야기할 수 없는 가장 중요한 부분이다. 노후설계를 해보면 대부분 노후자산에서 국민(공적)연금이 가장 큰 비중을 차지하며 높은 의존도를 보여주고 있기 때문이다. 특히, 연금 등에 저축 여력이 많지 않은 중산층 이하 계층에서는 국민연금과 같이 반 강제화된 공적연금제도가 없다면 은퇴 이후 노후생활비 부족으로 생활 수준이 급격하게 떨어질 확률이 높다.

국민연금은 특성상 종신 지급 형태로 운영되고 있다. 그 때문에 젊은 시절부터 꾸준하게 오랜 기간 가입된 사람이라면 많은 생활비가 필요하지 않은 80세 이후 노후생활 후반기를 상당 부분 국민연금이 책임져 줄 수 있다. 예상보다 오래 살 수 있는 장수리스크를 국민연금이 어느 정도 완화시켜 주는 것이다. 또한, 본인이 사망해도 남은 유족에게 연금의 60%를 지급하는 유족연금 기능도 있어 배우자 홀로 생존기간에 대한 대응도 가능하다.

중산층의 국민(공적)연금 평균 예상수령액은 월 87만원이었다. 직장인 대상으로 조사했던 국민연금 평균 예상수령액 월 93만원보다 적지만 65세부터 100세까지 35년 수령을 가정하면 단순 합계금액이 3억7,000만원에 달하는 중요한 노후자산이다. 국민(공적)연금 가입비율도 90.6%로 직장인 대상 가입비율(95.7%)과 비교했을 때 약간 낮은 수준이다.

중산층의 국민연금 월 예상수령액

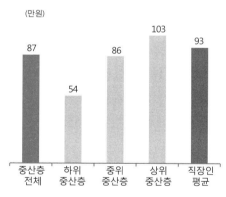

▲자료: NH투자증권 100세시대연구소

예상 연금액은 중산층 그룹별로 큰 차이를 보이고 있었다. 상위 중산층의 경우 월 103만원을 예상하였지만, 중위는 월 86만원, 하위는 월

54만원으로 소득에 따라 큰 편차를 보여주고 있다. 이러한 차이는 소득이 비교적 투명한 직장인들과는 달리 소득이 불규칙한 자영업자 및 실제 국민연금의 혜택을 제대로 받지 못하고 있는 사람들이 조사대상에 포함되면서 나온 결과로 보인다. 노후자산이 부족한 중산층은 다른 연금보다 물가상승이 반영되고 종신 지급 기능까지 훌륭한 장점을 가진 국민연금을 최우선으로 가입해야 한다.

그러나 국민연금이 가지는 노후자산의 성격을 제대로 이해하지 못해 노후준비가 많이 부족하거나 또는 여유 있는 것으로 오해하면 안 되겠다. 노후생활에 문제가 되는 시기는 은퇴 직후부터 80세 이전까지 비교적 활동성이 높은 60~70대의 노후생활 전반기이다. 게다가 희망하는 은퇴연령이 60세인데 국민연금은 대부분 65세가 되어야 개시되기 때문에 5년 안팎의 소득 공백기가 발생하게 된다.

소득 공백기에 소득이 부족한 경우 국민연금의 조기연금 제도를 활용할 수도 있지만 1년 당 6%, 5년 먼저 받으면 최대 30% 적은 금액을 받게 된다. 따라서 퇴직연금이나 개인연금 같은 사적연금을 통해 미리 대비하거나 은퇴 후 눈높이를 낮추더라도 일자리를 통해 추가적인 소득을 창출하는 방법이 필요해 보인다.

노후자산이 되고 싶은 퇴직연금

퇴직연금제도가 도입된 지 10년이 훌쩍 넘었지만, 중산층에게 있어 퇴직연금은 노후자산으로써의 역할이 매우 낮다. 퇴직금을 포함한 중산층의 퇴직연금 가입비율은 66.2%였으며, 현재 보유하고 있는 적립금은 평균 2,638만원에 불과하다. 상위 중산층의 평균 퇴직연금 적립금도 3,656만원으로 직장인 대상 조사결과인 3,826만원보다 적은 상황이다. 조사대상 중산층 평균연령 44세, 월 평균소득 366만원을 기준으로 향후 연간 1개월 소득에 해당하는 퇴직연금 적립이 이루어진다고 가정하면 은퇴 시점에 8,494만원의 퇴직연금자산을 만들 수 있다.

그러나 퇴직연금을 노후자산으로 인식하는 사람들은 생각보다 많지 않다. 정부 차원에서 퇴직금을 연금 형태로 받는 퇴직연금제도 활성화에 많은 노력을 기울이고 있지만, 퇴직연금을 일시불로 수령하는 경우는 2014년 97.1%에서 2016년 98.2%로 오히려 늘어난 것으로 나타났다. 이러한 현실은 비단 우리나라만의 문제는 아니다. 영국도 2015년 4월 100여 년간 지속해 온 퇴직연금 적립금의 연금화 수령의무를 폐지한 후 일시금으로 수령하는 비율이 대폭 증가하였고, 지금은 퇴직연금 가입자의 절반 이상이 퇴직연금을 일시금으로 수령하고 있는 상황이다.

영국 사례에서 보듯이 개인에게 노후준비의 중요성을 강조하면서 알아서 연금으로 받으라는 것은 분명 한계가 존재해 보인다. 그럼에도

중산층의 평균 퇴직연금 적립금

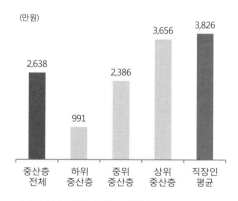

(만원)

중산층 전체	하위 중산층	중위 중산층	상위 중산층	직장인 평균
2,638	991	2,386	3,656	3,826

▲자료: NH투자증권 100세시대연구소

불구하고 퇴직연금은 또 하나의 노후자산으로써 일정 역할을 분명히 할 수 있다. 퇴직연금은 은퇴 시점부터 국민연금 수급개시연령까지 대부분의 직장인에게 발생할 수밖에 없는 소득 공백기를 메워주는 중요한 가교연금 기능을 가지고 있기 때문이다.

현재 퇴직연금으로 받는 경우 퇴직소득세의 30%를 감면해주는 이점이 있지만 이 정도로는 그 효과를 기대하기 어렵다. 일정 금액 이하 퇴직연금에 대하여 완전 비과세를 적용해주는 등 연금수령에 따른 명확한 이점을 제시해 주어야 연금수령에 대한 수요가 늘어날 것이다.

중산층 그룹별로 살펴보면 퇴직연금 성격상 소득에 비례하는 모습은 당연한 결과로 보여진다. 이러한 부분을 감안하더라도 평균 적립금액에 너무 많은 차이를 보이는 점이 좀 걱정스럽다. 평균 퇴직연금 적립금이 하위 중산층의 경우 991만원으로 중위 중산층 2,386만원의 절반에도 못 미치고 있다. 상위 중산층의 평균 퇴직연금 적립금은 3,656만원으로 중위 중산층보다 1,270만원 더 많았다.

문제는 하위 중산층의 경우 절반 가까운 47%가 퇴직연금 적립금이 전혀 없다는 것이다. 따라서 하위 중산층의 안정적인 노후준비를 위해서는 이들에게 퇴직연금을 지원할 수 있는 제도적 보완이 필요할 것이다.

🪙 가장 취약한 개인연금

개인연금제도는 퇴직연금보다 10년 이상 먼저 도입되었지만, 중산층의 가입비율은 61.8%로 더 낮은 수준이다. 세액공제 등 세제 혜택이 있음에도 퇴직연금보다 상대적으로 강제성이 떨어지기 때문이다. 중산층이 보유하고 있는 평균 개인연금 적립금은 1,913만원, 월평균 납입금액은 16만원으로 조사되었다. 이를 현재 나이 44세(조사대상 중산층 평균 연령)와 예상 은퇴연령인 60세까지 유지를 가정하면 개인연금 적립으로 가능해 보이는 노후자산은 4,985만원으로 퇴직연금 자산(8,494만원)에 훨씬 못 미치고 있다.

절대 금액으로도 부족해 보이는 수준이다. 만약 노후대비용으로 따로 챙겨두어 연금화가 가능한 기타 금융자산이 있다면 상황이 조금 나을 것이다. 어차피 노후대비용으로 보유한 금융자산이 있다면 일반 금융자산보다는 연금자산으로 관리하는 것이 좀 더 바람직한 선택이다.

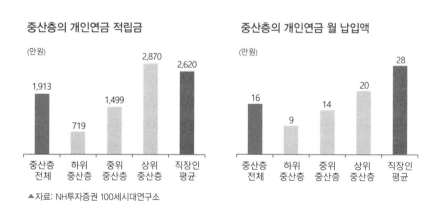

▲자료: NH투자증권 100세시대연구소

개인연금 적립현황도 중산층 그룹별로 살펴보면 소득에 따라 많은 편차를 보이고 있다. 하위 중산층 평균 개인연금 적립금은 719만원에 매월 9만원 정도 적립하고 있었다. 은퇴 시점 60세까지 만들 수 있는 개인연금자산은 2,500만원 정도밖에 되지 않는다. 중위 중산층의 평균 적립금은 1,499만원, 월 14만원을 적립하고 있고, 상위 중산층은 2,870만원의 평균 적립금에 월 20만원 납입하고 있어 그나마 상황이 좀 낫다.

중위 및 상위 중산층이 만들 수 있는 개인연금자산은 각각 4,187만 원과 6,710만원이다. 그러나 이들은 노후준비보다는 세액공제 등을 통해 절세혜택을 받으려는 목적이 더 커 보여 연금 본연의 목적에 충실해질 필요가 있는 한편, 정부는 이를 중요한 유인책으로 좀 더 적극적으로 활용해야 할 것 같다.

개인연금은 스스로 필요에 의해 가입해야 하는데 개인 의지에 맡기는 것으로는 노후자산으로써의 역할에 한계가 있다. 세액공제와 같이 가입에 따른 실질적인 혜택들이 좀 더 확대되고 가입 후 유지 기간에 비례하여 추가적인 혜택을 받을 수 있도록 한다면 개인연금을 활용한 노후준비도 좀 더 활성화가 될 것이다.

중산층의 노후준비지수는 62점

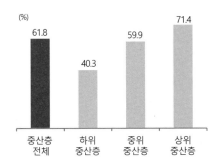

중산층의 노후준비지수(기대수명 기준)

▲자료: NH투자증권 100세시대연구소

중산층의 필요노후자산과 지금까지 연금가입 현황을 바탕으로 중산층의 '노후준비지수'를 살펴보자. 그룹별 비교를 위해 현재 나이는 44세(조사대상 중산층 평균 연령)로 동일하게 가정하고 은퇴 시점인 60세까지 16년의 준비 기간으로 준비지수를 산출하였다. 연금별 예상자산의 합계금액으로 노후준비자산을 구하고 이를 필요노후자산으로 나누어 보면 노후준비지수를 구할 수 있다.

필요노후자산은 곧 목표 노후자산이 된다. 필요노후자산에서 노후준비자산을 차감하여 나오는 부족 금액은 추가적인 준비가 필요한 금액으로 볼 수 있다.

기대수명 기준으로 본 중산층의 노후준비지수는 61.8%였다. 100점 만점에 62점 정도인 셈이다. 별도 금융자산을 고려하지 않고 연금자산만으로 구한 결과이기 때문에 심각하게 나쁜 수준이라고 단정지을 수는 없지만, 연금가입을 통한 노후준비가 절실해 보인다. 하위 중산층의 준비지수는 좀 더 심각하다. 40.3%로 수치도 낮지만, 노후대비용 금융자산이 따로 없을 것으로 예상되기 때문이다. 중위 중산층은 중산

중산층의 필요노후자산과 노후준비자산(기대수명 기준)

구 분		중산층 전체	하위 중산층	중위 중산층	상위 중산층
필요노후자산		5억544만원	4억5,144만원	4억9,464만원	5억4,000만원
노후 준비자산	국민(공적)연금	1억7,748만원	1억1,016만원	1억7,544만원	2억1,012만원
	퇴직연금	8,494만원	4,751만원	7,922만원	1억824만원
	개인연금	4,985만원	2,447만원	4,187만원	6,710만원
	합 계	3억1,227만원	1억8,214만원	2억9,653만원	3억8,546만원
부족금액		1억9,317만원	2억6,930만원	1억9,811만원	1억5,454만원

*가정: 현재 나이 44세, 은퇴연령 60세, 국민연금 개시연령 65세, 기대수명 82세

층 전체보다 조금 낮은 59.9%였으며 상위 중산층은 71.4%로 가장 양호한 상태이다.

　부족 금액 기준으로 중산층 전체는 은퇴 시점까지 약 1억9,000만원의 추가적인 준비가 필요하다. 평균 월 100만원을 더 저축해야 한다는 계산이 나오는데 현실적으로 쉽지 않은 금액이다. 중산층 그룹별로 볼 때 부족 금액은 소득과 반비례하고 있어 상황은 더 심각해진다. 특히 하위 중산층의 경우 부족 금액은 2억7,000만원 정도로 월 140만원의 저축이 필요한데 불가능에 가까워 보인다. 중위나 상위 중산층이라고 해서 괜찮은 상황은 아니다.

　중위 중산층의 부족 금액은 약 2억원, 상위 중산층의 부족 금액은 약 1억5,000만원으로 각각 매월 103만원과 80만원의 추가 적립이 필요한 상황이다.

🎒 중산층의 100세 시대 준비지수는 66점

중산층의 100세 시대 준비지수(100세 기준)

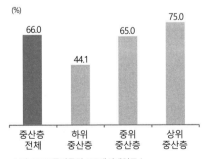

(%)

중산층 전체	하위 중산층	중위 중산층	상위 중산층
66.0	44.1	65.0	75.0

▲ 자료: NH투자증권 100세시대연구소

100세 수명 기준으로 한 100세 시대 준비지수도 한 번 살펴보자.

중산층 전체 평균은 66%로 기대수명 기준(61.8%)보다 높게 나온다. 노후생활 기간이 길어졌는데 100세 기준 준비지수는 왜 더 높게 나오는 것일까? 이는 국민(공적)연금의 종신 지급 효과 때문이다. 국민(공적)연금은 현재 적립금과 납입금액에 따른 결과가 아니고 연금개시 연령부터 기대수명까지 예상연금을 합산한 금액으로 구하게 된다.

따라서 수명에 비례하여 오래 살수록 국민(공적)연금으로부터 받을수 있는 금액이 많아지면서 노후준비 자산도 늘어나는 효과를 가져다준다. 3층 연금제도 안에서 국민(공적)연금의 중요성을 한 번 더 실감할 수 있게 해준다. 노후준비지수는 100세 기준으로도 하위 중산층이 44.1%로 가장 심각한 상황이다. 중위 중산층은 중산층 전체보다 조금 낮은 65%였으며 상위 중산층은 75%로 기대수명 기준과 마찬가지로 가장 양호한 모습이다.

100세 시대 준비지수가 좀 더 높게 나왔다고 해서 마음 놓을 상황은

중산층의 필요노후자산과 노후준비자산(100세 기준)

구 분		중산층 전체	하위 중산층	중위 중산층	상위 중산층
필요노후자산		7억5,816만원	6억7,716만원	7억4,196만원	8억1,000만원
노후 준비자산	국민(공적)연금	3억6,540만원	2억2,680만원	3억6,120만원	4억3,260만원
	퇴직연금	8,494만원	4,751만원	7,922만원	1억824만원
	개인연금	4,985만원	2,447만원	4,187만원	6,710만원
	합 계	5억19만원	2억9,878만원	4억8,229만원	6억764만원
100세시대 준비지수		66%	44.1%	65%	75%
부족금액		2억5,797만원	3억7,838만원	2억5,967만원	2억236만원

*가정: 현재 나이 44세, 은퇴연령 60세, 국민연금 개시연령 65세, 기대수명 100세

아니다. 수명이 늘어나 노후생활이 길어진 만큼 부족 금액은 더 커지기 때문이다. 100세 수명 기준으로 부족 금액을 살펴보면 중산층 전체로 보아도 은퇴 시점까지 약 2억6,000만원의 추가적인 준비가 필요하다. 앞선 기대수명 기준보다 7,000만원 정도 늘어난 금액이다.

평균적으로 월 134만원은 더 저축해야 한다는 말인데 만만치 않은 금액이다. 이를 연금과 같은 금융자산 적립을 통해서만 해결할 수는 없을 것이다.

은퇴 시점을 늦추고 일을 더 하거나 생활 수준을 낮추고 주택연금을 활용하는 등 다양한 대응 방안을 동시다발적으로 고민해야 되는 상황이다. 물론 이는 소득이 현재와 같은 수준으로 유지된다는 가정 하에 계산된 결과이므로 너무 실망할 필요는 없다. 소득원을 늘리고 소비지출을 좀 더 통제하면서 목표를 향해 노력하다 보면 은퇴 시점에 가서는 얼마든지 상황은 달라질 수 있다.

중산층 그룹별 연금전략

3층 연금을 활용한 대한민국 중산층의 노후준비 상황은 낙제점을 겨우 면한 수준이다. 국민연금에 대한 의존도가 너무 높고 퇴직연금과 개인연금 등 사적연금에 대한 활용도는 너무 낮다. 은퇴 이후 소득 공백기를 포함한 60~70대 노후생활 전반기가 매우 불안한 상황이다. 향후 노후준비 전략을 그룹별로 한 번 살펴보자.

① 하위 중산층, 국민연금부터 확보하라

하위 중산층은 국민연금 의존도가 높음에도 불구하고 월 예상연금액이 54만원에 불과해 노후 연금으로써의 기능이 충분하지 못하다. 다른 사적연금에 가입하여 노후자산을 만드는 방법도 있겠지만 가능하다면 국민연금을 늘릴 방법부터 찾아야 한다. 국민연금은 소득에 비례하여 가입하는 구조이기 때문에 가입금액을 늘리기 위해서는 소득을 늘려야 한다. 본인 연봉을 올리거나 배우자가 일을 하거나 가구소득을 늘리면 국민연금 적립금액은 따라서 늘어날 수 있다.

아니면 임의가입제도를 활용하여 소득이 없는 배우자도 국민연금에 소액이라도 납입하기를 추천한다. 국민연금은 소득재분배 기능이 있기 때문에 적은 금액일수록 수익효과가 더 크다. 또한, 연금수령액에 물가상승분이 반영되고 사망할 때까지 받을 수 있는 종신연금이다. 중산층에게 국민연금은 금융기관에서 개인연금에 가입하는 것보다 안정적이면서도 훌륭한 수익을 가져다줄 수 있는 최적의 연금제도다.

국민연금 예상연금액

(단위: 원)

소득월액	연금보험료 (9%)	가입기간			
		10년	20년	30년	40년
500,000	45,000	144,690	278,680	412,510	500,000
1,000,000	90,000	171,720	330,750	489,570	648,390
1,500,000	135,000	198,750	382,810	566,630	750,460
2,000,000	180,000	225,790	434,870	643,700	852,520

▲자료: 국민연금관리공단 2017년 예상연금액표, NH투자증권 100세시대연구소

② 중위 중산층, 퇴직(연)금을 지켜라

중산층의 평균 퇴직연금 적립금이 적은 이유는 아직도 많은 중소기업들이 퇴직연금에 가입하지 않고 퇴직금 제도에 남아있기 때문으로 추정된다. 중산층들 대다수가 퇴직금을 노후자산으로 인식하지 않고 생활자금으로 사용해버리는 것도 하나의 원인이다. 받을 때는 공돈 같은 퇴직금이지만 은퇴 시점까지 잘 지켜가면 절대 적지 않은 노후자산이 되어 줄 수 있다는 것을 기억하자.

월 300만원 급여로 30년간 일했다고 가정해도 원금만 9,000만원이다. 이 정도면 은퇴 후 국민연금 개시연령 전 소득 공백기에 아주 유용하게 활용할 수 있는 금액이다. 과거에는 퇴직금을 지키고 싶어도 마땅한 수단이 없었지만, 지금은 IRP(개인형 퇴직연금) 계좌를 통해 마음만 먹으면 퇴직금의 연속성을 가져갈 수 있다. 개인연금은 본인이 스스로 납입금액을 마련해야 하지만 퇴직금은 회사가 준비해주기 때문에 납입에 대한 부담도 없다. 일정 기간이 지난 후 퇴직금으로 모아졌을 때 잘 지켜내는 것부터가 최선의 전략이다.

③ 상위 중산층, 개인연금을 확대하라

상위 중산층은 비교적 경제적 여유가 있으므로 3층 연금체계를 좀 더 잘 갖추기 위한 노력이 필요하다. 저축 여력이 있는 만큼 그 저축 여력을 연금저축계좌를 이용한 노후저축에 먼저 하도록 해야 한다. 개인연금의 효과는 노후준비만으로 끝나는 게 아니다. 안정적인 노후준비는 자산관리를 통한 목돈마련에 시너지 효과를 가져다줄 수 있다. 잘 준비되고 있는 연금이 금융투자를 통한 장기적인 자산관리에 긍정적인 영향을 미치기 때문이다.

현재 연봉이 5,500만원 이하 근로자는 연금저축의 세액공제 한도가 연간 400만원이다. 지

금보다 연금저축 금액을 좀 더 늘려 세액공제 한도까지만 납입해도 충분한 노후자산을 만들 수 있다. IRP 계좌에 300만원을 추가로 납입하면 연간 총 700만원까지 세액공제를 받을 수 있다. 추가적인 저축을 계획하고 있다면 절세혜택을 극대화하고 풍요로운 노후를 위한 연금저축 확대부터 검토하자.

은퇴 후 일에 대한 생각

노후준비의 가장 바람직한 방법은 물론 3층 연금을 잘 준비하는 것이다. 하지만 준비된 연금이 부족하다면, 다음의 현실적인 대안은 바로 은퇴 시점을 최대한 늦추고 일을 지속하는 것이다. 그래서 은퇴 후 일에 대한 중산층의 생각도 한번 조사해 보았다. 결과를 보면 전체 중산층의 96%라는 높은 수치로 은퇴 후에도 일을 할 생각을 하고 있었다. 또한, 은퇴 후 일자리에 대한 소득으로 월평균 139만원을 기대하

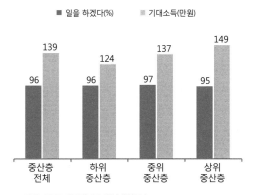

중산층의 일에 대한 생각과 기대소득

■ 일을 하겠다(%)　　▨ 기대소득(만원)

구분	일을 하겠다(%)	기대소득(만원)
중산층 전체	96	139
하위 중산층	96	124
중위 중산층	97	137
상위 중산층	95	149

▲자료: NH투자증권 100세시대연구소

고 있는 것으로 나타났다.

　중산층 그룹별로 보아도 95~97%가 은퇴 후 일을 하겠다는 생각을 가지고 있는 것으로 응답하였다. 은퇴 후 일에 대한 소득은 현재의 소득과 비례하는 모습이기는 했지만, 월 124~149만원까지 금액 편차가 크게 나타나지는 않았다. 결과적으로 놓고 보면 대다수의 중산층은 아무래도 부족한 노후생활비를 연금으로 준비하기보다 일을 통해서 만들 생각이 많아 보인다. 은퇴 후 일을 하는 이유가 생계유지 목적이 가장 앞서게 될 확률이 높은 상황이다.

　물론 연금이 부족해서가 아니더라도 은퇴 후 일을 계속하는 것은 건강유지나 노후시간 활용, 사회적인 관계 등 여러 가지 측면에서 긍정적인 효과를 가져다준다. 하지만 요즘과 같은 저금리 상황에서 월 100만원 일자리가 보유자산 8억원(수익률 연 1.5% 가정)의 가치와 맞먹는 수준이라는 점을 고려해보면 은퇴 후 일자리에 대한 중산층의 눈높이가 전반적으로 높게 형성되어 있는 것 같다. 스스로 일을 하겠다는 자세가 되어있다 하더라도 은퇴 후 100만원 짜리 일을 구하기가 생각보다 만만하지 않을 것이다. 일자리에 대한 눈높이를 낮추고 원하는 수준의 안정적인 일자리를 위해서 반드시 그에 상응하는 준비가 필요하다.

💰 3층 연금만 잘 준비해도 연금부자

　앞서 중산층 그룹별로 가장 우선시해야 하는 연금전략을 제안하였지만 사실 3층 연금제도 중 어느 하나 중요하지 않은 제도가 없다. 물론 능력이 된다면 3가지 연금을 최대한 모두 실행하는 방법이 가장 이상적이다. 하지만 열심히 노력했음에도 연금이 부족하다고 해서 미리 실망할 필요는 없다. 은퇴 후 일을 좀 더해도 되고 주택연금 활용까지 염두에 두면 방법이 아예 없지는 않다.

주위를 보면 나이 든 사람들은 은퇴하고 나서 안정적인 연금이 많이 나오는 연금 부자를 가장 부러워한다. 젊었을 때는 연금의 실효성을 별로 실감하지 못하다가 은퇴 후 연금처럼 안정적인 현금흐름이 정말 큰 역할을 해준다는 것을 느끼기 때문이다. 그렇다고 언제까지 연금 부자들을 부러워만 하고 있을 것인가? 지금부터라도 연금제도들의 각 장점을 최대한 살려낼 수 있도록 시간을 가지고 꾸준하게 노력해보자. 대한민국의 중산층도 3층 연금만 잘 준비하면 얼마든지 연금 부자가 될 기회가 있다.

영포티(Young forty)의 노후준비, 지금이라도 시작하자

영포티는 연금제도의 가장 큰 수혜를 받는 세대이다. 국민연금 혜택이 가장 큰 세대이자 3층 연금(국민연금, 퇴직연금, 개인연금)의 혜택을 제대로 받는 최초의 세대이다.

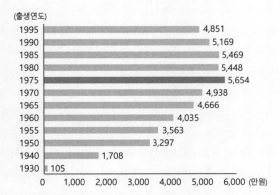

국민연금 순혜택, 75년생이 제일 커

(출생연도)

출생연도	금액
1995	4,851
1990	5,169
1985	5,469
1980	5,448
1975	5,654
1970	4,938
1965	4,666
1960	4,035
1955	3,563
1950	3,297
1940	1,708
1930	105

▲자료: NH투자증권 100세시대연구소

▶ 국민연금 혜택이 가장 큰 세대

국민연금 순 혜택 최고 수혜자는 1975년에 태어난 X세대인 것으로 나타났다.(국민연금연구원, 2016) 순 혜택은 평균적으로 받게 될 국민연금 급여총액에서 국민연금 보험료를 뺀 값이다. 쉽게 말하면 낸 돈보다 얼마나 더 받을 수 있는지 의미하는데 1975년생의 국민연금 순 혜택은 평균 5,654만원으로 전 연령대 중에서 가장 크다.

그 이유는 국민연금 도입시기와 두 차례 연금개혁시기와 관련 있다. 국민연금은 1988년 도입되었다. 고령자는 가입 기간이 짧아서 내는 돈도 적고 받을 돈도 작아 순 혜택 금액 자체가 크지 않다.(1930년생 국민연금 순 혜택 105만원) 국민연금제도 도입 후 1990년대 직장생활을 시작한 X세대, 영포티는 가입 기간이 길어 매월 받을 수 있는 연금수령액이 그만큼 크다. 반면 1975년생 이후 연금 순 혜택은 점차 감소하는데, 이는 1998년과 2007년에 재정 안정성을 이유로 두 차례 소득대체율을 낮추고 연금을 받기 시작하는 연령을 늦춘 연금개혁을 단행했기 때문이다. X세대는 국민연금도입 후 연금개혁 단행 전 시기를 최대한 누린 세대이다.

▶ 3층 연금(국민연금, 퇴직연금, 개인연금)의 혜택을 받는 최초의 세대

1990년대에 사회생활을 시작한 영포티는 우리나라 연금제도의 시작을 함께한 세대이다. 우리나라 연금제도는 1990년대 들어 국민연금, 퇴직(연)금, 개인연금으로 이루어진 3층 연금제도를 갖추었다.

국민연금은 1988년에 도입(10인 이상 사업장 대상)되었고, 퇴직연금은 1961년부터 퇴직금 제도가 도입되었으나 30인 이상 사업장으로 그 대상자가 많지 않았다. 1987년에 의무사업장이 10인 이상 사업장으로 확대되면서 가입 대상자가 많이 증가하였으며 현재의 퇴직연금제도의 모습을 갖춘 것은 2005년 들어서였다. 1994년에는 자신의 노후를 위해 스스로 가입하는 개인연금제도가

우리나라 연금제도 도입시기

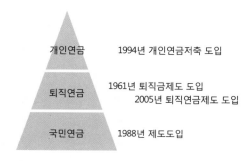

▲ 자료: NH투자증권 100세시대연구소

도입되어 노후보장을 위한 '3층 연금제도'가 완성되었다.

1990년대에 직장생활을 시작한 영포티는 의무적으로 국민연금과 퇴직연금을 준비해 기초적인 노후준비가 가능하다. 1971년생이 1996년부터 직장생활을 했다면, 2016년 현재 국민연금 가입 기간 20년으로 완전 노령연금 수급요건을 이미 갖췄고, 20개월 치 월급을 퇴직연금으로 쌓아온 것이다.

국민연금과 퇴직연금만으로 부족한 노후자금은 개인연금을 활용하여 준비할 수 있다. 개인연금은 투자대상과 방법이 다양하여 내게 맞는 적합한 상품을 선택할 수 있고, 절세혜택도 누릴 수 있어 노후준비에 효과적이다. 국민연금, 퇴직연금과 달리 개인연금은 의지에 따라 준비가 달라질 수 있다. 노후를 위한 연금자산을 준비하는 가장 효과적인 방법은 ① 하루라도 일찍 시작하고, ② 은퇴 시기를 늦춰 은퇴준비 기간을 연장하는 것이다.

영포티는 몸과 마음 모두 젊을 뿐 아니라, 새로운 방식으로 나이 들고자 하는 세대이다. 예전에는 '중년'으로 취급받으며 새로운 시작을 하기가 쉽지 않은 나이였지만, 평균 수명이 100세까지 길어진 요즘에는 무엇이든 새롭게 시작할 수 있는 나이이다.

월 50만원씩 연금을 받으려면

연령별 월 납입금액
(납입기간 10년, 연금개시 65세, 연금수령기간 10년,
연금수령액 월 50만원, 연 3% 가정)

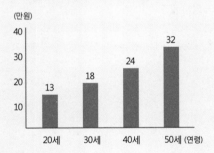

▲자료: NH투자증권 100세시대연구소

65세부터 10년간 매월 50만원씩 연금을 받으려면 지금부터 10년간 매월 얼마씩 준비해야 할까? 연 3% 수익률을 가정할 경우, 20세는 매월 13만원씩 준비하면 되지만 30세는 18만원, 40세는 24만원, 50세는 32만원씩 준비해야 한다. 장기간 투자해야 하는 연금의 시작은 빠르면 빠를수록 좋다. 투자 기간이 길어질수록 시간의 복리효과로 부담은 작아지고 효과는 커지기 때문이다.

▶ 영포티의 은퇴 시기는 70세 이후로

영포티는 100세까지 사는 세대이다. 그렇다면 은퇴 시점도 달라져야 하지 않을까? 지금까지의 은퇴설계는 기대수명을 80세로 두고 60세 은퇴를 일반적으로 생각해왔다. 나이는 40대이지만 30대 청년처럼 젊게 사는 영포티에게 60세 은퇴는 너무 이르다. 70세 이후로 미루자.

　OECD 조사에 의하면 우리나라 남성의 실제 은퇴연령은 71.1세이다.(2007~2012년 실제 은퇴 연령 평균값) 공식적인 은퇴연령은 60세지만 은퇴 후 재취업 등을 통해 11년 더 일하고 있다. 60세 은퇴는 현실과 거리가 멀다. 은퇴 시기를 70세, 80세로 두고 삶을 계획하면 40대에 시작하는 노후준비는 절대 늦지 않았다. 그동안 노후준비를 못 했다면 지금이라도 시작해보자. 40대라고 해서 모두가 영포티일까? 스스로 삶을 더 가치 있게 즐기고자 하는 마인드가 없다면 영포티라고 할 수 없다. 40대라 하여도 늦지 않은 나이, 무엇이든 시작할 수 있는 나이이다. 100세까지 사는 인생은 어떻게 준비하느냐에 따라 달라진다. 영포티가 그 중요한 시작점에 서 있다.

우리나라 남성 실제 은퇴연령 71.1세

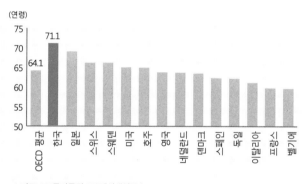

▲ 자료: NH투자증권 100세시대연구소

2부

연령별·특성별
노후준비, 다 다르다

40대, 자녀교육비에
노후가 좌우된다

🪙 연어처럼 살지 마라, 자식 위해 무한 희생? No~

"흐르는 강물을 거꾸로 거슬러 오르는 연어들의 도무지 알 수 없는 그들만의 신비한 이유처럼……"

가수 '강산에'의 '거꾸로 강을 거슬러 오르는 저 힘찬 연어들처럼'의 가사이다. 연어는 대표적인 모천 회귀(母川回歸)성 어류로 자신이 태어난 강을 다시 찾아가서 산란하는 물고기이다. 또 연어는 강을 거슬러 오르는 동안 일절 먹이를 먹지 않고, 산란하고 나면 바로 죽는다. 이후 부화가 된 새끼들이 부모의 살을 뜯어 먹으며 성장한다. 바로 이 감동의 스토리가 자식을 위해 무한희생을 하는 부모의 전형이 되어 연어는 이 시대 부모들의 표상처럼 회자된다.

정말 이 시대의 부모들이 연어처럼 살아야 할까? 연어처럼 산란을 위해 굶어가며, 죽은 후에도 자식들을 위해서 부모의 살을 내주어야 할까? 중장년들은 불과 얼마 전까지만 하더라도 은퇴하는 그날까지

죽도록(?) 일하고, 나머지 시간은 죽음을 기다리며 생을 정리하는 것을 지극히 당연하게 생각했었다. 그리고 그들이 모아온 유형무형의 자산을 자식들에게 물려주는 게 순리라고 생각하던 세대였다. 연어들처럼 죽을 힘을 다해 인생을 살다가 어느 순간, 즉 은퇴의 순간이 오면 에너지는 다 소모되어 면역체계가 다 망가진 상처투성이의 심신이 되는 것이 맞는걸까?

이런 라이프사이클은 '노후준비'라는 말이 없던 시절, 즉, 자식 농사가 노후준비로 연결되던 시절에나 통하는 말이다. 기대수명이 70세 정도였던 1990년대에나 가능했던 이야기이다. 그런데 지금은 100세 시대이다. 법정정년도 60세로 늘어났고, 환갑은커녕 칠순 잔치도 안 하는 시대이다. 실제 일에서 손을 놓는 실질은퇴연령이 71세이고, 가장 많이 사망하는 나이를 의미하는 최빈사망연령이 88세인 지금이다. 2년에 한 살꼴로 늘고 있는 최빈사망연령은 2020년이면 90세가 된다. 현재 살아계신 노인들의 절반 이상이 2020년 이후 100세를 향하여 더 장수할 것이라는 의미이다.

💰 부모·자식 각자가 재무적 독립 필요하다

100세 시대에는 연어처럼 살면 안 된다. 죽도록 일하고, 은퇴 후 죽음을 기다리는 그런 연어가 돼서는 안 된다. 그런데 연어처럼 장렬히 죽지 않으려면 무엇보다도 재무적인 설계가 필수적이다. 우선 두 가지를 명확하게 해야 한다.

먼저 자식으로부터 재무적인 독립을 해야 한다. 물론 재산이 많아서 자식들에게 상속이나 증여를 해주면 좋겠지만(이것도 꼭 좋은 것만은 아니

다) 그렇지 않다면 부모가 자식으로부터 재무적 독립을 이루어야 한다. 잘못하면 부모가 자식의 짐이자, 원망의 대상이 될 수도 있다. 그러지 않기 위해서는 최소한의 노후준비가 이루어져야 한다.

또 하나 중요한 것은 자식을 재무적으로 독립시켜야 한다. 부모도 자녀에게 독립해야 하지만 자녀도 부모에게서 독립해야 한다. 연어 새 끼처럼 부모 살을 파먹고 살아가지 않게 말이다. 자식들은 20~30대부터, 정확하게 말해서 경제생활을 시작해서 소득이 생기는 그 시점부터 스스로 자산관리를 하게 해야 한다. '부모의 노후는 부모가 스스로 알아서 잘 살 테니, 너희들의 경제적 삶은 너희들 스스로 알아서 살아라' 는 식의 경제적 자립을 시켜야 한다. 결국, 부모든 자식이든, 재무적으로는 독립된 삶을 살아야 한다. 그래야 서로 짐이 안 된다.

부모가 연어처럼 살아야 하는 때는 지났다. 그것은 '응팔(응답하라 1988)' 시대의 부모들에게나 통했을 법한 이야기이다. 죽을 힘을 다해 살지 마라. 그만큼 빨리 죽는다. 자기 삶의 면역력을 높이고, 자기의 삶을 살아야 한다. 그래야 100세 시대가 행복해진다.

죽음의(?) 新 맹모삼천지교

'맹모삼천지교(孟母三遷之敎)', 맹자 어머니가 맹자의 교육을 위해 이사를 세 번이나 했다는 고사성어이다. 보통 어릴 때 자녀교육이 중요하다는 의미로 통용되고 있다. 그런데 '신 맹모삼천지교(新 孟母三千之敎)'라는 우스갯소리가 있다. 한자를 보면 '遷(옮길 천)'자가 '千(일천 천)' 자로 바뀌어 있는데, 자녀의 조기영어교육을 위해 3,000만원을 들여 영어유치원에 보내야 한다는 의미라고 한다.

월 100만원 이상 들어가는 영어유치원을 초등학교 입학하기 전까지 최소한 2년은 보내야 하니 대략 3,000만원에 가까운 비용이 든다는 말이다. 이 이야기를 들은 지도 벌써 몇 년 지났으니 지금은 3,000만원으로 부족할지도 모르겠다. 우리나라 부모들의 교육열에 대한 단면을 잘 보여주고 있다.

2016년 초 · 중 · 고 사교육비 조사결과(통계청)에 따르면 연간 사교육비 총액은 약 18조1,000억원으로 학생 1인당 월평균 사교육비는 25만6,000원으로 나타났다. 그러나 실제 참여율을 보면 67.8%의 전체 학생들이 참여하고 있어 사교육 참여 학생의 1인당 월평균 사교육비는 37만8,000원으로 높아지게 된다. 이는 전년 35만5,000원에 비해 2만3,000원 증가한 결과이다.

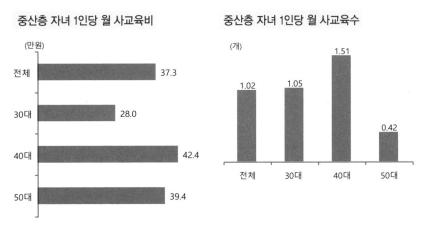

중산층 자녀 1인당 월 사교육비 / 중산층 자녀 1인당 월 사교육수

▲ 자료: 2016 대한민국중산층보고서, NH투자증권 100세시대연구소

결국, 앞선 통계의 결과로 볼 때 우리나라 학생들 10명 중 7명 정도가 사교육을 받고 있으며 사교육을 받는 학생들의 부모는 1인당 월평

균 37만8,000원의 비용을 지출하고 있다. 중산층의 평균 가구소득(월366만원)[1]을 기준으로 했을 때 자녀 1인당 가구소득의 10.3%를 부담해야 하는 구조이다. 자녀가 2명만 되어도 소득의 20%를 넘게 사교육비로 지출해야 하는 셈이니 자녀교육 때문에 노후준비가 어렵다는 말이 과언은 아니다.

💰 아이 하나 키우는 데 4억원?

중산층의 경우 자녀가 어린 30대에는 상대적으로 사교육에 대한 비용부담이 덜 하다가 40대가 되면서 부담이 급격하게 증가하는 모습으로 나타난다. 그리고 50대에 들어서면 다시 소폭 감소하는 모습이다. 자녀 1인당 평균 사교육 개수도 30대에 1.05개에서 40대 1.51개로 50% 가까이 증가했다가 50대에는 0.42개로 급격하게 감소한다. 50대 초반이 되면 자녀교육이 어느 정도 마무리되어 감을 알 수 있다. 하지만 이는 현재 학부모 연령대를 바탕으로 조사된 결과이기 때문에 결혼과 출산이 늦어지는 추세를 고려하면 요즘의 30대나 40대 학부모들은 나중에 50대가 되어도 사교육에 대한 비용부담이 줄어들 것 같지 않다.

'가족보건복지실태조사(2012, 한국보건사회연구원)'에 따르면 자녀 1인당 대학 졸업 때까지 22년간 들어가는 총양육비는 3억896만원으로 조사되었다. 2009년 2억6,204만원과 비교했을 때 4,700만원 정도 늘어난 금액인데, 이러한 추세를 반영하여 현재 시점의 양육비를 추정해 보면 3억9,670만원, 대략 4억원에 육박하는 금액이 필요하다는 계산이 나

---

1. 중산층 트렌드 2017, NH투자증권 100세시대연구소

온다. 요즘 젊은 부모 세대들이 자녀 출산을 꺼리는 이유를 단순히 이기심으로만 치부하기에는 너무 큰 금액이다.

학력이 사회진출 이후 경제력과 높은 비례관계를 보이는 부분까지 생각하면 더욱 그럴 수밖에 없다. 그만큼 사교육은 부모가 무리한 판단을 할 개연성이 높기 때문에 미리부터 소득수준을 고려하여 합리적인 계획을 세우고 지출하지 않으면 부모 자신들의 노후준비를 부실하게 만드는 등 여러 가지 부작용을 낳을 수밖에 없다.

1인당 월 유치원 교육비

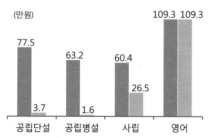

▲ 자료: 유치원정보공시(2016.10월), 유아대상 영어학원 실태
분석(사교육걱정없는세상), NH투자증권 100세시대연구소

그럼, 유치원부터 대학교 졸업 때까지 교육비용들을 단계적으로 살펴보자. 영어유치원에라도 보내게 되면 비용은 급격하게 늘어난다. 아이 1명당 월평균 100만원이 넘는 많은 금액이 필요하기 때문이다. 심지어 일부 영어유치원의 경우 월 200만원 가까이 드는 곳도 있다. 이렇게 많은 교육비용을 부담하지만, 영어유치원은 정확히는 유치원이

아닌 학원이기 때문에 정부로부터 별도 지원금도 없다. 결과적으로 자녀가 3년간 유치원에 다닌다고 가정하면 공립유치원은 총 58~135만원의 비용이면 되지만, 사립유치원은 955만원이 들고, 영어유치원의 경우 약 4,000만원(3,936만원)의 교육비용이 필요하다는 계산이 나온다.

자녀가 아직 어떤 재능과 흥미를 느끼고 있는지 잘 모르는 어린 나이임에도 불구하고 남들이 하니까 나도 따라 하는 식으로 무조건 영어유치원에 보내려 한다면 불필요한 교육 과소비가 발생할 수 있음에 유념할 필요가 있다.

💰 초등학생 10명 중 8명이 사교육

학생 1인당 월평균 사교육비를 초·중·고로 나눠보면, 초등학생 30만2,000원, 중학생 43만1,000원, 고등학생 49만9,000원으로, 위로 올라갈수록 증가하고 있다. 평균 정도만 사교육을 받게 해도 초등학교 6년간을 합산하면 2,000만원이 넘는 교육비용이 들어가는 셈이다. 초등학교는 무상교육이니 공교육에 대한 부담은 없지만, 결코 적지 않은 사교육 비용이 발생하고 있다.

중학교 과정 역시 의무교육으로 학교 교육에는 별도로 큰 비용이 들지 않는다. 하지만 자녀가 중학교에 가면 학업과 관련된 사교육은 본격적으로 시작된다. 통계적으로도 중학생 1인당 월평균 사교육비가 가장 높게 나타나고 있다. 초등학생의 경우 사교육 참여율은 높지만, 교육단가가 상대적으로 낮고, 고등학생의 경우에는 교육단가는 높지만, 참여율은 낮다. 중학생의 경우 사교육의 단가는 초등학생보다 높으면서 참여율이 고등학생보다 높기 때문에 1인당 사교육비가 가장 많이

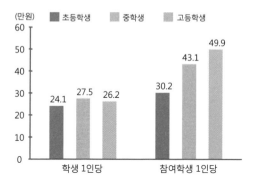

월평균 사교육비 현황

(만원) ■ 초등학생 ■ 중학생 ■ 고등학생

▲자료: 2016 사교육비 조사결과(통계청), NH투자증권 100세시대연구소

들어가게 되는 것이다.

💰 대학 등록금보다 비싼 고등학교 학비

고등학생의 경우 이제 고교평준화는 유명무실해져 버린 듯하다. 특목고나 자사고 출신 학생들이 상위권 대학을 포함한 대학진학률이 높게 나오자 많은 학부모가 선호하게 되었고, 자녀를 특목고나 자사고에 보내기 위해 각종 사교육 등 노력을 아끼지 않고 있다. 결과적으로는 어떤 고등학교에 입학하느냐에 따라 진학할 수 있는 대학의 범위가 어느 정도 정해져 버리는 추세가 되어가고 있다.

고등학교가 다시 서열화되어 가고 있는 상황도 문제지만 특목고나 자사고 학비가 일반 고등학교보다 훨씬 많은 비용이 들어간다는 것이 더 큰 문제이다. 자녀가 공부를 잘 해 좋은 특목고나 자사고에 들어간다면 부모로서 기쁜 일이겠지만 한편으로는 학비를 생각하면 부담이 앞선다. 특목고나 자사고의 학비는 일반(공립)고등학교의 9~10배는 보통이고, 일부는 기숙사비 등이 포함된 금액이라고는 하지만 연간 2,500만원을 넘어가는 학교도 있다.

상위권 대학을 가기 위해 인기가 높은 고등학교 학비가 상위권 대학들의 연간 평균 등록금보다 훨씬 더 많은 금액(약 800만원)이 들어간다는 현실이 아이러니하다. 게다가 이러한 특목고나 자사고에 들어갔다고 해서 사교육으로부터 완전히 자유로워지는 것도 아니다. 그 속에서 새로운 경쟁이 이루어지고 추가적인 사교육비가 또다시 발생할 확률이 높다.

그럼 유치원부터 대학교 졸업 때까지 자녀 1인당 교육비는 전부 얼마나 필요할까? 공교육 중심으로 최대한 적은 비용을 사용하는 경우와 영어유치원부터 사립초등학교를 거쳐 특목고까지 자녀를 위해 최상의 지원을 하는 경우를 한 번 극 대 극으로 비교해보자.

상위권 특목고·자사고 1인당 학비

(만원)

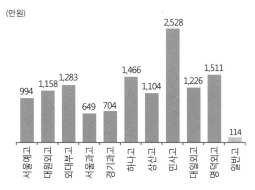

▲자료: 학교알리미(2016), 일반고는 서울소재 공립고중 무작위 선택

일단 자녀 1인당 교육에 들어가는 최소한의 예산은 사교육을 제외하는 경우 대학까지 약 4,000만원(3,800만원)이 필요하다. 하지만 사교육을 전혀 받지 않기는 어려울 테니 최소한으로 가정해보면 아무리 못해도 9,000만원, 약 1억원 가까운 예산이 필요하다.

자녀의 미래를 걱정하는 부모의 입장과 학력이 우선시 되는 사회적 분위기가 지속되는 한 사교육을 완전히 배제하기란 쉽지 않을 것이다. 최고 수준의 학교 교육과 사교육을 동시에 지원한다면 자녀교육 예산은 3억원을 훌쩍 넘는 수준으로 크게 늘어난다. 월평균 2개의 사교육을 받는다는 가정으로 산출하였지만 이보다 더 많이 들어갈 수도 있다. 자녀 교육에 들이는 비용의 경중에 따라 이렇게 큰 격차가 존재하고 있다.

💰 지금 자녀교육만 중요한 게 아니다. 노후를 생각하라!

상황이 이러하다 보니 노후준비를 제대로 하지 못하는 가장 큰 이유 중 하나가 자녀교육 때문이라는 말이 완전히 틀린 것은 아니다. 하지만 부모의 노후생활이 시기적으로 뒤에 있을 뿐 결코 자녀교육보다 덜 중요한 사항이 아니다. 부모의 불안한 노후는 결국 자녀에게 부담으로 작용되기 때문이다. 재무설계 관점에서 보면 자녀교육과 자신의 노후준비는 동등한 가치라고 할 수 있다. 만약 중산층 이상이 되는 가구가 자녀교육 때문에 노후준비를 못 하고 있다면 자녀교육에 과소비하고 있는 것은 아닌지 점검해 보아야 한다.

다만, 자녀교육관에는 사람마다 차이가 있을 수 있기 때문에 적정수준을 정하는 일이 쉽지는 않다. 핵심은 계획적인 지출이 될 수 있도록 자녀교육에 미리 명확한 원칙을 정해놓자는 것이다. 그래서 적정한 자녀교육 비용에 대한 원칙들을 한 번 정리해 보았다.

① 사교육비와 노후준비 비율 1:1을 지켜라

2016년 기준으로 참여 학생 1인당 월평균 사교육비는 37만8,000원이었다. 노후준비에 자녀교육과 동등한 가치를 둔다면 월 30만원 이상은 자신의 노후준비를 위해 따로 챙겨놓는 것이 맞다. 월 30만원을 연 4% 수익률 가정으로 30년간 적립하면 2억원 정도의 노후자산을 만들 수 있다. 노후자산 2억원은 국민연금과 같은 공적연금이 함께 있으면 풍요로운 정도까지는 아니지만, 안정적인 노후생활이 가능한 수준이다. 또한, 연금저축으로 세액공제를 최대한 받으려면 월 33만3,000원(연 400만원)을 저축해야 하는데 해당 금액과 비슷한 수준이므로 절세혜택도 효과적으로 받을 수 있는 금액이다.

② 자녀 1인당 총교육비는 소득의 10%를 넘지 않게!

자녀가 사립초등학교나 특목고에 들어가게 되면 교육비용은 급격히 늘어나게 된다. 높은 교육비용을 현재 소득에서 감당할 수 있더라도 부가적으로 발생하는 비용들이 생각보다 많아질 수 있기 때문에 현재 소득에 따른 기준도 반드시 필요하다. 중산층 가구 평균소득(월 366만원)을 기준으로 보면 참여 학생 1인당 월평균 사교육비 37만8,000원은 10%를 조금 넘는다. 이에 따라 사교육은 물론 기본적인 학교 교육을 넘어서는 각종 사립학교 비용까지 포함한 1인당 총 자녀교육비는 가구소득의 10% 선에서 정하는 것이 바람직해 보인다. 물론 자녀가 2명 이상이라면 가구소득의 20%까지는 확대해도 괜찮다.

③ 최소 5년 전부터는 미리 준비해라

자녀교육에 목돈이 필요하다면 때가 닥쳐서 지출하는 방법보다는 미리 준비하는 것이 좋다. 예를 들어 자녀가 초등학교에 들어가면 특목고나 자사고 등록금을, 중학교에 입학하면 대학교 등록금 준비를 시작하는 것이다. 금융수익에는 복리효과가 있기 때문에 투자 기간을 길게 하면 할수록 수익이 커지면서 목돈준비에 대한 부담이 줄어든다. 미리 준비하다 보면 자산증대에 속도가 붙으면서 생각보다 빨리 자산규모가 커지게 되고 교육비에 대한 부담감도 간접적으로 완화시켜 주는 효과가 발생할 것이다.

과거처럼 자녀의 성공이 곧 부모의 성공이던 시절은 지났다. 더 이상 자녀가 부모의 노후를 책임져 주는 시대도 아니다. 부모 입장에서 교육을 통해 자녀가 사회의 구성원으로서 제 몫을 다할 수 있도록 키우는 일은 너무도 당연하다. 하지만 경제적인 역량을 넘어서는 무리한 자녀교육은 가계의 재정부실로 연결될 수 있고, 사교육의 효과 또한 100% 장담할 수 없다. 적정한 자녀교육비 지출은 부모와 자녀 모두의 행복한 100세 시대를 좌우할 수 있다.

입시 vs 노후, 입시 준비에서 배우는 노후준비 전략

입시 준비는 인생 초반, 노후준비는 인생 후반을 좌우할 수 있는 커다란 인생 이벤트이다. 입시 vs 노후, 입시 준비와 노후준비 전략을 비교해 보자.

① 15년 vs 14.9년 : 인생에서 이것만큼 긴 준비기간이 필요한 것은 없다. 대충은 있을 수 없다.
② 본인+부모 vs 본인+국가 : 혼자서는 힘이 부친다. 타인의 지원을 잘 활용해야!
③ 지식+α vs 돈+α : 기본 외에 플러스 α의 준비가 필요하다.
④ 조기교육 vs 조기가입 : 시간과 싸움, 빨리 시작해야 한다.
⑤ 공교육·사교육 vs 공적·사적연금 : 공적 영역이 채우지 못하는 부문은 사적으로 채울 수도!

⑥ 국·영·수 vs 3층 연금 : 이것만 잘해도 반 이상 성공!

⑦ 재수 vs 재취업 : 최후의 선택사항이긴 하지만, 여기까지 몰리지는 말아야!

대학입학과 은퇴의 공통점, 지금까지와는 완전 다른 삶이 펼쳐진다

삶을 살다 보면 많은 사람들이 보편적으로 경험하는 인생의 전환점이 있다. 대학입학과 은퇴도 그런 전환점 중 하나다. 대학입학은 자기 인생의 초반, 은퇴는 인생 후반의 모습을 좌우할 수 있다는 데서 의미가 크다.

대학입학 전까지는 모두가 똑같은 것을 배우며 똑같은 생활을 했다면, 대학입학 이후에는 모든 것이 달라진다. 각자의 선택에 따라서 원하는 것을 배우며, 다양한 방식으로 삶을 꾸려갈 수 있다. 모두가 똑같았던 인생 항로에서 다양한 갈래로 길이 갈라지기 시작하는 시점이 바로 대학입학이다. 은퇴 역시 같은 의미를 갖는다. 회사에 다니든 사업을 하든 모두가 경제활동이라는 큰 틀에서 벗어날 수 없었던 시기에서 이제는 모든 것을 내려놓고 저만의 방식대로 새로운 삶을 꾸려 가는 시기가 바로 은퇴 이후이다. 결국, 우리의 인생은 대학입학을 계기로 크게 한 번 갈라지고, 은퇴를 계기로 다시 한번 더 크게 갈라진다.

입시준비와 노후준비의 일반원칙

① 15년 vs 14.9년 : 긴 준비기간

생각해 보면 우리 삶에서 입시 준비만큼 긴 시간을 필요로 하는 것도 없다. 초등학교에서부터 고등학교까지 정규 교육과정 기간만 12년이고, 여기에 유치원 2년은 기본으로 더해진다. 혹여 재수라도 할라치면 대략 15년 안팎의 장기 계획을 필요로 하는 것이 입시 준비다. 물론 모든 교육과정이 대학입학을 위한 것은 아니지만, 현실적으로 우리 사회에서 교육의 목적은 모두 대학입

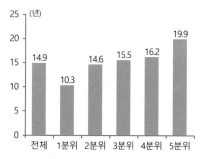

평균 은퇴준비 기간(경제적 준비 기준)

▲ 자료: 보건복지부(2012), NH투자증권 100세시대연구소
＊주1. 1분위 – 소득하위 20%, 5분위 – 소득상위 20%
＊주2. 1954년 이전 출생자 기준

학을 위한 것으로 간주하곤 한다.

그런데, 100세 시대라고 하는 요즘 은퇴준비도 입시 준비 못지않은 장기 계획을 필요로 한다. 어쩌면 더 긴 시간이 필요할지도 모른다. 은퇴 후 삶이 길지 않았던 시절에야 굳이 준비할 것도 없었고, 그렇게 강조되지도 않았지만, 최근에는 준비하지 않고서는 그 긴 시간을 제대로 살아갈 수 없다. 미리 체계적인 장기 계획이 요구될 수밖에 없다.

실제로 보면 은퇴준비 기간 역시 입시 준비 못지않게 길다. 우리나라 사람들은 대체로 60세를 전후로 경제활동을 완전히 그만두고 은퇴를 하게 되는데, 2014년 기준으로 60세를 넘긴 1954년 이전 출생자들의 평균 은퇴준비 기간은 14.9년이다. 묘하게도 입시 준비 기간과 거의 비슷하다. 소득이 높을수록 은퇴준비 기간도 늘어나 소득 상위 20%의 경우에는 20년 가까이 은퇴 준비를 하고 있다.

입시 준비나 은퇴준비나 하루 이틀 준비해서 되는 것이 아니란 얘기다. 이는 그만큼 중요한 것임과 동시에 준비가 만만치 않음을 뜻한다. 아이의 특성과 가정형편에 맞는 장기간의 계획과 꾸준한 지원이 필요한 것이 입시 준비라면, 본인의 특성과 형편에 따라 장기간의 체계적 계획과 꾸준한 실천력이 필요한 것이 바로 은퇴준비다.

② 본인+부모 vs 본인+국가 : 준비의 주체

대학에 입학하는 사람은 한 사람, 자녀다. 하지만 혼자서 준비하지는 않는다. 결국은 본인이 노력하고 본인이 책임져야 할 결과지만, 그 과정에서는 부모의 절대적이고 헌신적인 지원 없이는 불가능한 것이 입시 준비다. 노후준비 역시 마찬가지다. 결국, 본인의 책임이다. 은퇴 이후 노년에 남부럽지 않게 경제적 여유를 누리며 행복한 삶을 영위하거나, 혹은 부족한 생활자금으로 궁핍한 생활을 할 수밖에 없는 상황은 결국 모두 자신의 젊은 시절 준비 정도에 따른 결과물이다.

하지만, 입시 준비에서 부모의 지원이 꼭 필요한 것처럼, 노후준비에서는 정부나 사회의 지원이 꼭 필요하다. 요즘 같은 고령화 사회에서 개인의 일로만 치부하고 나 몰라라 할 수 없는 것이 은퇴 준비이기 때문이다. 실제로 우리나라 사람 두 명 중 한 명은 노후준비가 개인과 국가의 공동책임으로 생각하고 있다. 따라서 개인도 국가의 노후지원 정책을 잘 활용할 필요가 있다.

결국은 본인의 각성과 노력이 가장 중요하지만, 혼자서는 힘이 부치는 일이기 때문에 정부의 역할 역시 못지않게 중요한 것이 바로 노후준비이다. 그래서 실제로 국민연금, 퇴직연금, 주택연금 등 정부가 주도적으로 정책을 마련하고 시행하는 노후준비 수단이 많다. 이 노후준비 수단의 올바른 이해와 적절한 활용은 당연히 개인의 몫이다.

③ 지식+α vs 돈+α : 준비영역

시대가 변했다. 여전히 남들보다 많이 알면 유리하긴 하지만, 그것만을 요구하진 않는다. 단순 암기력 외에도 종합적인 사고력과 논리력을 요구하며, 때로는 이런 것과 상관없이 자신이 가진 하나의 특기만으로도 대학을 갈 수 있다. 언어능력이 뛰어나거나, 과학이나 수학 등 특정 분야의 뛰어난 재능 및 리더십, 사진, 한문 등 다양한 특기 등으로도 대학에 갈 수 있다. 지식을 쌓는 것이 기본이지만, 그 외의 것도 소홀히 할 수 없는 요즘이다. 노후준비도 마찬가지다. 얼마 전까지는 그저 돈을 많이 모으는 것이 절대 과제였지만, 최근에는 조금씩 다른 영역으로도 관심이 확대되고 있다. 돈이 가장 기본이긴 하지만, 건강이나 여가·관계·일 등 다양한 비재무적 영역의 준비에도 관심이 높아지고 있다.

실제로 많은 경제학자나 인문학자들이 실험을 통해 증명하고 있지만, 돈과 행복의 크기는 비례해서 커지지 않으며, 어느 순간부터는 돈이 아무리 많아도 행복의 크기는 커지지 않는다. 이 순간부터 필요한 것은 따뜻한 인간관계와 건강한 신체, 자존감을 높여주는 일이다. 재무적인 준비가 가장 기본이겠지만, 더불어 행복의 크기를 더해 줄 수 있는 다양한 비재무적 영역의 준비 역시 잊지 않도록 하자.

행복의 조건은?

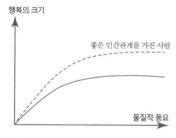

▲자료: 리처드 이스텔린, 알랭 드 보통

④ 조기교육 vs 조기가입

입시 준비든 노후준비든 결국은 시간과의 싸움이다. 19세 전후로 입시 준비의 결과는 판가름 나며, 노후준비의 결과 역시 60세 전후로 결정이 된다. 이 이후에는 아무리 노력해도 좀처럼 기회가 주어지지 않을뿐더러 준비한다 해도 효과를 보기 어렵다. 따라서 누구에게나 공평하게 주어진 시간을 최대한 잘 활용해야 한다.

시간을 가장 잘 활용하는 첫 번째 방법은 최대한 빨리 시작하는 것이다. 준비 기간이 길다고 '나중에 시작하지'라는 안일한 생각은 상대적으로 부족한 준비로 이어지기 십상이다. 그래서 입시 준비에서는 많은 사회적 부작용에도 불구하고 이미 조기교육이 일반화되어 있다.

초등학교도 입학하기 전 아이들이 영어유치원에 수학학원을 순회하기도 하고, 초등학교에 들어가서는 선행학습을 통해 많은 아이들이 1~2년 치 교과과정을 앞서가기도 한다. 이런 영향 때문에 요즘은 초등학생 양육비가 대학생 양육비에 버금간다. 노후준비도 조기에 서둘러야 한다.

조기에 잡아 놓은 기틀이 평생교육의 기반이 되듯, 조기에 시작한 은퇴준비는 향후의 은퇴준비를 한결 수월하게 해준다.

입사하자마자 가입한 개인연금 하나가 노후에는 커다란 도움이 된다. 입사할 때 조금만 신경 써서 상품을 고르고 매월 자동이체만 걸어 놓으면 이후부터는 거의 자동으로 노후준비가 되는 셈이다. 잊고 있다가 어느 순간 확인해 보면 꽤 큰 금액으로 불어나 있는 것을 확인할 수 있다. 게다가 빨리 가입하면 할수록 복리효과는 더욱 커져서 나중에 부랴부랴 시작할 때보다 효과는 배가된다. 결국, 돈이 돈을 벌기도 하지만, 돈이 부족할 때는 조금 더 일찍 시작해서 시간이 돈을 벌게 해야 한다.

⑤ 공교육 · 사교육 vs 공적연금 · 사적연금

교육 시스템은 국가가 주도하는 일종의 공적 서비스다. 정부가 주도하는 학교를 중심으로 모든 교육이 이루어진다. 따라서 입시 준비의 중심에는 학교가 있다. 하지만, 학교를 중심으로 한 공교육과 더불어 학원과 과외 등 사교육이 입시 준비의 또 다른 축을 형성하고 있는 것이 우리나라의 현실이므로, 자신의 부족한 부문을 사교육을 통해서 메우고 있다. 노후준비도 같다. 역시 기본은 공적연금이다. 정부가 노후생활 안정과 복지증진을 목적으로 운영하는 국민연금은 기본으로 갖춰야 한다. 국민연금에 대한 불신이 많고 해가 갈수록 혜택이 줄어들고 있기는 하지만, 아직까지 국민연금만 한 혜택을 주는 노후준비 수단은 없다.

직장을 다니며 쌓이게 되는 퇴직연금은 생활자금으로 소진하지 말고 최대한 노후에 활용할 수 있도록 해야 하며, 정부에서는 세제 혜택과 일부 강제성을 동원해 지속적으로 연금제도를 보완하여야 한다. 정부가 의지를 갖추고 다양한 혜택을 주고 있는 국민연금과 퇴직연금은 꼭 기본으로 갖추도록 하자. 그런데도 미리 준비하지 못했거나 노후자금이 부족하다면 보유주택을 이용해 연금을 받을 수 있는 주택연금을 적극적으로 활용해야 한다.

이렇게 해도 모자랄 수 있는 것이 노후생활자금이므로, 가능하면 개인연금과 같은 사적연금도 마련해 두어야 한다. 공교육에서 채우지 못한 교육적 욕구를 사교육을 통해 채우듯, 공적연금이 채워주지 못하는 부문은 사적연금을 활용해 채워야 한다.

⑥ 국 · 영 · 수 vs 3층 연금

입시 준비의 기본은 예나 지금이나 국어·영어·수학 세 과목이다. 국·영·수를 잘하면 입시에 성공할 확률은 매우 높아진다. 노후준비에서는 국민·퇴직·개인연금이 기본이다. 이를 잘 활용하면 노후준비에 성공할 확률이 높아진다. 입시 준비의 키가 국·영·수에 있다면 노후준비의 키는 3층 연금에 있다.

하지만 국·영·수의 중요성을 알면서도 말처럼 쉽지 않은 것처럼, 3층 연금의 중요성을 알면서도 실제 3층 연금을 제대로 쌓고 있는 사람은 드물다. 노후준비 수단으로 국민연금을 가장 많이 활용하고 있지만, 퇴직연금과 개인연금의 활용비율은 매우 낮다. 일단 3층 연금의 틀을 잡는 데 노력하자. 그럼 노후준비의 반 이상은 성공한 셈이다.

⑦ 재수 vs 재취업

10년 이상 준비를 했지만 막상 입시에서는 원하는 결과가 나오지 않는 경우가 허다하다. 이럴 경우 재수라는 방법이 있다. 목표에 부합하는 결과를 얻기 위해 최후에 선택하는 것이 바로 재수다. 하지만, 남들이 새로운 삶에 대한 기대에 들떠 있을 때 인고의 시간을 감수해야 한다. 재수를 원하지 않을 때에는 주어진 결과를 받아들이고 소위 점수에 맞추어 가는 수밖에 없다.

수십 년에 걸친 노후준비에도 불구하고 막상 은퇴하고 보니 생활자금이 부족할 때 역시 이를 만회할 방법은 있다. 재취업이다. 은퇴했지만 노후자금이 부족할 때는 다시 취업하는 수밖에 없다. 역시 다른 이들이 은퇴 후 여유를 즐기고 있을 때 퍽퍽한 삶을 감수해야 한다. 원하는 수준의 노후생활을 할 수는 없지만, 그렇다고 다시 취업해서 일하고 싶지 않을 때는 입시 준비에서 눈을 낮춘 것처럼 결국 노후생활 수준을 낮추는 수밖에 없다. 미리 착실히 준비하거나, 늦게까지 일하거나, 눈을 낮추거나 모두 자신의 선택이다. 하지만, 최후까지 몰려서 선택지가 별로 안 남는 경우는 가능한 줄이도록 하자.

보통 입시 준비에는 생빚을 져서라도 준비할 만큼 최선의 노력을 다하지만, 노후준비를 위한 노력은 이에 훨씬 못 미친다. 가족 전체가 큰 염원을 가지고 장기간에 걸쳐 입시를 준비하듯, 100세 시대를 맞이하여 노후준비 역시 보다 많은 관심과 철저한 계획이 필요하다.

50대 외벌이 가구를 위한
노후준비 전략

💰 50대 걱정거리 3가지, 노후불안〉건강〉자녀교육 순

　우리나라 50대 직장인들의 걱정거리는 '노후불안(45.4%)', '건강(17.9%)', '자녀교육(11.5%)' 순이다. 50대 직장인 두 명 중 한 명이 '노후불안'을 가장 큰 걱정거리로 꼽고 있다. 당연한 이야기겠지만, '노후불안'에 대한 걱정은 나이가 들면서 더 증가한다. 그런데 노후준비가 필요하다고 걱정은 많이 하면서 실제 준비는 미흡하다.

　평생 열심히 일했지만 30대에는 내 집 마련에, 40대에는 자녀교육에 전력투구하다 보니 정작 자신을 위한 노후준비는 뒷전으로 밀리고 있기 때문이다. 50대의 가장 큰 걱정거리인 '노후불안'을 해소하려면 '필수생활비'를 연금으로 충당할 수 있도록 연금자산을 계속 불려 나가야 한다. 건강한 노후를 보내려면 건강한 식생활 습관을 유지하고, 규칙적인 운동습관을 가져야 하는 것처럼 말이다. 또한, 자녀교육에만 모든 것을 걸지 말고 노후준비와 자식 교육에 동등한 가치를 두고 함

께 준비해야 한다.

연령대별 걱정거리

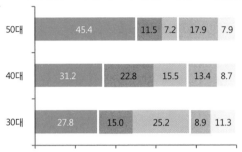

▲ 자료: 2016 대한민국 직장인보고서, NH투자증권 100세시대연구소

💰 자산도 부채도 50대가 가장 많아

　50대는 다른 연령대에 비해 자산과 부채가 모두 가장 많은 세대다. 이는 50대가 1980~1990년대 한국이 고도성장을 이룩하는 기간에 경제활동을 시작하여 부를 축적해 왔기 때문에 다른 연령층보다 자산이 많은 것으로 보인다.

　2016년 3월말 기준으로 전체 가구의 평균 자산은 3억6,187만원이다. 가구주 연령대별로는 50대 가구가 4억4,302만원으로 가장 많은 자산을 보유하고 있다. 50대 가구의 자산 비중은 실물자산이 74.4%(3억2,951만원)이고 금융자산은 25.6%(1억1,351만원)로 실물자산 비중이 절대적으로 높은 상황이다. 한편, 부채 현황을 보면 2016년 3월말 기준 전체 가구 평균 부채는 6,655만원이지만, 50대 가구는 8,385만원으로 가장 많은 부채를 보유하고 있다.

부채증가의 주된 원인으로는 '부동산 구매 또는 전·월세 자금(35.8%)', '생활비(20.8%)', '교육비(16.7%)', '사업자금(8.3%)' 순으로 나타났다. 50대는 다른 연령대에 비해 상대적으로 자산이 많기는 하지만, 부채도 많고, 평균수명이 증가함에 따라 노후기간도 함께 늘어나면서 노후준비에는 미흡한 상황이다. 한 달에 100만원씩만 쓴다고 해도 30년이 채 안 되어 자산이 바닥나버리는 수준이다.

가구주 연령대별 평균 자산과 부채

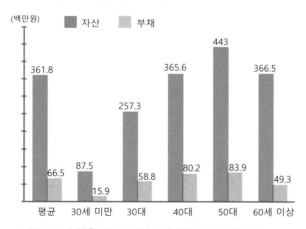

▲자료: 2016 가계금융·복지조사결과, NH투자증권 100세시대연구소

우리나라의 50대는 다른 연령대에 비해 가구 소득도 가장 높은 것으로 나타났다. 전체 가구 평균소득은 4,883만원이다. 가구주 연령대별로는 50대 가구가 6,101만원으로 평균소득이 가장 높았으며, 60세

이상 가구는 3,033만원으로 50대 가구의 평균소득에 비해 절반 수준으로 줄어든다. 60세 이후에는 가구소득이 많이 감소하기 때문에, 가구소득이 가장 높은 50대가 노후준비를 할 수 있는 마지막 10년이다.

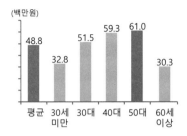

가구주 연령대별 연평균 소득

(백만원)

평균	30세 미만	30대	40대	50대	60세 이상
48.8	32.8	51.5	59.3	61.0	30.3

▲자료: 2016 가계금융·복지조사결과, NH투자증권 100세시대연구소

💰 부부 중 한 사람만 연금 받으면, 최소생활비 50%만 충족

50대 이상 부부가 노후에 필요하다고 생각하는 월평균 최소생활비는 167만원, 적정생활비는 231만원이다. 국민연금에 20년 이상 가입

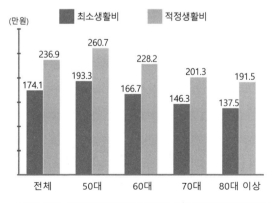

부부기준 월 평균 생활비

(만원)   ■ 최소생활비   ■ 적정생활비

	전체	50대	60대	70대	80대 이상
최소생활비	174.1	193.3	166.7	146.3	137.5
적정생활비	236.9	260.7	228.2	201.3	191.5

▲자료: 국민노후보장패널 6차년도 조사결과, NH투자증권 100세시대연구소

자의 월평균 연금액은 88만원으로, 만약 부부 중 한 사람만 연금을 받는다면 국민연금으로 부부 기준 최소생활비의 50% 정도만 충족할 수 있다. 부부가 모두 국민연금 가입 기간 20년 이상 수급자라면, 부부의 국민연금 급여(88만원×2명=176만원)로 부부 기준 최소생활비를 충족함에 따라 노후준비 부담이 크게 줄어들 것으로 보인다. 따라서 외벌이 가구의 경우에는 배우자도 국민연금에 임의가입을 하거나, 추가로 연금저축에 가입하여 은퇴 후 연금소득을 증대하여야 한다.

50대, 소득대체율이 높을 때 국민연금 가입

1988년부터 시행된 국민연금제도는 재정 안정성을 높이기 위해 1998년과 2007년 두 차례에 걸쳐 소득대체율을 낮추는 개혁을 하였다. 국민연금 급여의 소득대체율은 40년 가입을 전제로 할 때 1988~1998년까지는 70%, 1999~2007년까지는 60%, 2008년부터는 50%에서 매년 0.5%씩 낮아져 2028년까지 40%를 맞추도록 설계되어 있다. 개정 전 기존가입 기간에 대하여는 종전의 소득대체율이 그대로 적용된다.

따라서 1990년에 처음 직장생활을 시작한 2017년, 50세가 되는 1967년생의 경우에는 1990년부터 1998년까지는 소득대체율 70%, 1999년부터 2007년까지는 60%가 적용되어, 현재 30세보다 국민연금 수령금액이 약 20% 더 많을 것으로 추정된다. 앞으로 국민연금 소득대체율은 40%로 낮아진다. 부부 중 한 사람만 연금을 받는다면 국민연금 수령금액이 더 줄어들기 때문에, 배우자도 국민연금에 가입하여 부부가 함께 연금을 받아야 국민연금으로 부부 기준 최소생활비를 충당할 수 있다.

💰 50대, 노후준비의 마지막 기회

50대는 다른 연령대에 비해서는 자산을 많이 모았고 가구소득도 높지만, 연금으로 노후준비를 하지 않으면 얼마 못 가 노후자산이 바닥나고 만다. 맞벌이 가구는 부부의 국민연금 급여가 부부 기준 최소생활비를 충족하지만, 외벌이 가구는 부부 중 한 사람만 국민연금을 받는다면 최소생활비의 절반밖에 충족할 수 없다.

50대는 정년퇴직까지 10년도 채 남지 않았을 것이다. 50대에게 퇴직 전까지 남은 10년은 노후를 준비할 사실상 마지막 기회이다. 이때를 놓치면 부족한 연금으로 30년 넘는 여생을 보내야 한다. 우리나라 고령자의 61%가 계속 일하고 싶어 하지만 60대 경제활동 참여율은 49.6%, 70대는 29.8%로 낮아지는 현실이다. 60세 이후에는 일자리를 구하기가 점점 어려워진다.

또한, 나이가 많아질수록 비정규직 비율이 증가하고 있는 통계를 보면 60세 이후에는 일을 계속하더라도 저임금의 비정규직 일자리가 대부분이라는 것을 알 수 있다. 따라서 왕성하게 경제활동을 하는 50대에 자산관리의 최우선 목표를 노후준비에 두고 불필요한 지출을 줄이고 최대한 많은 돈을 저축하고 투자해야 한다.

가장 좋은 노후준비 방법은 연금을 활용하는 것이다. 매달 고정적인 수입이 창출되기 때문이다. 식료품, 주거비, 세금, 교통비, 통신비 등과 같은 '필수생활비'는 3층 연금소득과 임대소득 같은 안정적이고 지속적인 소득으로 충당하는 것이 좋다. 여행, 엔터테인먼트, 선물 등 '비 필수생활비'는 저축 및 투자자산에서 인출하도록 설계하기를 추천한다.

💰 50대 가구 노후준비 전략, 이렇게 해라

① 국민연금, 배우자도 함께 가입해 월 150만원 이상 받도록 설계하자

앞서 언급했듯이 노후에는 연금으로 생활을 하는 것이 안정적이다. 그래서 은퇴 후에는 매달 월급처럼 들어오는 연금과 같은 고정적인 소득이 높아야 한다. 외벌이 가구는 맞벌이 가구에 비해 연금수령 금액이 부족하다. 부부가 함께 국민연금을 수령해야 은퇴 후 최소생활비를 충족할 수 있다.

국민연금 수급 금액을 늘리는 방법으로는 먼저, '임의가입제도'를 활용하는 방법이 있다. 소득이 없는 사람도 국민연금에 임의가입을 할 수 있다. 따라서 외벌이 가구인 경우에는 배우자도 임의가입을 통해 국민연금에 가입하자. 60세 이후에도 소득이 있다면 '임의계속가입'을 통해 65세까지 가입 기간을 연장할 수 있다.

국민연금 임의가입자 추이

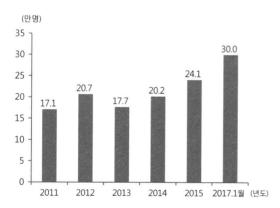

(만명)

연도	값
2011	17.1
2012	20.7
2013	17.7
2014	20.2
2015	24.1
2017.1월	30.0

▲자료: 국민연금공단 보도자료(2017.1.24), NH투자증권 100세시대연구소

2016년 11월부터 확대된 '추후납부제도'를 활용하면 경력단절 여성도 연금수급권을 취득하거나 가입 기간을 늘려 더 많은 연금을 받을 수 있다. 1999년 이전에 찾아갔던 반환 일시금에 이자를 더해 '반납'하면 국민연금 가입 기간을 복원할 수 있고, 지금보다 소득대체율이 높았던 가입 기간이 복원되어 연금수령금액을 높이는 데 유리하다.

② '연금저축'에 추가 납입하자

60세에 정년퇴직을 한다 해도 국민연금은 단계적으로 65세부터 받을 수 있기 때문에 5년 동안 소득 공백기가 발생한다. 소득 공백기에 노후생활비를 확보하기 위한 방법은 퇴직연금이나 개인연금 같은 사적연금을 많이 준비하거나, 은퇴 후 일자리를 구해 추가적인 소득을 창출하는 것이다.

우리나라 중산층이 보유하고 있는 평균적인 개인연금 적립금은 2,000만원이 채 안 된다. 개인연금은 연금저축 펀드, 연금저축신탁, 연금저축보험으로 나눌 수 있는데, '연금저축(개인연금)'은 다양한 세제혜택(세액공제, 과세이연, 저율 과세 등)이 있음에도 강제성 없이 개인이 스스로 필요에 의해 가입하도록 맡기기 때문에 가입금액이 많지 않다.

50대는 대부분 자녀의 사교육비 부담이 줄어드는 시기이므로, 퇴직하기전 5년 동안이라도 '연금저축'에 연간 1,800만원을 꽉 채워 납입하면 9,000만원을 추가로 쌓을 수 있다. 기존 연금저축 적립금을 2,000만원이라고 가정했을 때 5년 동안 추가 납입한 9,000만원을 합하면 연금저축 적립금이 총 1억1,000만원으로 늘어난다.

소득 공백기에 또 하나의 중요한 노후생활비 재원 역할을 하는 퇴직연금은, 대부분 근로자가 퇴직금 중간정산을 하여 퇴직연금 잔액이 많지 않은 것이 현실이다. 우리나라 중산층은 60세 정년퇴직까지 연간

1개월 소득(월 평균소득 366만원)에 해당하는 퇴직연금을 계속 적립하면 약 8,500만원의 퇴직연금자산을 만들 수 있을 것으로 나타났다. 이를 60세부터 5년 동안(운용수익률 연 2% 가정) 연금으로 찾으면 매달 150만원의 퇴직연금을 받을 수 있다.

이처럼 퇴직연금과 개인연금은 주된 직장에서 퇴직 후 국민연금을 받기 전까지의 소득 공백기에 안정적인 노후소득원 역할을 할 수 있다. '연금저축'은 현재 판매되는 금융상품을 통틀어 세제 혜택이 가장 많은 상품이다. 적립 기간에는 연금저축과 개인형 IRP를 합산하여 연간 700만원 한도로 연말정산 시 92만4,000원(=700만원×13.2%, 연 급여 5,500만원 초과시)의 세금을 환급받을 수 있다.

운용 기간에는 운용수익에 대해 세금을 매기지 않아 과세이연에 따른 복리효과로 운용수익 상승효과를 올릴 수 있다. 또한, 만 55세 이후 연금으로 받을 때 연금소득세(3.3~5.5%)로 저율 분리과세 되어 노후자금 마련에 최적의 상품이다. 이미 가입해 있는 금융상품을 일부러 깰 필요는 없지만, 만기가 돌아오는 금융상품이 있으면 일정액을 찾아 '연금저축'으로 옮기면 '절세'와 '노후준비' 두 마리 토끼를 잡을 수 있다.

③ 금융자산은 포트폴리오 투자로

50대가 되면 그동안 적립해온 퇴직연금과 연금저축 적립금액이 크기 때문에 연금자산 운용수익률을 높이는 데 관심을 가져야 한다. 시중금리가 1%대 중반으로 떨어진 상황에서 저축을 통해 재테크 목표를 달성하기 어려워졌다. 은퇴한 사람이 이자수익으로 월 150만원을 받으려면 10억원의 자산이 있어도 모자란다. 저금리가 지속되면 1%대 중반 금리로는 자산증식을 기대하기 어려워 노후생활비를 더 많이 준비하던지, 금융자산을 포트폴리오로 적극적으로 운용해야 한다.

지나치게 안정 지향적인 자산운용을 추구할 것이 아니라, 적절한 수준의 투자자산을 포함하여 금리보다 높은 수익률을 기대할 수 있는 투자전략이 필요하다. 우리나라보다 먼저 초저금리 시대를 경험한 일본이 해외채권투자로 제로금리시대를 극복한 것처럼 글로벌 분산투자가 필요하다.

우리나라 50대 가구의 자산 비중은 실물자산이 차지하는 비중이 70%를 넘게 차지하고 있다. 저출산·고령화 지속으로 절대 인구수가 감소할 전망이고, 은퇴인구 수가 지속적으로 늘어나면서 보유부동산 처분으로 더 큰 평수의 주택은 매력적이지 않다. 부동산 관련 자산을 줄여서 금융자산 비중을 50% 수준까지 확대하여 노후 유동성을 확보해야 하며, 금융자산 내 투자형 자산을 50% 이상으로 확대하여 자산증식을 적극적으로 하여야 한다.

④ 은퇴 전에 대출금 상환은 필수

은퇴를 앞둔 50대는 퇴직 전에 대출금 상환계획을 세우는 것이 필요하다. 퇴직 이후에는 고정적인 월급이 더 나오지 않기 때문이다. 주택담보 대출이 있는 경우에는 대출 현황을 점검하고 은퇴하기 전에 부채를 상환해 '하우스 푸어'에서 벗어나야 한다. 50대 초반에 미리 대출금 상환계획을 수립해 가구소득이 가장 높은 50대는 10년 동안 대출금을 매년 조금씩 상환해가는 것이 가장 좋다. 보유한 주택 규모를 줄여 남는 금액으로 금융기관 대출을 상환하거나 퇴직금 일부를 부채 상환에 사용할 수 있다.

60세 이후에는 가구소득이 크게 감소하기 때문에, 가구소득이 가장 높은 50대 초반에 대출금 상환계획을 수립해 미리부터 조금씩 부채를 줄여가는 지혜가 필요하다. 50대 초반부터 꾸준히 부채를 상환해야 퇴직 시점에 노후를 대비하여 모아온 퇴직연금이 부채상환에 모두 소진되지 않도록 퇴직연금을 최대한 지킬 수 있다. 은퇴를 앞둔 50대들은 현재의 지출을 관리하고 소비 규모를 미리 줄여나가는 연습이 필요하다. 은퇴 이후의 삶은 현재와 같은 수준으로 고정적인 생활비가 더 나오지 않게 되어 마음 편하게 소비할 수 없기 때문이다. 지출현황을 분석하고 계획을 수립하여 불필요한 지출을 줄이고 새는 돈을 막아 부채상환에 힘써야 한다.

⑤ 계속 일할 수 있도록 '제2의 직업'을 준비하자

노후자금을 충분히 준비하지 못했다면 은퇴 시기를 늦출 수밖에 없다. 많은 퇴직자가 재취업과 창업이라는 어려운 목표에 도전할 수밖에 없는 이유이다. 재취업을 하여 월급 150만원을 받는다면 시중금리가 1%대 중반으로 떨어진 상황에서 현금 11억원을 맡겨 두고 받는 이자와 맞먹는다.

하지만 현실은 취업하려는 젊은이들로 넘치는 마당에 나이든 은퇴자들을 채용하려는 기업은 많지 않다. 젊은 시절 취업을 위해 긴 시간의 교육과 노력이 필요했듯이 노후 재취업을 위해서는 더 많은 준비와 노력이 필요하다.

재취업을 잘하려면 퇴직 2~3년 전부터 일자리 준비를 착실히 해 나가야 한다. 재취업을 할 바에는 자신이 평소 관심을 가진 분야를 제2의 일자리로 발전시키는 것이 좋다. 요즘은 사이버교육을 받을 수 있는 교육기관이 많고 그 영역도 다양하다. 은퇴를 앞두고 재취업이나 창업에 필요한 교육을 미리 받고 자신의 인생 후반전을 맡길 만한지 진지하게 점검할 필요가 있다.

정년퇴직 후 국민연금을 받을 때까지의 5년간 재취업에 성공해 근로소득 150만원을 받을 경우, 국민연금을 받는 65세 전까지 퇴직연금과 개인연금 인출금액을 줄일 수 있다. 은퇴 초반기에 퇴직연금과 개인연금 인출금액이 감소해, 퇴직연금과 개인연금의 수령 기간 연장이 가능해져 70대까지 3층 연금소득을 만들 수 있다.

⑥ 주택 규모를 줄여 은퇴소득원을 다양화하자

자녀들이 성장할 때는 넓은 규모의 집이 필요하지만, 자녀들이 성장해 결혼하면 주택 규모를 줄일 필요가 있다. 보유한 주택 규모를 줄이거나 부동산 가격이 낮은 지역으로 이사를 통해 그 여유자금을 '연금저축'에 연간 1,800만원을 채워 납입하거나, 수익성 부동산에 투자하여 임대수입이 발생하도록 은퇴소득원을 다양화하는 것이 좋다.

예를 들어, 수도권 신도시에 거주하는 50대 직장인이 5억원대의 중대형 아파트를 매도하고, 주택 규모를 줄여 직접 거주할 3억원대의 중형 아파트를 매수하고 남는 돈으로는 임대용 2억원대의 소형아파트에 투자한다고 가정하자. 소형아파트는 한 채 당 매달 70만원의 월세를 받을 수 있고, 처분하지 않는 한 계속 월세를 받을 수 있다. 이처럼, 정년퇴직 후 재취업에 성공해 '근로소득'을 벌며, '3층 연금소득'과 '부동산 임대수입' 등으로 은퇴소득원을 다양화하면 더욱 여유로운 노후생활을 할 수 있다.

연금소득만으로는 60대 이후 노후생활자금이 부족한 상황에서 현재 살고 있는 주택 한 채가 보유자산의 전부인 경우에는 '주택연금'이 사실상 마지막 보루이다. 현재 5억원짜리 주택을 보유한 만 60세의 경우 주택연금을 신청한다면 매달 약 105만원의 월 지급금을 받을 수 있다. 만약, 기존에 주택담보대출을 가진 만 60세 이상의 주택소유자가

'주택담보대출 상환용 주택연금'에 가입하면 연금지급 한도의 70%까지 인출 가능하여 기존의 주택담보대출을 상환하고 잔여분은 매월 연금으로 받을 수 있다.

부부 기준 1억5,000만원 이하의 1주택을 보유한 주택소유자가 '우대형 주택연금'에 가입하면 일반 주택연금보다 8~15% 많은 연금을 받을 수 있다. 주택연금은 평생 살던 집에 거주하면서 평생 연금을 받을 수 있는 마지막 안전판이다.

은퇴 D-3년 체크 리스트

▶ 노후준비 진단 프로그램인 '100세 시대 준비지수'가 90% 이상인가? 예□ 아니오□

▶ 연금으로 은퇴생활비를 100% 충당할 수 있는가? 예□ 아니오□

▶ 퇴직 후 국민연금을 받을 때까지의 '소득공백기'에 대비하고 있는가? 예□ 아니오□

▶ 은퇴 전에 부채상환을 할 수 있는가? 예□ 아니오□

▶ 자녀지원은 어디까지 할 것인지 결정되어 있는가? 예□ 아니오□

▶ 은퇴 후 어디서 무엇을 하며 살 것인지 부부가 미리 구상하였는가? 예□ 아니오□

▶ 퇴직 후 '제 2의 일'을 하기 위한 준비를 하고 있는가? 예□ 아니오□

▶ 평생을 즐길 취미(놀거리) · 여가활동이 있는가? 예□ 아니오□

▶ 평생을 함께 할 친구는 3명 이상 있는가? 예□ 아니오□

▶ 규칙적인 운동으로 건강관리를 하고 있는가? 예□ 아니오□

맞벌이부부를 위한
노후준비 전략

직장인 김 모 씨(40) 와 직장인 박 모 씨(38)는 결혼 10년 차 맞벌이 부부이다. 이른 아침 7살 자녀를 부모님께 맡기고 출근을 하고 저녁이 다 되어서야 자녀의 얼굴을 본다. 박 모 씨는 낮에 자녀를 돌봐 줄 사람을 구하지 못해 퇴직도 고려했으나, 대출금과 자녀교육비를 생각하니 그럴 수가 없다. 김 모 씨는 주변 동료들의 부러움을 산다. 그래도 맞벌이니 '혼자 버는 것보다는 생활이 낫지 않을까' 하는 이유에서다. 하지만 김 모 씨도 대출금 상환에 생활비 등 지출이 되고 나면 정작 돈이 모이지 않아 앞으로가 걱정이다.

맞벌이가 대세다

우리나라 부부 10쌍 중 4쌍은 맞벌이다. 통계청에 따르면 지난해 우리나라 맞벌이 가구는 유배우 가구(배우자가 있는 가구)의 41.7%를 차지

하며 일반적인 가구 형태로 자리잡았다. 맞벌이가 아닌 가구 58.3%는
부부 중 한 명만 버는 외벌이, 부부 모두 무직인 가구, 부부 중 한 명과
자녀가 돈을 버는 가구를 모두 포함한 수치이므로 맞벌이는 우리나라
에서 가장 대표적인 가구 형태이다.

여성의 사회진출증가에 따라 1980~1990년대 폭발적으로 증가한 맞
벌이 가구의 비중은 10년 전인 2006년에 35%로 성장하였고 5년 전인
2010년 40%를 돌파하며 꾸준히 증가하고 있다. 연령대별 맞벌이 비
중을 살펴보면 젊은 세대인 30대(42.6%), 중년층인 40대(51.4%), 50대
(51.7%) 모두 고르게 높은 비중을 차지하고 있다. 특정 세대가 아닌 전
세대에 거쳐 맞벌이가 일반화되었다.

맞벌이가구 증가세

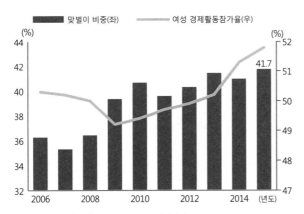

▲자료: 통계청(2015), NH투자증권 100세시대연구소

맞벌이 가구 증가는 여성의 사회진출이 증가한 배경도 있지만 혼자 벌어서는 생활비와 자녀교육비를 감당할 수 없어 둘이 벌어야만 하는 경제적 배경도 있다. 이른바 생계형 맞벌이다. 한 설문조사에 따르면 맞벌이를 선택한 이유로 직업을 통한 개인적 성취보다는 '외벌이로는 가계를 꾸릴 수 없어서(44.6%)', '좀 더 여유롭게 살고 싶어서(37.4%)'와 같은 경제적 이유가 높은 비중을 차지했다.(취업포털 커리어 2014) 자녀교육비, 자녀 결혼, 내 집 마련과 같이 지출이 많은 40~50대에 맞벌이 비중이 높은 이유이기도 하다. 좀 더 나은 경제적 생활을 누리기 위해 맞벌이는 계속 증가하고 있다. 그야말로 맞벌이가 대세다.

💰 둘이 벌어도 살림은 제자리걸음, 이유는?

맞벌이는 혼자 벌 때보다 더 많이 벌기 때문에 그만큼 더 안정적인 경제생활을 할 수 있을 것 같다. 만약 남편 혼자 매월 400만원 벌어 350만원을 쓰고 50만원을 저축하는 부부가 있다고 하자. 아내도 함께 벌어 가구소득이 매월 550만원으로 150만원 증가하면, 저축금액도 50만원에서 200만원으로 늘어나 윤택한 생활을 할 수 있을까? 소득이 늘어난 만큼 여유자금도 증가할 것이라는 생각은 맞벌이 소득에 대한 착각이다. 실상을 들여다보면 맞벌이로 돈은 더 벌지만, 지출도 커져 저축이 쉽게 늘지 않는다.

우리나라 맞벌이 가구의 월평균 소득은 566만원으로 외벌이 가구의 월평균 소득 415만원에 비해 150만원 정도 높다.(통계청 2015) 매월 150만원씩 여윳돈이 생길 것 같지만 실제 150만원 중에서 저축으로 이어지는 자금은 그 절반에도 못 미치는 71만원이다. 맞벌이 가구 추가소득의 상당 부분을 소비지출로 사용했음을 알 수 있다. 그럼 이 돈은 어디로 가버린 걸까?

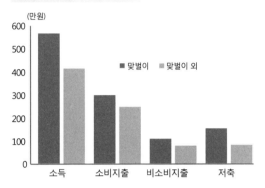

많이 벌고 많이 쓰는 맞벌이

▲ 자료: 통계청(2015), NH투자증권 100세시대연구소

① 맞벌이는 기회비용이 발생한다

한 사람이 출근하다 두 사람이 출근하면 교통비, 의류비, 신발비, 통신비가 더 들어간다. 부부가 직장에 있는 동안 자녀를 돌볼 사람이 없어 자녀보육비가 들고, 학원비와 같은 교육비가 든다. 시간이 부족하다 보니 외식비, 가정용품·가사 서비스비가 더 든다. 소비지출 항목 중 대부분 항목에서 맞벌이가 외벌이보다 많이 쓰고 있다. 특히 교육비, 외식비, 교통비의 지출이 두드러지는데, 맞벌이 가구는 매월 교육비 11만원, 외식비 8만원, 교통비 9만원을 더 쓰고 있다.(통계청 2015) 맞벌이로 더 벌지만, 맞벌이 기회비용을 따져보면 맞벌이 효과는 그만큼 감소한다.

② '둘이 버는데'라는 생각에 씀씀이가 커진다

맞벌이 부부는 혼자 벌 때보다는 많이 번다. 그러다 보니 알게 모르게 지출이 많다. 많이 벌다 보니 '우리가 이만큼 버는데 남보다 조금 더 쓰는 건 괜찮겠지?'라는 안일한 생각이 들기 쉽다. 교통비를 생각해보자. 대중교통을 이용할 수도 있지만, '둘이 버는데' 편하게 택시를 탈 수도 있다. 아니면 편하게 차를 2대 사서 부부가 각자 운전해서 출퇴근할 수도 있다. 더 좋은 차를 타고 싶고 씀씀이가 커지면서 교통비 차이가 벌어지고 차를 관리하는데 들어가는 비용이 커진다. 좋은 옷 입고, 좋은 음식 먹고, 좋은 곳에 놀러 가고 싶다. 아무리 소득이 높아도 지출로 새는 물줄기가 많아지면 저축할 돈이 없다. 맞벌이소득을 착각하여 씀씀이가 커지면 둘이 벌어도 자산이 쉽게 늘지 않는다.

③ 빚도 많다

맞벌이는 둘이 벌어 외벌이보다 경제적으로 여유가 있으므로 빚을 빨리 갚을 수 있다. 일반적으로 생각하면 맞벌이는 빚이 적고 외벌이는 빚이 많을 것 같다. 그러나 실상을 들여다보면 맞벌이가 외벌이보다 빚이 더 많다. 소득과 직장을 갖출수록 대출 여력이 증가하는데 부부 모두 소득과 직장이 있는 맞벌이 부부는 대출에 유리해 더 많은 금액을 대출받을 수 있기 때문이다.

'둘이 버는데' 이 정도 대출은 갚을 수 있다는 생각이 든다. 더 좋은 집에서, 더 좋은 학군에서 자녀를 키우기 위해 무리한 대출을 일으키기도 한다. 실제 맞벌이 가구가 외벌이보다 빚이 많다는 결과도 있다. 맞벌이 가구의 평균 부채는 6,172만원으로 외벌이 5,194만원에 비해 19% 더 많았다.(통계청 2014) 둘이 벌어 소득은 늘었지만 그만큼 빚도 늘어 맞벌이 가구의 살림은 여유롭지 않다. 이에 따라 매월 대출이자가

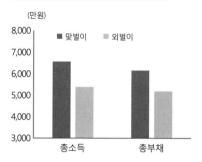

맞벌이, 많이 벌어도 빚은 더 많아

(만원)

■ 맞벌이　■ 외벌이

▲자료: 통계청 가계동향(2014), NH투자증권 100세시대연구소

맞벌이의 경우 월 소득의 19%에 달하는 것으로 나타났다.

문제는 맞벌이 가구의 소득이 줄어들 때 발생한다. 맞벌이 부부는 두 사람의 소득이 계속될 것이라는 전제하에 대출받아 대출금액이 많고 매월 갚아야 할 대출상환금액도 많다. 그러다 맞벌이 중 한 명이 일을 그만둘 경우 가구 소득이 감소하여 소득대비 대출이자 부담이 많이 증가한다. 둘이 벌 때 가구 월 소득의 19%를 대출이자로 내었다면 소득이 절반으로 줄면 가구 월 소득의 38%를 대출이자로 내야 하니 생계에 큰 부담이 된다.

맞벌이 함정을 극복해라

'맞벌이의 함정'은 하버드 로스쿨 파산법 교수이자 현재 미국 연방 상원의원인 엘리자베스 워런 교수가 2004년에 맞벌이 부부의 파산위험을 연구하고 발표한 책이다. 당시 미국 맞벌이 부부는 높은 소득을 바탕으로 중산층에 편입하면서 집과 자녀에 대한 지출을 늘렸다. 매달 주택담보대출상환과 자녀교육비에 고정적으로 지출하는 금액이 전체 지출대비 비중이 컸는데, 한 사람이 실직하여 가구 소득이 감소하자 고정비 지출을 감당하기 어려워 생계를 위해 또 다른 빚을 지면서 파산에 이르게 된다.

맞벌이를 그만두고 싶어도 그만둘 수 없는 맞벌이 함정에 빠지지 않으려면 만약을 대비하며 부부 중 한쪽만의 소득으로 살아갈 수 있는 가를 점검하고, 고정비용을 최대한 줄이고, 보험에 가입하고, 장기할부는 될 수 있는 대로 피하며, 저축을 늘리는 등 위험을 미리 진단하고 대비책을 세워둘 것을 제안하고 있다. 2000년대 미국 맞벌이 가구는 오늘날 우리나라 맞벌이 가구의 모습과 크게 다르지 않다.

맞벌이 부부라면 다음 질문에 답해보자.

▶ 부부 중 한 사람이 직장을 그만두면 우리 가정은 6개월 이상 버틸 수 있는가?
▶ 현재 지출되는 고정비용(주택담보대출, 자동차할부금, 학원비, 보험료 등)을 위기시 얼마나 줄일 수 있는가?
▶ 위기시 사용할 비상 대책은 세워 놨는가?

💰 맞벌이 가정, 양질의 파트너십 필요

맞벌이는 가구소득이 높아 경제적으로 여유로운 생활이 가능하다. 둘이 번다는 생각에 씀씀이가 커져 불필요한 지출이 많고 교통비, 외식비, 자녀교육비 등 맞벌이를 하기 때문에 더 써야 하는 지출도 많아진다. 그러다 보니 저축은 둘째 치고 노후대비가 잘 되어있지 않은 경우가 많다. 현재 생활을 즐기며 사는 것도 중요하지만 기대수명이 늘어남에 따라 노후준비도 중요하다. 맞벌이는 이미 소득이 높기 때문에 불필요한 지출만 줄이려고 노력한다면 노후준비가 한결 쉬워진다.

① 각자 관리하면 돈 못 모은다, 한 사람이 관리할 것

맞벌이는 공동 생활비만 분담하고 나머지 소득은 각자 관리하는 경우가 많다. 통제받지 않은 지출이 많아질수록 새는 돈이 많아진다. 남편이든 아내든 관리를 잘하는 사람이 주도권을 가지고 소득과 지출을 관리하는 것이 효과적이다. 가구 소득과 지출내용을 꼼꼼히 따져보고 부부간 충분한 대화를 통해 꼭 써야 하는 지출은 인정해주자. 매월 지출 한도를 정해놓고 그 안에서 지출하는 것도 불필요한 지출을 줄이는 좋은 방법이다.

② 주 소득원의 소득수준에 맞춰 고정비를 줄이자

주택담보대출, 자녀교육비와 양육비, 자동차 할부금, 통신비 등 매월 고정적으로 지출하는 비용을 점검해보자. 두 사람 중 한 사람이 직장을 그만둘 경우 생계에 부담이 될 수준이라면 고정비는 맞벌이 함정이 되어 생계에 위협을 준다. 두 사람 중 더 안정적인 소득을 갖는 사람(주 소득원)의 소득수준에 맞춰 고정비를 지출하는 것이 좋다.

③ 대출 이자부터 줄여라

둘이 벌어 가구소득이 높을 때 대출부터 갚아가자. 최근 시장금리 수준이 많이 낮아진 만큼 대출 금리와 상환조건을 비교하여 더 낮은 대출금리로 주택담보대출 갈아타기도 고려해보자.

④ 자동차를 1대로 줄여 차량유지비를 줄여라

자동차는 가지고만 있어도 차량구매비, 자동차세, 보험료와 같은 고정비가 발생하고 운전하면 연료비, 주차료, 통행료와 같은 변동비가 발생한다. 조사에 따르면 자동차 1대에 매월 78만원이 들어가는 것으로 나타났다.(2015. 서울통계)

⑤ 교육비 통장은 따로 만들어라

자녀교육비는 현실적으로 줄이기 어려운 항목이다. 부부가 퇴근하기 전까지 자녀를 돌봐줄 곳이 마땅치 않은 맞벌이라면 자녀학원비 지출이 많을 수밖에 없다. 자녀 교육단계별(미취학, 초·중·고) 필요한 교육예산을 미리 계획하고 준비하자. 교육비 통장을 따로 만드는 것도 방법이다. 자녀가 어릴 때부터 월급의 일부를 교육비 통장에 꾸준히 저축하자. 한 달에 지출 가능한 교육비 한도를 정해두고 한도 내에서 자녀가 스스로 배우고 싶어 하는 것을 선택하도록 해보자.

⑥ 남편이 가사분담에 더 참여하면 비용을 줄일 수 있다

맞벌이 부부는 시간이 부족해 살림을 전담할 사람이 없다. 맞벌이 부부간의 가사분담은 아직까지 여성의 부담이 더 크다. 남편도 맞육아, 맞집안일 하자. 아내와 남편이 가사 분담하면 외식비, 가사서비스비, 보육비와 같은 맞벌이 비용이 줄어든다. 편리하게 돈으로 해결할 수도 있지만, 함께 도와서 해결할 수도 있다.

💰 맞벌이 가정의 노후준비전략

　편안한 노후를 위해 맞벌이를 시작하는 경우는 매우 드물다. 그러나 맞벌이의 강점은 노후준비에 있다. 은퇴 후에 두 사람이 모두 연금을 받을 수 있기 때문이다. 맞벌이는 두 사람이 열심히 일하는 동안 반강제적으로 준비한 국민연금과 퇴직연금을 잘 관리하는 것만으로도 기본적인 노후생활이 가능하다. 기본을 넘어 여유로운 노후생활을 만드는 맞벌이 노후전략 팁을 알아보자.

① 은퇴 후 월 생활비는 현재의 70%

　30살에 결혼, 60세에 은퇴, 90세까지 산다고 생각해 보자. 결혼 후 60년을 사는 동안 은퇴 후 시간은 그 절반에 해당하는 30년이다. 90세까지 산다면(2016년 현재 최빈사망연령 88세) 결혼 후 60년을 함께 사는 동안 은퇴 후 시간은 30년으로 절반에 해당하는 중요한 기간이다.

　특히 노후준비는 장기 계획이므로 부부가 더 많이 대화하고 계획적으로 준비해야 한다. 부부가 함께 서로의 연금자산을 점검해보자. 부부간에 가입한 노후준비상품(연금, 보험 등 목적이 노후준비인 모든 금융상품)을 지금까지 얼마나 준비했는지 점검해보자.

　부부가 꿈꾸는 노후생활수준에 대해 충분히 대화하고 그에 필요한 노후생활비를 계산해보자. 남편과 아내가 생각하는 적정 노후생활수준은 어느 정도인가? 통계청 조사에 따르면 부부가 노후에 필요한 적정생활비는 매월 270만원 수준이다. 그렇다고 숫자에 얽매일 필요는 없다. 개개인의 자산과 소득수준에 따라 노후에 필요한 생활비는 달라진다.

　현재 월 생활비 100만원으로 충분히 살고 있다면 노후에 월 생활비는 100만원이어도 넉넉하다. 현재 월 생활비 500만원을 쓰면서도 빠듯하다면 노후 적정생활비는 300~400만원 정도 필요할 것이다. 노후 생활비는 현재 생활비의 70% 수준으로 준비하면 적당하다.

부부의 현재 생활 수준을 기반으로 노후에 필요한 생활비를 계산해보자. 필요한 노후생활비에 따라 노후준비자금이 달라진다. 지금까지 준비한 노후준비자금과 필요한 노후준비자금을 비교해보고 부족한 자금은 어떻게 준비할 것인지에 대해서도 부부간에 충분히 논의해 보자. 서로 같은 목표를 가지고 함께 준비할 때 효과적인 노후준비가 가능하다.

② 맞벌이의 장점! 연금을 최대한 활용하자

맞벌이 부부는 둘 다 소득이 있어 국민연금 받을 자격을 갖추고 있으며 퇴직 시 퇴직연금을 받을 수 있다. 둘이 함께 연금을 받을 수 있는 연금 맞벌이가 가능하므로 외벌이보다 노후준비에 매우 유리하다.

국민연금공단에 따르면 국민연금 20년 이상 가입한 사람이 받는 수급액은 월평균 89만원이다. 맞벌이 부부 모두 20년 이상 가입했다면 부부 기준 매월 190만원 가까운 금액을 연금으로 받을 수 있어 기본적인 노후생활 보장에 큰 도움이 된다.

국민연금은 최소 10년 이상 가입해야 국민연금을 받을 수 있으므로 부부 모두 10년 이상 가입 기간을 유지하자. 출산 또는 육아 등의 이유로 경력이 단절된 경우 추후납부제도를 활용하여 10년은 채우도록 노력하자. 예를 들어 과거 5년간 직장을 다닌 여성의 경우 5년 이상 국민연금보험료를 한꺼번에 내면 국민연금을 받을 수 있다. 통계청 자료에 따르면 경력단절 여성의 63%가 직장근무 기간 10년 미만으로 국민연금 최소가입 기간 10년에 부족하다. 직장은 그만둬도 연금은 멈추지 말고 추납제도를 활용하여 연금 맞벌이 기회를 얻자.

맞벌이 부부가 직장에 다녔다면 직장에서 일한 기간 동안 퇴직금이 쌓여 퇴직금 또는 퇴직연금을 부부 모두 받을 수 있다. 퇴직금은 제2의 인생을 위한 종잣돈으로 활용하거나 노후 생활자금으로 활용할 수 있다. 부부 모두 직장에 다녀 퇴직금을 받을 수 있다면 그만큼 은퇴준비가 쉬워진다. 둘이 벌어 여유가 있으므로 퇴직금은 반드시 연금으로 받자. 55세 이후 연금으로 받으면 본래 취지에 맞게 노후준비자금으로 사용할 수 있을 뿐만 아니라 퇴직소득세가 30% 감액되는 절세혜택을 누릴 수 있다.

퇴직금을 연금으로 받기 위해서는 개인형 퇴직연금계좌(IRP)개설이 필요하다. 이직 등으로 퇴직금이 나올 때마다 개인형 퇴직연금계좌(IRP)로 받아서 관리하면 55세 이후 원하는 때에 연금으로 수령 가능하다. 추가로 낼 경우 세액공제 혜택도 누릴 수 있어 직장에 다니는 맞벌이 부부에게 매우 유리하다.

맞벌이 부부는 국민연금과 퇴직연금으로 기본적인 노후생활이 가능하지만, 부부가 더 여유로운 노후생활을 꿈꾼다면 부족한 부분은 개인연금인 연금저축을 활용할 수 있다. 특히 개인연금은 국민연금 공백기에 유용하게 쓰일 수 있다. 점차 퇴직연령이 빨라지면서 국민연금 수령연령과 퇴직연령 사이 소득 공백기가 길어지고 있다. 예를 들어 1970년생은 65세부터 국민연금을 받을 수 있는데 55세 퇴직할 경우 10년간 연금 없이 생활해야 한다. 부부의 예상 퇴직 시점과 국민연금 수령 시점을 점검하여 부부의 소득 공백기에 필요한 생활비를 개인연금(연금저축)을 통해 준비하자.

맞벌이 부부 두 사람 모두 매년 세액공제 최대한도인 700만원씩 연금저축과 IRP 계좌에 투자한다면 보수적으로 가정해도 20년 납부 시

부부가 매년 700만원씩 IRP/연금저축계좌에 투자하는 경우(예시)

		10년 투자	20년 투자
① 원금	700만원 × 2명 = 1,400만원	1억4,000만원	2억8,000만원
② 세금환급	700만원 × 2명 × 13.2% = 184만8,000원	1,848만원	3,696만원
③ 투자수익	연 2% 가정	1,329만원	6,016만원
①+②+③ 은퇴 준비 자산		1억7,177만원	3억7,712만원

▲자료: 통계청, NH투자증권 100세시대연구소

은퇴준비자금으로 약 3억8,000만원을 모을 수 있다(세금환급금 포함). 맞벌이 부부 중 한 명이 퇴직하면 매년 700만원씩 투자하는 것이 부담스러울 수 있다. 연금저축계좌 중 연금저축펀드와 연금저축 신탁은 입금이 자유로워 소득이 줄었을 때 투자금액을 줄이거나 쉬어갈 수도 있다. 투자금액은 차후에 자유롭게 조정할 수 있으니 소득이 높은 맞벌이 기간만이라도 연금저축에 최대한 적립하자.

③ 부부의 계획에 맞게 연금수령 전략을 세우자

연금자산의 수령계획을 세우는 것도 중요하다. 우리나라 남성의 기대수명은 79세, 여성의 기대수명은 85세로 여성이 남성보다 6년 더 오래 산다. 거기에 부부의 평균 연령차이 3~4세를 고려하면 남편 사망 후 아내가 혼자 보내는 기간이 10년 정도 발생한다. 이러한 기대수명 공백기를 대비하여 남편 명의의 연금을 노후생활 초반에 받고 아내 명의의 연금을 노후생활 후반에 받을 수 있도록 수령 시기를 조절하자.

퇴직연금과 개인연금(연금저축)은 55세 이후 10년 이상 연금으로 받을 수 있으며 연금수령 시점은 본인이 자유롭게 정할 수 있다. 노후기간 동안 연금수령액을 동일하게 가져가는 것보다는 노후생활비가 많이 필요한 60~70대와 부부가 함께 살아가는 기간에 연금수령액을 높이고, 노후생활비가 덜 필요한 80~90대와 혼자 생활하는 기간에 연금수령액을 낮춰 가져가도록 연금을 설계하는 것도 고려해보자.

연금자산 준비에 있어 유리한 맞벌이의 장점을 누리자. 국민연금과 퇴직연금을 반강제로 준비한 덕에 맞벌이 부부는 외벌이보다 노후 준비에 있어 한 발자국 앞서 시작할 수 있다. 맞벌이 함정에 빠져 주택담보대출과 교육비에 너무 많은 지출을 하지 않나 점검해보고 자산관리의 축을 부부가 함께할 노후준비로 조금 옮겨보자. 부부가 꿈꾸는 미래를 위해 불필요한 지출을 줄이고 맞벌이라 유리한 연금을 잘 활용하면 경제적으로 여유로운 노후생활이 가능해진다. 쉬운 길을 돌아가지 말자.

맞벌이 가구의 노후준비 전략 3가지

① 생활 변화에 따라 늘어난 불필요한 지출을 줄여보자.
② 부부가 함께 노후에 대한 목표를 공유하고 구체적인 계획을 세워보자.
③ 소득관리는 한 사람이 하되, 각각 명의로 연금 맞벌이를 하자.

사회초년생,
월급 로그아웃을 막아라

2016년 직장생활을 가장 잘 반영한 신조어로 '월급 로그아웃'이 1위를 차지했다. 통장에 월급이 들어오기가 무섭게 카드값, 공과금 등으로 곧장 빠져나간다는 뜻이다. 실제 직장인의 75%가 다음 급여일 전에 월급을 다 써버리는 어려움을 겪고 있으며, 이들이 월급을 전부 써버리는데 소요되는 기간은 평균 17일에 불과한 것으로 나타났다. (취업포털 사람인, 2016)

'월급 로그아웃'은 열심히 일하지만 돈 모으기 쉽지 않은 직장인의 애환을 말하기도 하지만, 한편 월급관리에 있어 지출관리가 얼마나 중요한지도 보여주고 있다.

사회초년생 여러분, 월급관리 하고 계신가요?

이제 막 사회생활을 시작한 사회초년생에게 월급관리는 어려운 숙제이다. 첫 월급을 받으면 그동안 참아왔던 소비 욕구의 봉인이 해제된다. 부모님 선물, 친구에게 한턱내기, 애인 선물, 사고 싶었던 물건 몇 가지를 사다 보면 남는 게 없다. 문제는 그렇게 한 달 두 달 지나 지출패턴이 습관화되면 짧게는 1년, 길게는 결혼할 때까지 이어질 우려가 있다는 점이다.

사회초년생은 '1억 만들기', '내 집 마련하기' 등 재테크 의욕이 넘쳐 지출을 고려하지 못하고 과하게 저축하기도 한다. 이들은 보통 재테크 서적에서 강조하는 복리의 마법, 비과세에 빠져 중장기 투자형 금융상품에 큰 비중을 둔다. 하지만 얼마 지나지 않아 후회하는 경우가 많다. 사회생활을 하면서 늘어나는 카드 대금, 여행, 결혼 등의 단기적인 이벤트 때문에 중장기 투자를 유지하기 힘들기 때문이다. 결국, 중장기 상품을 스스로 해지하는 상황으로 몰리게 되는데, 안타깝게도 금융상품은 중도해지하면 손실을 보는 경우가 많다.

금수저가 아닌 이상 보통의 사회초년생은 앞으로 월급만으로 살아가야 한다. 그렇다면 어떻게 해야 내 소중한 월급을 잘 쓰고 잘 모으고 불릴 수 있을까? 사회초년생은 이제 돈을 벌고 지출관리를 시작하는 단계이므로 처음부터 올바른 지출습관을 기르는 것이 중요하다. 지금은 재테크의 화려한 기술보다 꾸준히 나아갈 기본기를 다질 때이다. 시작이 중요하다.

🛍 입사 초기부터 목표 세우기

확고한 목표가 있는 사람은 그렇지 않은 사람보다 성공할 확률이 높다. 목표가 동기를 부여하고 달성 여부를 평가하는 기준이 되기 때문이다. 월급관리에 있어서도 제일 먼저 목표를 세워야 한다.

① 목돈 마련하기

월급관리의 목표는 저마다 다를 수 있는데, 사회초년생의 경우 크게 보면 '목돈 마련하기'가 일반적이다. 앞으로 결혼, 자녀 양육, 내 집 마련, 노후준비와 같은 인생의 중요한 관문이 기다리고 있기 때문이다. 결혼전문업체의 설문조사에 따르면 2016년 평균 결혼비용은 2억7,400만원이었다. 결혼비용에서 가장 많은 비중을 차지하는 주거마련비용(약 1억9,000만원)를 제외하면 8,400만원 정도 더 필요하다.

결혼 후 자녀를 낳으면 육아 · 양육비용이 필요한데 한국보건사회연구원 조사에 따르면 가계소득 수준, 자녀 수 등에 따라 차이가 있지만, 평균적으로 대학 졸업할 때까지 자녀 1인당 3억896만원 정도 든다고 한다. 2012년 기준이므로 상승률을 고려할 경우 2017년 기준 4억원에 달하는 수준이 된다.

내 집 마련비용도 만만치 않다. 지역이나 아파트, 단독 주택, 연립주택 등 주택 유형이나 지역에 따라 편차가 크지만, 한국감정원에 따르면 $85m^2$(25.7평) 기준으로 전국 평균 2억3,700만원, 서울 평균 4억6,900만원이 필요하다. 노후준비도 착실하게 해야 한다. 안정적인 노후를 위해서는 생각보다 큰 자금이 필요하다.

② 학자금대출 상환

사회초년생 중에 만약 학자금대출을 안고 사회에 첫발을 내딛는다면 목돈마련보다 대출상환계획부터 세우는 것이 바람직하다. 학자금대출금리는 정부 지원으로 일반대출보다 대출금리가 낮지만, 그래도 예금금리보다는 높다. 대출상환을 미루고 저축부터 한다면 금리 차이

만큼 사실상 손해를 보는 것이다. 대출은 연체라도 하면 신용등급이 하락하는 등 불이익이 많으므로 빠르게 상환하는 것이 좋다. 자산을 늘리는 것도 중요하지만 대출과 같은 부채를 만들지 않는 것, 부채를 줄이는 것이 더 중요하다.

2016년 대졸신입 평균 월급

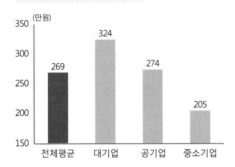

▲자료: 취업포탈(2016), NH투자증권 100세시대연구소

월급의 50%를 저축하면?

대졸신입 평균월급 (2016년)		월저축액 (월급 50%)	목표자금 필요저축기간(연복리 2%)			
			1천만원	3천만원	5천만원	1억원
중소기업	205만원	103만원	10개월	29개월	47개월	90개월
전체 평균	269만원	135만원	8개월	22개월	36개월	70개월
대기업	324만원	162만원	7개월	19개월	31개월	59개월

▲자료: 취업포탈(2016), NH투자증권 100세시대연구소

③ 현실적이고 구체적인 목표 세우기

목표가 너무 높으면 달성하기 힘들어 중도에 포기하게 되고, 지나치

게 낮으면 도움이 되지 않는다. 현실적인 목표금액과 목표 기간은 어떻게 잡아야 할까? 자신의 소득과 지출 수준을 고려해야 한다. 사회초년생의 경우 소득의 50% 이상을 저축 목표로 정하는 것이 좋다. 연 소득이 3,000만원이라면 1년에 1,500만원 정도 모으면 적당하다.

처음부터 목표 기간을 3년 이상 길게 두기보다는 목표 기간을 6개월 또는 1년으로 짧게 두는 것이 좋다. 목표달성 후 성취감을 통해 돈 모으는 재미를 느낄 수 있기 때문이다. 저축에 대한 긍정적인 경험이 반복되면 저축하는 습관은 자연스럽게 만들어진다.

🪙 지출관리 제대로 하기

아무리 목표를 세우고 꾸준하게 저축하겠다는 의지가 있어도 저축할 돈이 없다면 문제가 된다. 한정적인 소득에서 저축을 잘하려면 소득을 늘리기보다 지출을 줄이는 것이 효과적이다.

① 소득의 50% 이상은 무조건 저축하라

돈에도 순서가 있다. 저축을 먼저하고 나머지를 지출하는 습관을 들여야 한다. 사회초년생은 대부분 부양가족이 없으므로 저축 여력이 높다. 이 시기에 지출습관을 효과적으로 통제하면 월급의 50%를 넘어 70%까지 저축도 가능하다.

② 통장을 나눠서 관리하라

사회초년생들은 월급통장, 생활비통장, 비상금통장으로 사용 목적에 따라 통장을 나눠서 관리하면 월급관리가 더 쉽고 편하다. 통장 나누기의 핵심은 생활비통장과 비상금통장을 따로 관리하는 데 있다. 용돈이나 생활비 예산을 미리 세워두고 그 금액만큼만 생활비통장에 넣어 생활비 지출 한도를 정해놓는 것이다. 사회초년생은 부양가족이 없다면 월급의 30% 수준이 생활비로 적합하다. 부모와 함께 거주하고 있다면 주거비용과 같은 생활비 부담이 적으므로 생활비 예산을 더 낮추고 저축을 늘릴 수 있다.

③ 비상금통장을 따로 관리하라

비상금통장은 예상치 못한 지출이 발생할 때 유용하게 쓰일 수 있다. 비상금통장을 따로 관리한다면 급하게 돈이 필요할 때 마이너스통장 대출을 이용하거나, 만기가 남아있는 적금을 해약할 필요가 없으므로 지출습관이 무너지지 않고 계속 유지할 수 있게 도와준다. 월급의 10% 수준을 비상금통장에 꾸준히 모으는 것이 좋다. 월급의 최소 3~6개월분을 가지고 있으면 웬만한 위기는 넘길 수 있다.

④ 체크카드를 사용하라

체크카드의 사용 한도는 생활비통장 잔액으로 제한되므로, 과도한 지출을 방지하고 예산 내에서 효과적으로 지출을 통제할 수 있다. 최근 젊은 세대에서는 과소비를 막는 지출통제방법으로 용돈 달력, 용돈 봉투가 주목을 받고 있다. 매월 꼭 필요한 생활비를 미리 현금으로 뽑아 매일 쓸 용돈을 용돈 달력(또는 용돈 봉투)에 넣어두고 아침에 출근할 때마다 그 날의 용돈으로 뽑아가는 것이다. 매월 생활비를 사용하고 남은 돈은 생활비통장에서 비상금통장으로 옮겨 관리하면 불필요한 지출을 막을 수 있다.

⑤ 실손보험은 필수, 단, 월급의 5%를 넘지 않게

직장에 들어가면 보험 가입을 권유하는 사람이 많아진다. 보험용어도 낯설고 보장내용도 잘 모르지만 '보험 하나 정도는 있어야지' 하는 마음에 썩 내키지 않아도 가입을 하게 된다. 그러나 위험에 대비하기 위해 보험을 들어야 한다면, 자신이 어떤 위험에 노출되어 있는지 꼼꼼히 따져본 후에 선택해도 늦지 않다.

보험가입 전 확인할 사항은 이미 가입한 보험계약이 있는지, 있다면 보장내용은 어떠한지 살펴보는 것이다. 부모님이 대신 들어준 보험이 있을 수도 있다. 사회초년생은 이제 막 월급을 받아 모아놓은 돈이 없어, 예기치 않은 질병이나 상해로 의료비가 많이 발생하는 경우 큰 부담이 된다. 그러므로 질병, 상해로 인한 치료비 부담을 줄일 수 있는 실손보험에 우선 가입해야 한다.

여유가 있다면 암, 뇌졸중, 심장 관련 질환 등 3대 질환까지 보장하는 상품에 가입하는 것이 좋으며, 나이가 어릴수록 보험료가 더 저렴하므로 일찍 가입하는 것이 유리하다. 단, 보험은 납부 기간이 길어 보험료가 지나치면 경제적으로 부담이 될 수 있으므로, 꼭 필요한 보험에 월급의 5% 수준을 넘지 않게 하는 것이 적절하다.

저축성보험은 만기 시 지급되는 보험료가 원금보다 많고, 공시이율이 변동하더라도 만기 시 최소한의 수익을 보장하기 때문에 많은 사회초년생이 목돈마련을 위해 활용하고 있다. 그러나 저축성보험은 은행의 예·적금과 달리 초기 사업비 발생이 크고, 중도해지 시 수수료율 (해지 공제비율)이 높아, 가입 후 6~7년 이내 해지 시 원금 손실이 발생할 수 있으므로, 가입 시 신중해야 한다.

⑥ 노후준비도 시작해야 할 때

노후준비는 일찍 시작할수록 부담이 적다. 투자 기간이 길어질수록 시간의 복리효과로 투자 부담은 작아지고 투자 효과는 커지기 때문이다. 65세부터 10년간 매월 50만원씩 연금을 받으려면 지금부터 10년간 매월 얼마씩 준비해야 할까? 연 3% 수익률을 가정할 경우, 20세는 매월 13만원씩 준비하면 되지만 30세는 18만원, 40세는 24만원, 50세는 32만원씩 준비해야 한다. 노후준비 시작은 빠르면 빠를수록 좋다.

월 50만원씩 연금을 받으려면

연령별 월 납입금액
(납입기간 10년, 연금개시 65세, 연금수령기간 10년
연금수령액 월 50만원, 연 3% 가정)

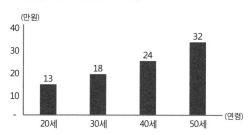

▲자료: NH투자증권 100세시대연구소

소득이 발생하기 시작하는 시점부터 노후준비를 3층 연금으로 착실하게 준비하면 노후에 문제가 없다. 3층 연금은 국민연금, 퇴직연금, 개인연금을 말하는데, 우리나라 직장인들은 직장생활을 하는 동안 소득의 일부분을 국민연금과 퇴직연금으로 반강제적으로 준비하고 있다. 여기에 사회초년생때부터 개인연금(연금저축)을 추가로 준비하면

안정된 노후가 가능하다.

연금저축은 펀드, 신탁, 보험으로 가입 가능하며 낸 금액에 대해 13.2%(연 급여 5,500만원 이하 16.5%) 세액공제 혜택이 있어, 저금리시대의 투자상품으로도 매력적이다. 특히 미혼의 경우 연말정산 시 공제 혜택을 받기 어려우므로 연금 저축의 세제 혜택을 적극적으로 활용하는 것이 좋다.

가능하다면 세액공제 한도(700만원)만큼 연금저축, IRP 계좌에 채워 투자하는 것이 가장 효과적이지만 소득과 지출수준을 고려할 때 사회 초년생의 경우 월급의 10% 수준을 연금자산에 투자하는 것이 적절해 보인다. 연금을 해지하면 기존에 받았던 세제 혜택을 모두 반납해야 하는 등 불이익이 있으므로 무리하게 저축하기보다 꾸준히 오랫동안 유지하는 것이 중요하다.

잘 버는 것만큼 잘 쓰는 게 중요하다. 모든 것은 지출관리에서부터 시작된다. 사회 초년기, 탄탄한 지출관리습관을 가지기 위해 이것만은 기억하자.

- ▶ 목표를 세우고, 월급의 50% 이상 저축하라
- ▶ 통장을 나눠서 관리하고, 생활비는 월급의 30% 이하로 써라
- ▶ 월급의 10%는 비상금통장에 따로 모아라
- ▶ 실손보험은 필수, 월급의 5%는 꼭 필요한 보험에 넣어 위험관리
- ▶ 노후준비도 시작해야 할 때, 월급의 10%는 연금자산에 투자

N포세대, 우리 결혼합시다

최근 신조어 중 하나로, 어려운 사회적 상황으로 인해 취업이나 결혼 등 여러 가지를 포기해야 하는 세대를 뜻하는 'N포세대'라는 말이 있다. 사회, 경제적 압박으로 인해 연애, 결혼, 주택 구매 등

많은 것을 포기한 세대를 지칭하는 용어로 포기한 게 너무 많아 셀 수 없다는 뜻을 가지고 있다.

원래 처음에는 '3포세대(연애, 결혼, 출산 포기)'로 출발했지만, '5포세대(3포세대+내 집 마련, 인간관계)'와 '7포세대 (5포세대+꿈, 희망)'를 거쳐 '9포세대(7포세대+건강, 외모)'까지 늘어나더니 이제는 포기해야 할 특정 숫자가 정해지지 않고 여러 가지를 포기해야 하는 세대라는 의미로 'N포세대'가 사용되고 있다.

그런데 앞서 포기한 여러가지 것 중에 결국 '3포(연애, 결혼, 출산 포기)'에서 모든 문제점들이 시작되고 있는 것 같다. 세 가지 포기한 것 중에서 연애는 잘 모르겠지만 결혼과 출산은 통계적으로도 그 증거가 뒷받침되고 있다. 최근(2015년) 혼인통계를 살펴보면 연간 30만2,800건으로 전년보다 2,700건(0.9%) 감소하였다. 연간 혼인 건수로는 2003년(30만2천5백건)이후 가장 낮은 수치라고 한다. 조혼인율(인구 1,000명당 혼인 건수)을 살펴보면 문제는 더 심각하다. 2015년 조혼인율은 5.9건으로 나타났는데, 이는 1970년 통계작성 이후 최저 수치라고 한다.

늦어지는 결혼, 줄어드는 아이

혼인 건수만 줄고 있는 것이 아니라 혼인 연령, 즉 결혼하는 나이도 늦어지고 있다. 평균 초혼연령은 남자가 32.6세, 여자가 30세로 전년 대비 각각 0.2세 상승한 것으로 나타났다. 특히 여자의 평균 초혼연령의 경우 처음으로 30대에 진입하였다. 이는 10년 전과 비교했을 때 남자는 1.7세, 여자는 2.2세가 상승한 수치이다. 결혼은 두 사람만의 문제가 아닌 우리 사회를 유지해주는 가장 기초적인 사회관계로 볼 수 있다. 그런데 많은 사람들에게 있어 개인적으로는 가장 중요한 인생의 이벤트이자 사회적으로도 중요한 역할을 하는 결혼이 이러 저러한 이유로 위기를 맞고 있다.

신혼부부통계를 살펴보면 결혼이 늦어지는 이유는 소득과 주택 같은 경제적인 문제로 귀결되었지만, 자녀 출산이 늦어지고 줄어드는 현실은 오히려 경제적인 원인보다는 자녀 양육에 대한 투입 노력과 시간이 부담으로 작용하고 있다. 그럼 소위 '3포세대'의 문제를 해결하기 위한 방법은 없을까? 결국, 개인만의 문제가 아니라 국가와 우리 사회가 함께 고민해야 될 문제이다. 따라서 구체적인 방안까지는 아니지만 몇 가지 정책적인 방향성을 살펴보자.

첫째. 우리 청년세대들에게 일자리를 통한 소득 안정성이 확보되어야 한다. 앞서 분석에서 결혼의 전제조건으로 소득이 크게 작용하는 결과를 보았고, 결국 사람이 살아가기 위해서는 경제적인 문제가 해결되어야 한다. 청년실업, 비정규직과 같은 일자리 문제는 기성세대보다 청년세대에게 더 불리하게 작용하고 있다. 국가 차원에서 기성세대와 청년세대의 경제적인 불균형 문제를 해소하기 위한 노력을 적극적으로 해줄 필요가 있다.

둘째, 신혼부부들의 주거 안정성을 높이기 위한 지원정책이 확대되어야 한다. 주택을 소유한 신혼부부의 유자녀 비율이 높은 점을 보면 주거 안정성이 출산율에 영향을 미치고 있음을 알 수 있다. 따라서 서민들의 주거 안정성을 높이기 위한 주택보급 정책이 우선되어야 한다. 더불어 소유보다는 거주목적의 임대주택을 활성화하고 주거비용에 대한 세제 혜택을 부여하는 등 좀 더 폭넓고 다양한 지원이 필요할 것이다.

셋째, 자녀 양육이 곧 우리나라의 미래라는 인식개선이 필요하다. 정부는 물론 민간기업에서도 자녀 양육은 국가의 미래를 좌우하는 중요한 공동과제임을 함께 인식하고 젊은 세대가 자녀 양육에 부담을 덜 수 있도록 정책지원과 노력을 아끼지 말아야 한다. 또한, 개인들의 인식전환도 함께 필요하다. 환경이 힘들다고 한 자녀만 낳아 잘 키우겠다고 말하는데 어쩌면 핑계일 뿐 부모들의 이기심 일지도 모른다. 자녀의 출산이 자녀의 미래를 위한 가장 큰 선물임을 잊지 말자.

새로운 시작을 위한 결혼전략

이제 막 결혼생활을 시작한 신혼부부를 위한 몇 가지 자산관리 원칙을 살펴보자. 행복한 결혼생활을 위해서는 경제적인 안정 또한 반드시 필요하기 때문이다.

첫째. 결혼식에 필요 이상 돈을 쓰지 말자. 남들의 눈을 의식한 체면과 자기만족 때문에 화려한 결혼식을 할 이유는 없다. 결혼식은 당사자와 가족들에게 중요한 행사이지 시간이 지나면 다른 사람들은 기억해주지도 않는다. 절약된 결혼비용을 주택비용이나 자산증대를 위한 종잣돈으로 활용하는 것이 훨씬 효과적이다. 이미 적은 비용으로 소박하게 결혼하는 '작은 결혼식(small wedding)'이 대세가 되어가고 있다.

둘째. 부부가 새로운 재무적 목표를 함께 설정하자. 두 사람이 합쳐 새로운 살림을 시작하게 되었기 때문에 그동안의 재무적인 상황에 많은 변화가 생겼을 수밖에 없다. 두 사람의 재무적인 현황을 다시 한번 점검하고 상황에 맞는 소비와 저축을 바탕으로 구체적인 재무목표 설정이 필요하다. 목표를 가지고 있는 사람과 그렇지 않은 사람의 미래는 분명 다르다.

셋째. 노후생활을 위한 연금에 바로 가입하자. 막 결혼한 신혼부부들은 아직 먼 미래인 노후준비에 대한 실감을 잘 하지 못한다. 노후준비는 일찍 시작하고 오래 할수록 쉬워지는 특성이 있다. 연금을 통한 노후준비와 자산증대는 구분해서 실행하는 것이 확실히 효과적이다. 안정적인 노후준비가 이루어지면 자산증대에 좀 더 집중된 저축과 투자가 가능해진다.

결혼은 최소한 20년 이상 다른 환경에서 살던 남자와 여자가 남편과 아내라는 이름으로 새로운 가족이 시작되는 출발점이다. 그런데 이 결혼이라는 시작을 너무 완벽하게 하려는 욕심에 오히려 많은 것을 놓칠 수 있다. 조금 부족하더라도 사랑하는 마음으로 함께 노력하고 만들어가는 과정이 남편과 아내, 가족의 결속력을 더욱 단단하게 만들어 준다. 젊은이들이여 사랑하고 결혼하자. 결혼은 끝이 아닌 새로운 시작이다. 모든 것이 완벽할 필요는 없다. 시작 자체로 의미는 충분하다.

💰 성급한 마이카의 꿈

처음으로 직장에 들어가 사회 일원으로 첫발을 내딛게 되었을 때 많은 사람들, 특히 남자들이 가장 먼저 강한 소비 욕구를 느끼는 것 중 하나가 바로 자동차이다. 멋진 차를 타고 다니는 자신의 모습은 상상하는 것만으로도 기분이 좋아진다. 사람들은 언제쯤 마이카의 꿈을 실현하고 있을까?

실제 우리나라 직장인들이 자동차를 처음으로 구매하는 나이가 평균 30세 전후라는 점에서 마이카의 꿈을 너무 서둘러 실현하고 있는 것은 아닐까 하는 생각이 든다. 대부분의 남성이 빨라야 20대 후반에 취업하고 있는 현실을 고려했을 때 돈 많은 부모님이 선물로 사주지 않는 이상 할부구매 외에는 특별한 방법이 없을 것으로 보이기 때문이다. 게다가 구매 차량의 등급도 80% 가까이가 차량 가격 2,000만원 가까운 준중형급 차량을 선택하는 것으로 조사되었다.

자동차 첫 구매 당시 구매자들의 평균 연봉이 3,000만원 정도인 점을 고려하면 절대 적지 않은 금액으로 사회 진입기에 차량구매는 재무적인 관점에서 매우 중요한 이벤트라고 할 수밖에 없다.

💰 나에게 맞는 적정 차량은?

마케팅 인사이트에 따르면 사람들이 생각하는 자신의 수입대비 적정 차량 가격은 연 수입의 40~60% 수준(평균 54%)으로 조사되었다. 보통 차량을 구입하는 경우 자동차가 자신의 사회적 지위를 간접적으로 나타낸다는 인식 때문에 현재의 재정적인 상황을 바탕으로 의사결정

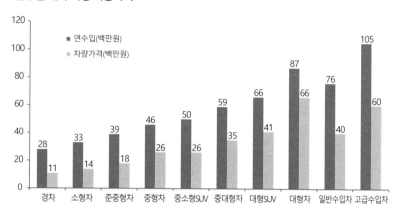

연수입 대비 적정 차량가격

- 연수입(백만원)
- 차량가격(백만원)

차종	연수입(백만원)	차량가격(백만원)
경차	28	11
소형차	33	14
준중형차	39	18
중형차	46	26
중소형SUV	50	26
중대형차	59	35
대형SUV	66	41
대형차	87	66
일반수입차	76	40
고급수입차	105	60

▲자료: 2012년 마케팅인사이트, NH투자증권 100세시대연구소

을 하는 게 아니라 향후 수입까지 미리 고려해서 판단하는 경우가 많은 것으로 보인다.

현재 수입만을 기준으로 차량 등급을 선택하는 것이 재무적인 관점에서도 과연 바람직할까? 좀 더 합리적인 의사결정을 위해서는 연간 수입 외에 일정규모 이상 여유 자산을 보유하고 있다는 전제 조건이 추가로 필요해 보인다. 어느 정도 경제활동을 해서 자산축적이 이루어진 상황이라면 전체 자산규모 기준에서 볼 때 자동차 구매비용이 차지하는 비중이 상대적으로 크지 않을 수도 있겠지만 자산축적이 되어있지 않거나 특히 사회 진입기에 해당하는 사람이라면 보유자산에서 매우 큰 비중을 투입하는 의사결정이 된다.

또한, 자동차는 구매를 결정했을 때 고액의 초기 구매비용만 들어가는 것이 아니다. 구매 이후 차량운행에 따른 유지비용에 대해서도 충분히 검토해야 한다. 유류비는 물론, 자동차 보험료와 자동차세, 각종 소모품 및 언제 발생할지도 모를 각종 범칙금까지 월수입의 6~7%에 해당하는 상당히 많은 부대비용이 지속적으로 발생하기 때문이다.

🎒 마이카의 꿈을 미룰수록 미래카는 업그레이드

그럼 사회 진입기에 차량을 구매했을 때 재무적으로 어떤 영향을 미치는지 분석해보자. 이를 위해 최초 차량 구매가격으로 1,800만원(준중형급)과 이에 따른 차량 유지비를 매월 50만원(유류비 18만원+기타 유지비 32만원)으로 가정한 경우와 출퇴근 시 대중교통을 매일 왕복 1회 이용하면서 필요에 따라 주 1회 정도 택시를 이용하는 경우 향후 5년간의 비용 차이를 비교해 보았다.

비교결과를 보면 자가용을 구입했을 때와 대중교통을 이용했을 때 들어가는 비용 차이는 단순합계 금액만으로도 4,200만원이 발생한다. 만약 해당 차액을 투자하여 연 5% 수익률로 운용한다는 가정을 더 하면 약 5,000만원(4,950만원)에 가까운 자산이 증가하는 효과를 얻을 수 있는 금액이다. 현재 기준으로 준중형급 차량에 대한 마이카의 꿈을 미루고 5년 정도만 참으면 애초 구매비용만으로도 차량 등급을 한 단계 정도는 더 높일 수 있으며 차량 유지비에 들어가는 비용까지 포함하면 더 좋은 등급의 차량구매도 가능해진다.

사회에 진출해서 약 5년 동안은 차량구매에 대한 욕구는 강하지만 실제 필요성은 상대적으로 많이 떨어지므로 충분히 감내할 만한 기간이다. 물론 이 같은 결과가 단순히 이론적인 수치에 지나지 않는다고 생각할 수도 있다. 하지만 오히려 실천했을 때 자산을 운용하는 과정 중에서 여러 가지 추가적인 수익기회를 만나게 된다. 원래 예상했

차량구입 vs 대중교통 이용시 재무차이 분석

(단위: 만원)

경과년수	차량구입[1]	대중교통[2]	단순차액	투자시 차액 (연 5% 가정)	투자시 차액 (연 10% 가정)
0년	1,800	0	1,800	2,297	2,899
1년	600	120	480	583	703
2년	600	120	480	556	639
3년	600	120	480	529	581
4년	600	120	480	504	528
5년	600	120	480	480	480
합 계	4,800	600	4,200	4,950	5,829

*주1. – 차량구매비용 1,800만원(준중형급), 차량유지비 월 50만원(유류비 18만원+기타유지비 32만원)
　　　– 할부구매인 경우 이자 비용 발생에 따른 추가비용으로 차액은 더 커질 수 있음
　　　– 차량구매비용, 기타 유지비는 2012 마케팅 인사이트 설문조사결과 참조
　　　– 유류비 : 연간 15,000km ÷ 시내 연비 10km/l x 리터당 1,440원 가정시 월평균 금액
*주2. 지하철 · 버스 월 5만원(기본요금 1,250원 x 40회), 택시비 5만원(월 4회, 총 40km 이용)

던 목표금액보다 훨씬 더 많은 자산이 증대되는 결과를 얻는 것도 결코 불가능한 일이 아니다. 소모성자산이면서도 생각보다 많은 유지비가 들어가는 자동차는 늦게 마련할수록 부자가 될 수 있는 확률이 높아지고 시간도 단축할 수 있다.

자동차, 마시멜로 법칙

▶ 소모성 자산인 자동차 구매를 서두르기보다는 ISA(개인종합자산관리계좌) 등을 통한 목돈마련으로 수익성 자산을 먼저 만들자.
▶ 차량유지비용을 아껴서 연금저축계좌에 적립하면 노후자산의 상당 부분이 준비된다.
▶ 자동차 구매를 5년만 미루면 더 좋은 차를 탈 수 있다.

🏦 차액에 대한 효과적인 투자방법

일단 차량구매를 뒤로 미루고 구매비용을 투자한다고 가정했을 때 해당 자산은 어떻게 운용하는 것이 좋을까? 먼저 구매자금과 같은 목돈을 운용하기 좋은 상품으로는 2018년까지 가입 가능한 ISA(개인종합자산관리계좌)를 들 수 있다.

절세상품인 ISA는 근로소득이나 사업소득이 있는 사람이면 누구나 가입할 수 있는 상품이다. 이자소득세나 배당소득세가 많이 발생할 수 있는 채권(혼합)형 펀드나 ELS, DLS 같은 파생결합증권 등의 금융투자 상품 가입에 안성맞춤이다. ISA는 종잣돈과 같은 목돈을 만들 목적으로 상대적으로 변동성은 적으면서 시중금리보다 조금 더 높은 수익을 추구하는 금융투자상품을 운용하기에 좋은 방법이라 하겠다. 차량유지비에 해당하는 금액은 연금저축계좌에 납입하여 노후자산으로 적립하는 것도 좋다. 연금저축펀드계좌의 경우 자유로운 입출금 및 상품교체 등 장기적인 자산관리 차원에서 매우 유용하기 때문에 이를 잘 활용하면 노후준비에 대한 걱정을 상당 부분 덜 수 있다.

🏦 적정 차량구매가격의 산정

자산관리 측면에서는 적정한 차량구매가격을 자산보유 현황을 고려해 정하는 것이 좋다. 현재 보유자산과 소득을 함께 고려했을 때의 적정 차량구매가격을 산정해보자.

먼저 차량구매가격은 자신이 보유한 순 자산(총자산-보유부채)의 5~10% 선을 넘지 않는 것을 추천한다. 예를 들어 2,500만원 정도 중형차를 구입하기 위해서는 순 자산이 최소 2억5,000만원에서 5억원을 가지고 있어야 적절하다. 너무 엄격한 기준이라고 생각할 수도 있겠지만 자동차는 사실상 소모성 자산이므로 보유자산 운용을 통해 1~2년 안에 복구할 수 있는 수준에서 책정하는 것이 바람직해 보인다.

제시한 기준에 미치지 못하는데 좀 더 높은 등급의 차를 타고 싶다면 중고차 이용을 검토하는 것도 괜찮다. 새 차를 사면 당장은 기분이 좋겠지만 초기 3년 감가상각률이 약 50%에 이르는 매우 높은 점을 생각해볼 때 대가가 너무 크다. 출시된 지 1~2년 정도만 지나도 중고차의 차량 가격은 충분하게 낮아질 텐데 재무적인 부담을 안고 신차를 구입할 필요까지는 없어 보인다.

해당 차량의 유지비용은 소득의 6~7% 선에서 감당할 수 있는 등급을 추천한다. 최대한 빠른 시간 안에 자산적립을 늘려야 하는 시기에 무리한 차량유지비용이 방해되지 않기 위해서이다. 이와 같이 차량구매가격과 차량유지비를 동시에 만족하는 선에서 자신의 차량을 정한다면 분명 머지않은 미래에 누구나 부러워할 만한 드림카를 가질 여건이 충분히 될 것이다.

지금까지 제시한 자료는 자동차가 가지는 사회적, 관계적, 정서적 의미 등은 배제하고 순수하게 재무적인 관점에서 미치는 영향을 분석한 것으로 절대적인 기준은 아니다. 실제 차량구매 문제는 좀 더 복잡한 의사결정 과정을 보일 것이며 재무적인 관점 외에 다른 의미를 더 중요하게 여기는 사람은 그에 근거한 판단을 할 수도 있다.

다만, 요즘과 같이 대중교통수단이 잘 발달되어 있고 '렌터카'나 '카셰어링'과 같은 대체수단도 많은데 생계 목적이 아닌 이상 무리해가면서 자동차를 구입하는 것이 합리적인 의사결정인지 냉정하게 고민해 보아야 할 것이다.

아빠가 20대 딸에게 권하는 자산관리 전략

사회 초년생 때 형성된 돈 관리 습관이 평생의 부를 결정한다. 사회에 나와 독립된 경제 주체로 생활하게 되면서부터는 모든 일들이 돈과 결부되지 않을 수가 없다. 생애 자산관리라는 말이 나오게 된 것도 이러한 이유이다.

아빠가 20대 딸에게 알려주고 싶은 자산관리 전략은, ① 자산관리 목표를 세우자. 자산관리를 하는 사람은 하지 않는 사람보다 자산이 8,000만원 더 많고, 월 저축금액도 2배나 더 많다. ② 통장을 나누어 관리하자. 통장 나누기로 '선 저축, 후 소비'를 실천할 수 있다. ③ 인생의 4대 필요 자금(결혼자금, 주택자금, 자녀 교육자금, 노후자금)을 '동시에' 저축하며 준비하자. ④ '결혼자금으로 몇 년 내에 얼마를 모으겠다'는 목표를 세워 결혼 자금을 모아야 한다. ⑤ 내 집 마련의 골든타임은 자녀가 학교에 입학하기 전이 적기다. ⑥ 노후준비는 '3층 연금'으로 일찍 시작할수록 유리하다.

솔로에게 추천하는
노후 'SOLO전략'

　1인 가구 500만 시대이다. 1인 가구의 비중은 1980년 4.8%에 불과했으나, 2010년 23.9%, 2015년 27.1%로 35년간 22.3%가 증가하였다. 또한, 2035년에는 1인 가구가 34.3%까지 증가할 것으로 예상하고 있다. 이 같은 1인 가구의 증가는 단순히 가구 구성의 변화뿐만 아니라 소비에도 많은 변화를 가져와 '솔로 이코노미'라는 경제용어도 만들었다. 흔히 1인 가구를 'S제네레이션'이라고 불리는데, 여기서 'S'는 싱글(single) 혹은 솔로(solo)를 의미한다.

　솔로 이코노미와 S제네레이션은 비단 대한민국만의 현상이 아닌 글로벌 현상이다. 노르웨이나 독일의 1인 가구 비중은 35%가 넘고, 영국과 일본이 약 30%에 이르며, 중국도 10%를 넘어섰다. 이는 개발도상국보다 선진국에서 더욱 뚜렷하게 나타나는 현상이다. 장기간 지속된 글로벌 경기침체 등으로 결혼에 대한 경제적인 부담과 결혼 이후 가정을 꾸려나가야 하는 부담을 지는 대신 '나 홀로'라는 이름으로 현재의 소득 수준에 맞게 살아가는 모습이 증가하는 추세이다.

우리나라 1인가구 비율

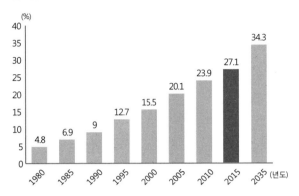

(%)

▲ 자료: 통계청, NH투자증권 100세시대연구소

🎒 1인 가구가 만들어낸 솔로 이코노미

솔로 이코노미는 2013년 미국 뉴욕대의 에릭 클라이넨버그 교수의 〈고잉 솔로, 싱글턴이 온다〉라는 저서에서 나온 개념이다. 그는 "1인 가구 연평균 소비액이 3만4,000달러(1인 기준)로 자녀가 없는 부부 2만 8,000달러, 자녀가 있는 부부 2만3,000달러보다 높아, 고소득을 가진 싱글이 증가할수록 경제적 영향력이 증대된다"고 언급했다.

또한, 30~40대의 젊은 싱글족은 유행에 민감하고 새로운 트렌드를 쉽게 받아들이기 때문에 소비도 많다고 지적했다. 이런 소비 트렌드는 개인전용 소형 전자제품, 즉석요리 및 테이크아웃 음식 선호, 레저 및 여가 생활 중시, 자기계발 투자 등으로 이어져 이와 관련된 사업이 성장하는 계기가 되고 있다.

오늘날 미국에서는 젊은 독신자들이 혼자 사는 것은 사회적 실패가 아닌 성공의 표시이며 개성의 발현이라는 쪽으로 시각이 바뀌고 있다. 또한, 의무감으로 가정을 꾸리고 가족을 위해 일하던 부모세대와는 확연하게 결혼에 대한 가치관이 다르다. 결혼하지 않는 1인 가구의 증가로 미국 워싱턴 DC의 1인 가구 비율은 48%, 맨해튼 46%, 애틀랜타 45% 등 주요 대도시를 중심으로 1인 가구 비율은 약 50%에 육박하면서 고소득 1인 가구를 대상으로 하는 소형 아파트 및 주택시장의 거래 규모도 증가하였다.

그렇다면 우리나라의 상황은 어떠할까? 1인 가구 평균 소득액 170만원 중 지출은 137만원으로 소득의 약 80.5%를 차지하고 있다. 4인 가구는 519만원의 소득 중 411만원을 지출하여 소득의 79.2%를 차지했다. 1인당 지출금액으로 비교하면 1인 가구 137만원, 4인 가구는 103만원으로 1인 가구가 4인 가구에 비하여 1인당 소비금액이 34만원이나 더 많다. 미국과 마찬가지로 혼자 사는 가구가 다인 가구보다 1인당 소비금액이 많음을 알 수 있다.

이는 기본적인 생활을 유지하기 위해 들어가는 필수적인 주거와 식

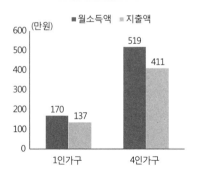

소득액과 지출액 비교(한국)

▲자료: 통계청, NH투자증권 100세시대연구소

료품 등의 비용이 1인 가구에도 기본적으로 필요하기 때문이다. 즉 혼자 산다고 생활비가 적게 드는 것이 아니다. 그러나 소비하는 항목 자체는 분명하게 달랐으며, 그에 따라 지출하는 금액도 1인 가구와 다인 가구는 다른 것으로 나타났다.

가구 구성원 1인당 기준으로 지출하는 항목별 금액을 살펴보면 생활하는데 필수적인 주거, 식료품 및 음식 등은 1인 가구가 월등히 높게 나타났다. 특히 1인 가구의 주거와 관계된 비용은 4인 가구의 1인당 지출 금액에 2.8배, 식료품은 1.6배, 음식비는 1.2배나 많았다. 그외 교통비, 문화비, 의류비도 1인 가구가 10% 이상 많이 지출하는 것을 볼 수 있다. 이처럼 주거, 식료품 등 생활에 필수적인 1인당 지출비용은 4인 가구에 비하여 매우 높은 것으로 파악되었다.

🎒 1인 가구의 소비 키워드 'SOLO'

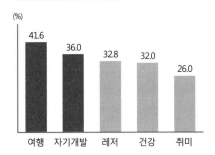

지출을 늘리고 싶은 항목

(%)

여행	자기개발	레저	건강	취미
41.6	36.0	32.8	32.0	26.0

▲ 자료: 대한상공회의소, NH투자증권 100세시대연구소
*항목별 중복선택 포함

대한상공회의소는 2013년 1인 가구의 소비키워드를 'S,O,L,O'로 정의한 바 있다.

첫 번째 'S'는 'Self-orientation'이다. 즉 자기성향의 소비 모습을 보인다. 향후 소비를 늘리고자 하는 항목으로 여행, 자기 계발, 레저, 건강, 취미 순으로 나타났는데 개인적인 활동에 대한 비용으로 볼 수 있다. 반대로 소비를 줄이고자 하는 항목으로는 외식, 통신비, 의류, 식품 등으로 나타났다. 특히 외식 같은 경우는 지출을 줄여야 한다고 본인들도 생각하고 있다. 이를 반영하는 상품들도 출시되고 있는데 최근 편의점 등에서 쉽게 찾아볼 수 있는 다양한 간편식 등이다.

두 번째 'O'는 'Online'이다. 1인 가구의 경우 부피가 크거나 무거운 물건은 물론이며 매장에서 직접 입어보고 구매해야 하는 의류와 신발까지 온라인으로 쉽고 편하게 구매하는 경향이 강하다. 이런 소비행태에 따라 온라인 쇼핑몰은 매년 성장하고 있다. 이미 신선식품을 제외한 패션·의류, 가전, 신발·구두 등 거의 모든 제품을 온라

1인가구 온라인 구매제품 비중

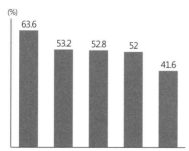

(%)

패션/의류	가전	신발/구두	화장품	가정용품
63.6	53.2	52.8	52	41.6

▲자료: 대한상공회의소, NH투자증권 100세시대연구소
*항목별 중복선택 포함

인을 통해 구입하고 있다. 이에 따라 생필품을 정기적으로 배송해 주는 '정기배송' 서비스나 24시간 배송서비스와 공동구매 관련 어플리케이션이나 온라인 커뮤니티 등도 그 사용자가 늘고 있다. 이는 필요한 것을 소량으로 싸게 사고 싶은 1인 가구의 특성을 반영한 것이다. 심지어 대용량 묶음으로 구매해야 하던 상품도 이제는 여럿이 공동으로 구매하고 있다.

세 번째 'L'은 'Low-Price'이다. 저가지향 소비 트렌드는 1인 가구의 증가로 더욱 확대되고 있다. 단순히 가격이 싼 제품이 아니라 소위 '가성비(가격대비 성능비)'가 높은 제품을 선호하는 경향이 1인 가구의 특징이라 볼 수 있다. 특히 국내에서 비싸게 판매되고 있는 아이템은 해외직구를 통해 구입하기도 한다.

이처럼 1인 가구는 저렴하면서도 효율적인 소비를 지향하는 소비패턴이 주를 이루었다. 배송대행 등의 해외직구 관련 편의 서비스 제공으로 해외직구를 통해 구입하는 건수도 매년 증가하고 있다. 품목에 따라서는 최대 9배 정도 싸게 구입할 수 있는데, 1인 가구의 증가 때문에 해외 직구가 크게 늘었다고 단정 지을 수는 없지만, 상당한 상관관계가 있다고 보인다.

마지막으로 'O'는 'One-stop'이다. 1인 가구의 특징이 가장 잘 반영된 것이라고도 할 수 있다. 혼자 먹고 사는데 진수성찬은 음식물쓰레기도 만들 수 있고 식재료를 대량으로 구매하여 보관

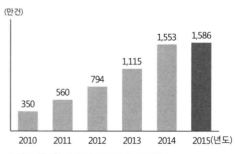

해외직접구매 증가현황

(만건)

2010	2011	2012	2013	2014	2015(년도)
350	560	794	1,115	1,553	1,586

▲ 자료: 관세청, NH투자증권 100세시대연구소

할 경우 상해서 버리는 경우도 많다. 따라서 1인 가구는 간편하고 빠르게 해결하려는 원스톱 소비 경향이 높다. 특히 음식의 경우 선호하는 형태는 간편식의 비율이 38.5%나 높게 나타났다. 이 수치는 3~4인 가구의 간편식 선호도 12%의 3배 이상 되는 수치이다.

최근 식품업계와 편의점 업계에서는 이런 1인 가구 증가와 발맞추어 고급 도시락 제품을 출시하는 것도 같은 맥락으로 풀이할 수 있다. 반대로 3~4인 가구의 경우 신선식품 선호비율이 76.6%로 1인 가구의 39.1%보다 37% 이상 높은 것으로 나타났다. 이는 식사의 개념이 가구 형태별로 크게 차이를 두고 있음을 알 수 있다.

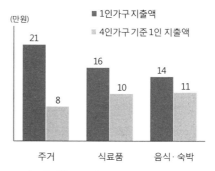

가구원수별 지출액

3~4인 가구의 경우에는 신선한 제철 음식들로 주로 식사를 하지만 1인 가구의 경우 상대적으로 제철 음식보다 인스턴트 식품을 더 많이 먹고 있는 것으로 해석할 수 있다. 가구별 지출 항목 비교로 알 수 있듯이 주거와 관련된 비용은 1인 가구가 4인 가구에 비해 평균적으로 13만원, 식료품비 6만원, 음식 및 숙박은 3만원을 더 많이 쓰는 것으로 나타났다. 식생활에 있어 1인 가구가 4인 가구에 비해 조리가 쉽고 간편한 음식을 비싼 가격에 자주 먹고 외식 관련 비용을 더 많이 지출하는 것으로 볼 수 있다.

'자기 성향적(Self-orientation), 온라인(Online), 저가 지향적(Low-price), 편리 지향적(One-stop)'은 솔로 이코노미의 특징이다. 주변을 보면 미혼일 때보다 결혼 후 더 힘들게 사는 모습을 어렵지 않게 볼 수 있는데, 이는 가족 구성원의 증가로 주택의 크기가 커져야 하며 출산 등으로 가족부양에 대한 부담이 경제적인 부담감으로 이어지기 때문이다.

화려한 싱글, 그 풍요 속의 빈곤

그렇다면 1인 가구로 사는 것이 과연 정답일까? 대한민국에서 1인 가구로 사는 것은 더 이상 특이한 일은 아니다. 그러나 1인 가구로 살아간다는 것은 생각처럼 녹록하지만은 않다. 1인 가구로 살아가기 위해서 해결해야 할 현실적인 사항을 알아보자. 왕성한 사회활동과 부족함 없는 경제생활을 하는 '골드 미스, 골드 미스터'는 결국 증가하는 1인 가구에 극히 일부이다. 1인 가구의 월평균 소득은 170만원 정도밖에 되지 않는다.(통계청, 2015년)

1인 가구 평균소득 170만원은 전체평균 372만원과 비교하면 절반도 되지 않으며 4인 가구 기준에는 약 37% 수준이다. 그러나 1인당 소득으로 비교하면 4인 가구의 경우 1인당 소득이 약 130만원 정도이므로 1인 가구 소득이 높다. 그렇지만 일부 고소득 1인 가구를 제외하면

가구별 소득과 지출

(단위: 만원)

구　분	전체 평균	1인 가구	2인 가구	3인 가구	4인 가구	5인 이상
소득	372	170	316	457	519	532
가계지출 (A)	289	137	239	340	411	427
1인당소비액 (A/가구원수)	–	137	120	113	103	85

대부분의 1인 가구는 우리가 생각하는 것처럼 화려한 생활을 하지 못한다. 물론, 부양가족이 없기 때문에 생활비 자체가 적게 필요한 것도 사실이지만 소득 자체가 크지 않기 때문에 화려한 생활을 누리기에는 월 소득 170만원으로는 다소 무리가 있다.

1인당 소비액의 경우 1인 가구의 소비가 다인 가구에 비하여 많은 것을 알 수 있다. 4인 가구의 소비액은 103만원인데 반해 1인 가구는 137만원으로 4인 가구 대비 34만원 이상 더 많이 소비하는 것으로 나타났다. 가구별 소득 차이가 분명히 존재하지만 1인 가구의 지출금액이 가장 많다.

그렇다고 1인 가구가 화려한 생활을 하기에는 170만원의 소득은 절대적으로 부족하다. 생활에 필요한 필수적인 지출과 그 외 지출이 늘어날 경우 소득과 소비의 불균형으로 저축금액이 상대적으로 줄어들 수밖에 없다. 이는 미래와 노후에 대한 준비가 소홀해질 수 있음을 시사한다.

실제로 노후에 대한 준비가 부족할 경우에는 은퇴 이후 빈곤층으로 전락할 수 있다. 또한, 1인 가구는 저축 및 투자에 대한 관심이 다인 가구보다 적다. 다인 가구의 경우 출산, 자녀 교육 및 결혼 등을 비롯하여 가족 구성원이 성장함에 따라 지출해야 하는 굵직한 항목이 정해져 있어서 그에 대한 대비를 하게 된다. 그러나 1인 가구의 경우 이런 생애 이벤트가 제한적이다.

윤기 나는 싱글 노후를 위해 'SOLO' 하라!

평균 수명이 길어지면서 노후에 대한 충분한 준비 없이 맞이하는 은퇴 이후의 삶은 결코 경제적으로 안정될 수 없다. 기본적인 국민연금과 직장에서 받은 퇴직연금으로는 부족하다. 100세 시대가 도래한 요즘 30세에 일을 시작하여 60세에 은퇴할 경우, 30년 일한 것으로 40년을 써야 한다. 주된 직장에서 일하는 날보다 은퇴 후 살아야 하는 날들이 더 많다. 어떻게 노후를 준비해야 할까? 답은 간단하고 명쾌하다. 소득이 있을 때 준비해야 한다. 솔로들의 노후 준비를 위한 'SOLO 전략'으로 노후를 준비해보는 것은 어떨까?

첫 번째 'S'는 'Save(저축하라)'이다. 앞에서 살펴본 가구원 수별 1인당 소득과 지출을 살펴보면 1인 가구의 지출이 다인 가구에 비하여 상대적으로 많았다. 혼자 벌어서 혼자 생활해야 하므로 고정적으로 지출되는 주거비와 식비부터 아껴야 한다. 또한, 여가 및 취미 활동으로 사용되는 비용을 아껴야 한다.

주거의 경우 소득 수준에 맞게 크기를 줄여야 한다. 주택의 크기를 줄이는 것은 관리비와 기타 부수적인 비용까지 줄일 수 있기 때문에 최우선으로 고려해야 한다. 여가 및 취미 관련 비용도 줄여야 한다.

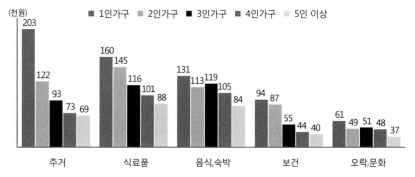

가구당 소비 항목별 1인당 지출 비용

(천원) ■ 1인가구 ■ 2인가구 ■ 3인가구 ■ 4인가구 ▪ 5인 이상

주거: 203, 122, 93, 73, 69
식료품: 160, 145, 116, 101, 88
음식,숙박: 131, 113, 119, 105, 84
보건: 94, 87, 55, 44, 40
오락,문화: 61, 49, 51, 48, 37

▲자료: 통계청, NH투자증권 100세시대연구소

나 홀로 보내는 시간이 많은 솔로에게 취미 생활이 상당히 중요한 부분을 차지하는 것은 어쩌면 당연하다. 그래서 더욱 절제가 필요하다.

식료품비의 경우 가공식품을 줄이고 계획적인 식단을 만들어 직접 조리해 먹는 것을 추천한다. 신선한 식자재를 본인이 먹을 수 있는 만큼 구입하여 만들어 먹는다면 식료품비도 아끼며 덤으로 건강도 챙길 수 있다. 또한, 평소 줄일 수 있는 사소한 것들을 찾아서 줄여야 한다.

하루 마시는 커피를 줄이거나 자가용 이용을 줄이고 대중교통을 이용하며 통신요금을 줄이는 노력만으로도 월 10만원이상 줄일 수 있음을 명심하자. 또한, 솔로의 최대 장점인 가족 관련 이벤트 즉, 결혼, 출산 및 육아에 대한 경제적 부담이 없는 대신 반드시 노후를 위해 아끼고, 돈을 모아야 한다.

두 번째 'O'는 'Organize(재무적으로 체계화하라)'이다. 이는 'save'의 연장선상에서 재무적으로 체계화해야 한다. 1인 가구의 경우 본인의 소득에 의해 전적으로 가계를 꾸려가야 하기 때문에 노후자금을 준비할 때에도 다인 가구와 출발의 개념이 다름을 인식하고 체계적이고 구체적으로 정리해야 한다.

예를 들어 30대 1인 가구 직장인을 대상으로 자산배분 전략을 세운다면 '3355' 원칙을 추천한다. '3355' 원칙이란 30대부터 노후준비를 시작하고 은퇴 시 총자산의 30% 이상이 연금자산이 되어야 하며 다음 총자산의 50%는 금융자산으로 운용하고 마지막으로 금융자산의 50% 이상을 투자자산으로 보유하는 것이다.

또한, 1인 가구의 경우에는 보험 가입에서도 라이프 스타일을 고려해야 한다. 본인 사망 시 재산을 물려줄 유족이 없기 때문에 사망보험보다는 재해 혹은 질병으로 인한 소득단절 상황과 치료비, 질병 및 상해를 대비할 수 있는 보장성 보험에 가입하는 것이 바람직하다. 이처럼 명확하게 투자비율과 금액을 정리하고 예상치 못할 상황에 대비할 수 있도록 투자금액을 정리하여 운용하는 것이 'Organize'이다.

세 번째 'L'는 'Labor(일하라)'이다. 최고의 노후준비는 일이다. 1인 가구의 경우 가족 구성원이 없으므로 본인이 소득을 창출하지 못할 경우에는 심각한 경제적 문제가 발생한다. 가족이라는 보험이 없기 때문에 1인 가구로 살아가려면 더욱 오랫동안 일해야 한다. 그러나 우리나라 평균 퇴직연령은 남성 53세, 여성 48세이다. 점점 수명은 늘어가는데 주된 직장에서의 퇴직이 생각보다 너무 이르다.

따라서 가장 좋은 노후준비는 현재의 주된 직장에서 최대한 오랫동안 일하는 것이다. 또한, 주된 직장에서의 퇴직 이후에도 적은 월급이라도 꾸준하게 할 수 있는 일을 준비해야 한다. 은퇴 전 제2의 직업을 미리 준비하는 것도 좋다. 주된 직장과 연관성이 있는 일이라면 경력도 인정받을 수 있어서 더욱 바람직하다.

제2의 직장을 선택할 때는 급여액수에 너무 집착하는 것은 좋지 않다. 일하는 자체로 노후를 즐겁게 보내는 원천이 될 수 있다. 일을 하며 사람들을 만난다는 것 자체가 무기력한 '뒷방 노인'이 아닌 '액티브 시니어'로 활동할 수 있는 기회이기 때문이다. 월 125만원을 받는 일자리 가치는 금융자산으로 단순하게 계산하면 10억원을 연이율 1.5%로 운용하는 것과 같은 셈이다. 특히 최근 같은 저금리 시대에 10억원 이상의 가치가 될 수도 있다. 그래서 '일'이 중요하다.

네 번째 'O'는 'Overcome(극복하다)'이다. 노후준비는 마라톤과 같다. 이 시기에 극복할 사항은 두 가지가 있다. 심리적 외로움과 재무적인 압박이다. 1인 가구의 특성상 홀로 지내는 시간이 다인 가구에 비해 상대적으로 많다. 이런 경우 고독과 외로움을 슬기롭게 이겨내기 위해서는 사회적으로 고립되지 않도록 해야 한다.

하버드대 연구에 의하면 가족 외에 친한 사람들과 끈끈한 관계로 이어진 독신자들이 결혼했지만 다른 인간관계가 빈약한 사람들보다 건강의 위험 징후가 적으며 실제로 혼자 사는 여성들이 같은 나이의 기혼여성들보다 정신질환이나 체력감퇴를 적게 겪는다고 한다.

함께 살며 서로의 시간을 돌봐줘야 한다. 같은 처지의 독신자들이 모여서 타운을 형성하거나 공동주택 등의 형태로 거주를 하며 끊임없이 교류하고 소통하면 좋다. 또한, 예상치 못한 재무적인 이벤트의 발생으로 어려움을 겪을 수 있음을 항상 대비하여 노후자금 준비 시 꼭 구분하여야 한다.

앞으로 1인 가구는 꾸준히 증가할 것이다. 이들은 외로움을 자유로 느끼고, 혼자 있는 시간을 자신에게 투자한다. '나 혼자'이기 때문에 기혼자들보다 걱정거리 자체가 적다. 그래서 현재의 삶을 유지하고 즐기는 것에 비용을 아낌없이 지출하고 있다. 그러나 현재의 삶을 화려하고 즐겁게만 누리기에는 다가올 은퇴 이후의 삶이 너무 길다. 혼자 살아가는 이들은 '아플 때'가 가장 서럽다고 한다. 특히 돈이 없고 아프다면 삶의 의욕조차 사라질 것이다. 게다가 자신을 돌봐줄 가족도 없다면 더욱 참담할 것이다. 지금 화려한 삶을 살기보다 은퇴 후 윤기 나는 삶을 준비하자.

솔로들이여! 'SOLO 전략'으로 멋지게 살아보자.

욜로! 한 번뿐인 인생을 위하여

욜로(YOLO)는 'You Only Live Once'를 줄인 말로, 인생은 한 번뿐이라는 의미이다. 오바마 전 미국 대통령이 건강보험 개혁안을 홍보하는 비디오의 마지막 장면에서 "YOLO, Man"이라고 외치면서 유명해진 말이다. 사실 이 말은 미국의 유명한 뮤지션인 드레이크가 'The Motto'라는 노래에서 후렴으로 'You Only Live Once: that the motto nigga, YOLO'라고 하면서 처음으로 알려진 말이다. 욜로는 미래나 남을 위해 나를 희생하지 말고, 현재의 나를 위해 행복을 추구하라는 의미이다. 이런 생각이나 라이프스타일을 추구하는 사람들을 흔히 욜로족이라고 하는데, 일본의 사토리 세대(한국에서는 달관 세대라고도 불리었다)와 크게 다르지 않다. 다만 최근에 회자되고 있는 욜로의 트렌드는 좀 더 소비에 초점이 맞춰져 있다. 욜로족은 내 집 마련이나 노후준비와 같은 미래를 위한 노력보다는 지금 당장 자신의 삶의 질을 높여줄 수 있는 취미, 여가생활에 아낌없이 소비를 한다. '티끌 모아 티끌'이라는 생각에 빚을 내서라도 해외여행을 가고, 원하는 자동차를 산다.

예전에도 욜로와 비슷한 말은 있었다. 가장 대표적인 것이 '카르페 디엠(Carpe diem)'이다. 흔히 '오늘을 즐겨라'로 번역이 되는 말이다. 영화 '죽은 시인의 사회'에서 키팅 선생이 학생들에게 외쳐서 더욱 유명해진 말이다. 사실 '카르페 디엠'은 2000년전 에피쿠로스학파였던 호라티우스의 송가(Odae 1-11)에 나오는 라틴어 시구절이다. "carpe diem, quam minimum credula postero"(현재를 잡아라, 미래는 최소한으로만 믿어라)의 carpe는 잡다, 즐기다, 이용하다는 뜻이고, diem은 오늘, 현재, 날(日)이라는 뜻이라고 한다. 그래서 카르페 디엠은 '현재를 잡아라(seize the day)'라는 의미로 주로 사용되지만, '오늘을 즐겨라'는 뜻으로 해석되기도 한다. 중요한 것은 미래를 생각하지 말고 오늘을 흥청망청 즐기면서 보내라는 의미는 아니라는 것이다. 미래를 낙관적으로만 생각하지 말고 오늘을 충실하게 살라는 의미가 더욱 강하다. 실제 키팅 선생은 학생들에게 "카르페 디엠! 소년들이여, 너의 삶을 비상(飛上) 하게 만들어라"라고 외쳤다.

욜로는 충동구매적인 소비를 의미하는 것은 아니다. 그래서 충동구매를 정당화하기 위해 욜로를 외치면 안 된다. 트렌드를 연구하는 서울대 김난도 교수는 '욜로란 현재의 행복을 위해 도전하고 실천하는 삶의 방식이며 카르페 디엠의 라이프 버전'이라고 말한다. 현재를 충실하게 살자는 의미라는 것이다. 요즘 방송에서도 욜로를 주제로 한 예능프로그램들이 많이 상영되고 있다. 산으로, 섬으로, 시골로 자신만의 행복을 찾아가는 프로그램들이다. 인도네시아에서 식당을 하고, 마라도에서 자장면을 먹기도 한다.

최근 젊은이들에게 회자되는 '탕진잼'이란 말이 있다. 재산을 탕진하는 재미라는 의미이다. 있는 대로 다 써버리는 데서 희열을 느끼는 것이다. 실제 20~30대를 대상으로 한 설문조사에서 미래의 더 큰 행복보다 현재의 행복이 더 중요하다는 의견이 절반을 넘어섰다(53%). 그래서 그들은 '티끌 모아 집 못 산다'라는 말을 하기도 한다. 이렇게 욜로가 기존과 다른 양상의 소비 스타일로 번지고 있다. 700원짜리 삼각김밥을 먹지만, 자신의 커피 취향을 위해 5,000원짜리 외국 유명 브랜드의 커피를 마신다. 수십만원을 호가하는 외국 유명가수의 콘서트를 보기 위해 컵밥으로 끼니를 때운다. 새로 나온 스마트폰을 사기 위해 '인간 사료'라고 불리는 대용량 벌크 과자를(4kg에 9,900원하는 건빵과 같은) 먹으며 돈을 아낀다. 그들은 자신이 원하는 곳에 선택적으로 집중하는 효율적인 소비를 한다고 생각한다. 그리고 그들은 스스로 자신들이 욜로하고 있다고 생각한다.

욜로에서 가장 특징적인 소비행태는 '가성비(價性比)'이다. '가격 대비 성능'의 준말인 가성비는 가격에 비해 물건의 성능이 얼마나 큰 효용을 주는지를 나타내는 말이다. 같은 가격이면 더 높은 퀄리티를, 같은 퀄리티면 더 낮은 가격을 선호하는 것이 욜로족의 가장 큰 특징이었다. 그런데 최근에는 가성비가 '가용비(價用比)'로 바뀌고 있다. 가격 대비 용량 큰 것이 더 중요한 기준으로 되고 있는 것이다. 한 인터넷 쇼핑몰 통계에 따르면 대용량 제품들의 판매량이 소모성이 강한 생필품들을 중심으로 크게 늘었는데, 지난해에 비해 많게는 10배 이상 늘어난 품목도 있다고 한다.

'잃어버린 20년'을 겪은 일본도 1990년대엔 '코스파(Cost Performance의 일본식 발음)'가 있었다. 불황 속에서 절약을 목적으로 비용 대비 효용을 중시하는 소비행태이다. '싸고 좋은' 물건을 찾으려는 노력이 트렌드를 이루면서, 100엔 샵, 반값 햄버거, 유니클로 같은 저가 브랜드가 크게 유행했다. 실제 일본의 할인매장에 대한 가구당 소비지출 비중이 1994년 3.6%에서 2004년에는 9.8%로 크게 늘어 코스파에 대한 강력한 사회적 동조가 있었음을 알 수 있다.

그러나 욜로는 코스파와 다르다. '나만을 위한 작은 사치', '지친 스스로를 위하는 격려', '자기 인생에서 즐거움을 찾는 각자의 방식' 등으로 표현되는 욜로는 절약에 대한 자세가 아니라 소비에 대한 방향성이라는 점이다. 코스파와 욜로의 배경엔 깊은 불황의 그늘이 자리 잡고 있다. 코스파가 불황을 타개하는 방법이라면, 변질된 욜로는 불황을 외면하는 방법이다. 욜로는 어찌할 수 없는 자신들의 삶을 자조적으로 표현하는 방법인지도 모른다. 카르페 디엠을 노래했던 호라티우스는 미래에 대한 믿음을 적게 가지고 현재를 잡으라고 했지, 탕진잼을 말하진 않았다. 카르페 디엠을 외쳤던 키팅 선생은 현실에 안주하지 말고 삶을 비상하게 하기 위해 오늘이 중요하다고 했지, 충동구매를 하라고 하지는 않았다. 어느 개그맨의 농담처럼 '욜로 잘못하다간 골로 간다'는 말이 현실로 다가올지도 모른다.

욜로가 2000년 역사를 가진 카르페 디엠의 최신판이라면 제대로 자리매김해야 한다. 지금 이 순간만이 인생의 전부가 아니라는 점, 어쩌면 살아온 날보다 앞으로 살아가야 할 날이 더 많이 남아 있다는 것을 깨달아야 한다. 욜로! You Only Live Once, 정말 인생은 한 번뿐이다.

3부

직업에 따라 노후준비
십인십색(十人十色)

직장인의
노후준비 전략

💰 직장인의 가장 큰 걱정거리는 노후불안

대한민국 직장인의 가장 큰 걱정거리는 '노후불안(34.9%)'이라고 한다. 그 다음으로 자녀교육(16.4%), 주택 관련(15.9%), 건강(13.5%), 고용불안(9.3%)의 순이다. 노후불안이 걱정이라고 답변한 비율은 성별로는 여성 직장인(38.6%)이 남성 직장인(31.1%)보다 더 높다. 고용형태별로는 계약직(41.3%)이 정규직(33.9%)보다 더 높다.

연령대별로는 30대를 포함하여 모든 연령대에서 노후불안이 가장 큰 걱정거리다. 노후불안에 대한 걱정은 나이가 들면서 더 증가하는 추세를 보이는데, 특히 50대(45.4%)가 노후불안에 대한 걱정이 많은 것으로 나타났다. 학력 수준별로는 고졸 이하(40.9%)의 노후불안이 높으며, 기업 규모별로는 중소기업(38%)이 높고, 소득 수준별로는 '월 소득 200만원 미만'이 높은 것으로 나타났다. 따라서 대한민국 직장인 중에서 '고등학교를 졸업한 후 중소기업에서 근무하는 연봉 2,500만원 이하의 50대 직장인'이 노후불안에 대한 걱정이 가장 많은 것으로 추론해 볼 수 있다.

연령대별 주요 걱정거리는 모든 연령대에서 가장 높은 노후불안을 제외하면 30대는 주택 관련 걱정(25.2%)이 많고, 40대는 자녀교육에 대한 걱정(22.8%)이 많으며, 50대는 건강에 대한 걱정이 많다. 30대는 결혼 후 주택구매에 가장 관심이 집중된 시기이기 때문에 주택 관련 걱정이 타 연령대보다 높은 것으로 추정된다. 40대는 자녀들의 사교육비 부담이 큰 시기로, 월 소득 수준이 높을수록 자녀교육에 대한 스트레스도 증가하는 것으로 나타났다. 이는 소득이 높을수록 자녀의 사교육에 대한 지출 또한 증가하기 때문으로 추정된다. 건강에 대한 걱정은 나이가 들수록 계속 증가해 50대는 건강에 대한 걱정이 다른 연령대에 비해 높다.

설문조사 "100인의 직장인들에게 물었다"

직장을 다니는 목적은 '생활비 때문'

직장 선택할 때 역시 '월급'이 제일

50대는 '부서 워크숍', 30대는 '가족 여행' 더 중요

월급은 적어도 편한 회사가 좋아

퇴직 후 창업보다 재취업 희망

휴가는 조금씩 자주 쓰고 싶어

업무성과에 더 영향을 주는 것은 '부서원 간의 팀워크'

'육체노동'보다 '정신노동'이 좋아

포상으로 휴가보다 금전적인 보상을 더 선호

스트레스, 대기업 직장인이 제일 많아

스트레스의 주원인, '너무 많은 업무'와 '직장 상사'

스트레스를 푸는 방법, 남성 '술과 담배', 여성 '대화'

가장 하기 싫은 것은 '주말 근무'와 '야근'

가장 만나기 싫은 상사는 '강압적인 상사'

가장 만나기 싫은 부하직원은 '근태가 불량한 직원'

직장인 10명 중 4명, 지금 당장 직장을 옮기고 싶다

직장을 옮기고 싶은 가장 큰 이유는 '적은 월급'

소득이 높을수록, 나이가 많을수록, 전문직일수록 행복도 높아

소득이 높아질수록 스트레스가 커지지만, 행복도는 높아

대한민국 직장인들의 가장 큰 걱정거리 '노후불안'

모든 연령대에서 '노후불안'이 가장 큰 걱정거리

대한민국 직장인들은 돈 때문에 일하고 '적은 월급' 때문에 스트레스를 받고 있다. 직장을 선택하거나 이직을 할 때도 '월급'을 가장 많이 고려하며, 포상으로 휴가보다는 금전적인 보상을 더 선호한다.

대한민국에서 스트레스를 가장 많이 받는 직장인은 '4년제 대학 이상의 학력으로 대기업에서 근무하는 연봉 6,000만원 이상의 30대 남성 직장인'이다. 스트레스의 가장 큰 원인은 '너무 많은 업무'로 남성 직장인들은 '술과 담배', 여성 직장인들은 '대화와 수다'로 스트레스를 풀고 있다. 직장인 10명 중 4명은 지금 당장 직장을 옮길 생각이 있으며, 직장을 옮기고 싶은 가장 큰 이유도 역시 '월급'이다. 이직을 가장 많이 고민하는 직장인은 '중소기업에 다니는 연봉 2,500만원 이하 30대 직장인'이다. 그러나 소득이 높을수록 스트레스도 많았지만, 행복도는 상승한다. 스트레스가 많은 것이 꼭 불행함을 의미하지는 않는다. 행복도가 가장 높은 직장인들은 '공기업에 다니는 연봉 5,000만원 이상의 50대 여성 직장인'이다.

평생직장은 사라지고 주된 직장에서 퇴직 후에도 60~70대까지 일하기 위해 재취업 또는 창업을 하는 경향이 많아지고 있다. '주된 직장에서 퇴직 후 새로운 일을 한다면 어떤 형태를 원합니까?'라는 질문에 대해 재취업(68.6%)이 창업(31.4%)보다 더 높은 것으로 나타났다. 직장인 3명 중 2명은 재취업을 선호하고 1명은 창업을 선호하고 있다.

성별로 살펴보면 재취업을 선호하는 비율은 여성(75.5%)이 남성(61.5%)보다 높아 여성 직장인들이 상대적으로 불확실한 창업보다는 재취업을 통해 안정적인 직장생활을 계속하기를 원했다.

반대로 창업을 선호하는 비율은 남성(38.5%)이 여성(24.5%)보다 높게 나타났다. 이는 남성 직장인들이 상대적으로 가사에 대한 부담이 적고, 직장에서 근무하며 쌓은 지식과 경험을 바탕으로 본인의 꿈을 이루고자 창업을 원하는 비율이 더 많은 것으로 추정된다.

소득수준별로는 월 소득수준이 높을수록 창업하겠다는 비율이 높게 나타났다. 월 소득이 높을수록 자산규모가 많아 초기 투자자본을 충분히 확보할 가능성이 높기 때문이다.

🎒 성실한 그대, 직장인

우리나라 직장인의 수는 약 1,700만명이다. 30대와 40대가 각각 27% 정도로 가장 많고, 20대와 50대는 각각 18% 정도이다. 이 수많은 직장인이 꼭 갖춰야 할 덕목을 꼽으라면 예나 지금이나 빠지지 않는 것 중의 하나가 바로 '성실'이다. 일을 해야 하는 직장인의 특성을 고려하면 매우 당연한 덕목이다. 직장인은 필연적으로 규칙적인 생활을 강요(?) 받는다. 직장에 출근해서 일을 해야만 월급을 받을 수 있으므로 출근과 근로를 매우 규칙적으로 수행해내야 한다. 수년 혹은 수십 년에 걸쳐 규칙적인 생활을 반복하기 위해서는 성실이 꼭 필요하다.

실제 우리나라의 많은 직장인들은 아파도 출근하고, 1년에 단 한 번도 결근하지 않는 경우가 많다. 아플 때도 출근해서 일한 경험이 있는 직장인은 4명 중 1명이나(24.8%) 되고, 1년간 결근한 경험이 없는 직장인은 무려 80%를 넘는다. 이같이 성실하게 노동력을 제공하고 그 대가로 월급을 받는다. 규칙적으로 노동력을 제공한 만큼 월급 역시 규칙적으로 받는다. 매월 정해진 날짜에 정해진 금액이 꼬박꼬박 통장

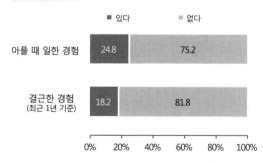

성실한 직장인

■ 있다　　■ 없다

	있다	없다
아플 때 일한 경험	24.8	75.2
결근한 경험 (최근 1년 기준)	18.2	81.8

▲ 자료: 산업안전보건공단(2014), NH투자증권 100세시대연구소

에 들어온다. 돈이 언제 얼마나 들어오는 것을 정확하게 예측할 수 있기 때문에 이에 대한 지출이나 소비계획도 매우 체계적으로 할 수 있는 사람이 바로 직장인이다.

💰 막상 해보면 소득과 지출의 균형 맞추기 어렵다

생활과 현금흐름은 규칙적이지만 직장인들의 소비계획만큼은 그다지 체계적이거나 계획적으로 보이지는 않는다. 일단 우리나라 직장인의 절반(50.3%)은 소득과 지출 사이의 균형 맞추는 것을 어려워하고 있는 것으로 나타났다. 실제로 자산보다 부채가 많고, 처분가능소득 대비 원리금 상환액(DSR)이 40%를 넘는 '한계가구'가 우리나라 전체 가구의 14.8%(2015년, 현대경제연구원)나 되기도 한다.

우리나라 직장인은 평균적으로 매월 369만원의 월급을 받아 337만원을 지출하고 있다. 번 만큼 쓰는 것이 균형이라면 달성하고도 남는 수준이다. 균형 맞추는 것을 어려워할 이유가 전혀 없는 셈이다. 하지

소득과 지출 금액

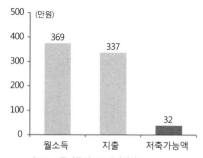

▲자료: NH투자증권 100세시대연구소

만, 미래를 위한 저축 가능 금액은 겨우 32만원에 불과하다. 여기서 현재를 위한 소비와 미래를 위한 저축 사이의 불균형이 발생하면서 진정한 의미의 균형을 이루지 못하고 있다.

직장인들이 현재를 위한 소비와 미래를 위한 저축 사이에서 균형을 찾지 못하고 있다는 사실은 여러 곳에서 확인할 수 있다. 저축금액이 많고 적음을 떠나 저축 자체를 안 하는 사람이 꽤 많다. 일례로 '자산관리'를 하지 않는 사람이 10명 중 4명(38.6%)이나 된다. 자산관리는 소비와 저축을 종합적으로 고려해 체계적인 금융 생활을 영위하는 것을 의미하는데, 이를 하지 않는다는 것은 무계획적으로 소비하고 있다는 의미이다. 균형이 맞춰질 리가 없다.

자산관리의 궁극적 목표인 '노후준비'를 안 하는 사람도 34.6%나 된다. 노후준비를 하지 않고 있는 이유야 여러 가지겠지만, 이 상태라면 노후는 현재 생활보다도 더 힘겨울 것이 뻔하다. 노후를 위해 더욱 구체적인 준비를 의미하는 개인연금의 적립액도 사실 매우 부족하다. 개

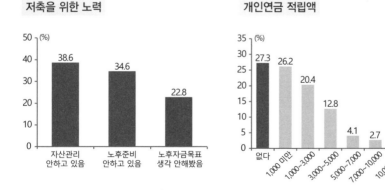

▲자료: NH투자증권 100세시대연구소(2016.4. 직장인 대상 서베이)

인연금 자체가 아예 없는 사람이 일단 27.3%로 가장 많고, 1,000만원 미만인 비율도 26.2%나 된다. 직장인의 절반 이상이 아예 없거나 채 1,000만원도 안되는 적은 개인연금을 보유하고 있는 상황이다. 현재를 위한 소비와 미래를 위한 저축 사이의 균형이 현재의 소비 쪽으로 심하게 치우쳐져 있는 것이 우리나라 직장인의 현실이다.

꼭 저축을 중심축에 두라

저축과 소비의 균형을 맞추는 가장 손쉽고도 상식적인 방법은 저축도 일종의 소비로 생각해서 미리부터 소비의 한 부분으로 잡아 놓는 것이다. 즉 남으면 저축하는 것이 아니라, 매달 아파트 관리비나 월세를 내듯 미래를 위한 저축도 따로 떼어 놓아야 꾸준하고 체계적인 저축이 가능해진다. 그럼 얼마나 떼어 놓아야 할까. 아파트 관리비나 월세야 매달 뻔하고 아이들 학원비도 매달 감이 오는데, 미래를 위한 저축은 도대체 얼마나 해야 할지 막막한 경우가 많다. 그래서 대부분의 사람들은 앞서도 언급했듯이 이런저런 소비계획을 다 세우고 난 이후 남는 금액을 중심으로 저축계획을 세운다. 구체적인 수치나 목표가 제시돼야 미리 떼놓을 수 있고, 그래야 그렇지 않아도 어려운 지출과 저축의 균형 맞추기가 수월해질 수 있다.

직장인들이 본인의 월급에서 매월 얼마나 저축해야 현재를 위한 소비와 미래의 노후를 위한 저축의 균형을 맞출 수 있는지 구체적인 수치를 찾아보자.

💰 직장인, 노후는 걱정만 현재의 즐거움 선택해

현재를 위한 소비는 지금 당장 생활비를 쓰기 위함이고, 미래를 위한 저축은 노후의 생활비를 마련하기 위함이다. 결국, 미래를 위한 저축의 규모를 정하기 위해서는 현재의 생활비와 노후에 쓸 생활비의 규모를 알아야 가능한 일이다. 양쪽 사이의 규모를 알아야 조정하고 가감해서 적절한 비율과 금액을 정할 수 있다.

그럼, 여기 매우 평범하고 평균적인 일반 직장인을 한 명 가정해 보자.

* 이름 : 나 중간(남)
* 나이 : 40세
* 월 소득 금액 : 369만원
* 월 지출 금액 : 337만원
* 노후 기대생활비 : 224만원
* 순 자산 : 1억9,000만원

나 중간 씨는 실제로 우리나라 직장인의 딱 평균에 해당하는 사람이다. 나이 40세는 우리나라 남성의 실제 중위연령(통계청 2016)이며, 월 소득 369만원은 100세시대연구소가 직장인을 대상으로 실제 조사해 나온 평균금액이다. 월 지출 금액 역시 우리나라 가계의 평균 지출금액 수준이며, 노후 기대생활비나 순 자산도 100세시대연구소가 조사한 직장인의 평균 수치다. 그럼 노후 기대생활비 224만원이 적정한지부터 살펴보자.

국제개발 협력기구(OECD)의 권고도 그렇지만, 통상 노후 생활비는 은퇴하기 전 생활비의 70~80% 정도를 권고하고 있다. 이 정도는 돼야 은퇴 이전의 삶을 은퇴 이후에도 누릴 수 있다는 것이다. 그런 측면에서라면 노후 기대생활비 224만원은 현재 쓰고 있는 생활비 337만 원의 67% 수준이므로, 조금 부족하긴 하지만 어느 정도 적정수준이라 할 수 있다.

　문제는 '은퇴 후 과연 224만원을 실제로 마련해서 쓸 수 있느냐'이다. 224만원이 적정하다는 근거는 현재의 생활비 337만원을 기반으로 하기 때문인데, 나 중간 씨의 소득 369만원을 고려한다면 생활비 337만원은 지나치게 많다. 소득에서 현재의 생활비를 쓰고 난 나머지 32만원 정도를 그나마 노후생활비로 볼 수 있는 셈인데, 기대 노후생활비 224만원과 격차가 너무 크다. 운용을 아무리 잘한다 해도 32만원을 224만원으로 만들 수는 없다. 현재의 생활은 큰 문제 없이 영위할수 있겠지만, 이 상태로 간다면 미래 노후생활은 불가능하다. 이를 해결할 방법은 두 가지다. 소득을 더 올리든가 생활비를 낮추든가. 둘 다쉬운 것은 아니지만, 그래도 소득을 더 올리는 것보다 생활비를 줄이는 것이 현실적이다. 현재 생활비를 줄인다는 것은 그에 따라 노후의

나 중간 씨 소득 369만원의 현재생활과 미래생활을 위한 적정 배분(만원)

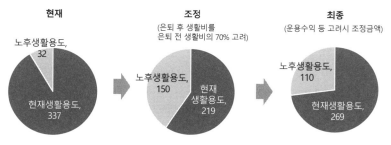

현재

노후생활용도,
32

현재생활용도,
337

조정
(은퇴 후 생활비를
은퇴 전 생활비의 70% 고려)

노후생활용도,
150

현재
생활용도,
219

최종
(운용수익 등 고려시 조정금액)

노후생활용도,
110

현재생활용도,
269

▲자료: NH투자증권 100세시대연구소

기대생활비도 낮춰야 한다는 것을 의미한다. 그래야 현재의 소비와 미래를 위한 저축 사이의 균형을 찾을 수 있다.

그럼 얼마나 줄여야 할까. 힌트는 앞서도 언급한 은퇴 전 생활비 대비 은퇴 후 생활비의 적정 규모인 70~80%에 있다. 이 비율을 활용해 단순히 계산한다면 나 중간 씨는 소득 369만원 중 현재의 생활비로 219만원을 쓰고 나머지 150만원은 저축을 통해 미래로 이연시켜 놔야 한다. 이 금액대로 나눠 써야 은퇴 후 생활비(150만원)를 은퇴 전 생활비(219만원)의 딱 70% 수준으로 맞출 수 있다. 물론 은퇴까지의 운용수익 등을 고려한다면 150만원보다는 적은 돈을 저축하면 된다. 운용 수익률에 따라 다르겠지만, 그래도 최소한 월 110만원 이상 꾸준히 적립해야 월 150만원에 가까운 생활비를 노후에 쓸 수 있을 것이다. 노후 생활비 150만원이 결코 많다 할 수 없지만, 나 중간 씨의 현재 소득을 고려한다면 현재의 생활비와 균형을 맞출 수 있는 가장 현실적인 은퇴생활비 수준이다.

💰 힘들어도 월급의 30% 저축전략 짜라!

나 중간 씨는 힘들더라도 현재의 생활비 337만원에서 70만원 정도 줄여서 270만원 전후에서 현재 생활비를 해결해야 한다. 그래서 30만원 정도에 불과한 미래 생활자금을 최소 110만원 수준까지는 확보해야 한다. 110만원은 나 중간 씨의 소득 369만원의 30% 수준이다. 그나마 110만원은 매우 보수적으로 최소한의 금액을 산정한 것이다. 따라서 나 중간 씨는 매달 소득의 30% 이상을 저축해야 현재 생활과 미래 생활 사이의 균형을 찾을 수 있다는 결론이 가능하다.

나 중간 씨는 우리나라 일반 직장인을 대표하는 가장 평균적인 사람이다. 따라서 우리나라의 보통 직장인이라면 자신의 현재 소득(369만원) 중 110만원 이상 매월 적립해야 은퇴 후 생활이 가능하다는 얘기다. 이보다 적은 금액을 저축한다면 현재와 미래 사이의 균형이 깨지면서 현재는 어떨지 몰라도 미래의 노후생활은 힘겨울 수밖에 없다.

　그럼 소득의 30%, 평균적인 직장인이라면 110만원 이상을 어떻게 마련해야 할까. 실제로 소득 중에서 30%를 억지로 짜내야 하는 걸까. 해답을 찾아보자. 사실 우리나라 직장인은 자신도 모르는 사이에 의외로 많은 금액을 이미 노후를 위해 저축하고 있다. 먼저 직장인이라면 기본적으로 국민연금과 퇴직연금(퇴직금제도 포함)을 보유하게 된다. 국민연금과 퇴직연금이 없는 직장인은 각각 4.3%와 14.7%로 소수에 불과하다. 국민연금과 퇴직연금은 직장인이 크게 신경 쓰지는 않지만, 부지불식간에 꾸준히 적립되고 있다. 국민연금의 보험료는 9%다. 즉 자신의 월급 중 9%는 국민연금 보험료로 손에 쥐어보기도 전에 빠져나간다. 물론 9%를 다 내는 것은 아니고, 이 중 절반인 4.5%는 본인이 내고 나머지 절반은 회사가 낸다. 여하튼 직장인이라면 매달 소득의 9%는 노후를 위한 저축을 하고 있는 셈이다.

　여기다 퇴직연금 역시 매달 8% 정도씩 적립되고 있다. 퇴직연금은 회사에서 매년 한 달 치 월급 정도를 직원의 퇴직연금 계좌에 넣어준다. 즉 연 소득의 1/12을 매년 넣어주는 것인데, 이를 월별로 계산하면 월급의 8.4%가 매달 적립되고 있는 셈이다. 결국, 우리나라 직장인이라면 기본적으로 국민연금 보험료와 퇴직연금 적립액을 합쳐 월급의 17% 정도는 미래를 위해 저축하고 있는 셈이다.

💰 직장 다니는 동안 월 20만원만 더 저축하면 끝!

우리나라 직장인들의 월평균 소득이 369만원인 점을 고려하면, 국민연금과 퇴직연금을 통해 17%, 그러니까 매월 63만원 정도는 노후를 위한 저축을 하고 있는 셈이다. 평균적인 직장인은 노후를 위해 필요한 저축금액 110만원 중 이미 절반 이상이 저축되고 있다. 110만원에서 63만원을 제외한 47만원만 추가로 저축하면 된다.

직장인의 월평균 소득 369만원의 13%에 해당하는 금액인데, 이 47만원을 대하는 느낌은 직장인마다 다를 수 있다. '노후를 위해 그 정도야 충분히 할 수 있지' 하는 사람도 있고, 꽉 짜인 소비구조 속에서 '그 금액을 어떻게 만들어내나' 하는 사람도 있을 수 있다.

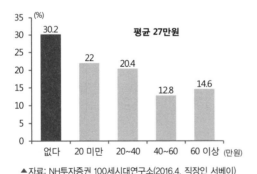

직장인들의 노후를 위한 월평균 저축액

▲자료: NH투자증권 100세시대연구소(2016.4. 직장인 서베이)

그런데, 47만원도 온전히 다 추가로 만들 필요는 없다. 이미 우리나라 직장인들은 국민연금과 퇴직연금을 제외하고 노후를 위해 평균적으로 27만원은 저축하고 있기 때문이다. 결국, 20만원만 기존의 소비 패턴을 조정해서 추가로 만들면 되는 것이다. 물론 이는 평균을 의미하는 것이어서 실제 개인별로는 더 많은 금액을, 혹은 더 적은 금액을 저축할 수도 있다. 실제 노후를 위해 아예 저축을 못 하고 있다는 직장인도 30%나 돼서 이들 직장인의 경우에는 47만원을 온전히 모두 만들어내야 한다.

평균적인 직장인을 가정했을 때 추가로 저축해야 하는 20만원은 월 평균 소득 369만원의 5% 정도 되는 금액이다. 이 정도는 기존 소비생활에 큰 변화를 주지 않고서도 의지만 있다면 얼마든지 만들어낼 수 있는 금액이다. 실제 많은 직장인의 경우 노후준비를 잘하기 위해서는 '개인의 자발적인 의지'가 가장 중요하다고 생각하고 있기도 해서, 의지만 있다면 20만원 정도는 어렵지 않게 만들어낼 수 있다.

추가로 저축하는 금액은 연금저축계좌를 활용하는 것이 정석이다. 일반계좌가 아닌 연금저축계좌를 통해 저축함으로써 은퇴를 위한 목적자금임을 수시로 자각할 필요가 있다. 그래야 혹여 다른 용도의 자금으로 전용하거나, 쉽게 해지해 버리는 우를 범하지 않는다. 이런 이유가 아니더라도 꾸준히 적립해서 노후에 정기적으로 현금흐름이 발생하는 금융상품은 개인연금밖에 없다. 또 개인연금은 다양한 세제 혜택도 있어 굳이 노후준비 용도가 아니더라도 자산관리에 요긴하게 사용할 수 있다.

국민연금 : 퇴직연금 : 개인연금 = 1 : 3 : 6

직장인이 월급의 30%를 저축하는 비결은 결국 3층 연금을 잘 활용하는 것이다. 국민연금과 퇴직연금에 자동으로 쌓이고 있는 9%와 8% 외에 개인연금에 13%를 더하면 된다. 평균적인 직장인이라면 금액 기준으로 국민연금과 퇴직연금, 개인연금에 각각 33만원, 30만원, 47만원씩 하면 된다. 국민연금과 퇴직연금, 개인연금에 각각 3:3:4 정도의 비율대로 저축하면 되는 셈이다. 즉 세 가지 연금에 비교적 골고루 자금을 분산해서 노후준비를 하면 된다는 얘기다. 하지만 자금을 비슷하게 배분한다고 해서 신경이나 관심도 비슷한 정도로 골고루 쓸 필요는 없다. 언급했듯이 국민연금과 퇴직연금은 자동으로 운영되고 관리되기 때문에 크게 신경 쓸 것이 없다. 노후준비 과정에서 가장 많이 신경을 써야 할 것은 단연 개인연금이다. 굳이 비율을 언급하자면, 국민연금과 퇴직연금, 개인연금에 대한 관심은 각각 1:3:6 정도로 쏟으면 된다.

먼저 국민연금에는 10% 정도만의 관심을 쏟으면 되는데, 이는 국민연금은 완전 자동연금이라 신경 쓴다고 해서 딱히 변하는 것도 없기 때문이다. 즉, 보험료 산정에서부터 납부방법, 자금 운용방법, 연금의 지급 시기와 금액 등 모든 것이 알아서 관리되고 운영된다. 심지어 보험료 납부도 월급에서 자동으로 빠져나가기 때문에 본인이 얼마의 보험료를 내고 있는지조차 모르는 경우도 많다. 신경 쓸 것이 하나도 없는 것이 국민연금이다. 그럼에도 불구하고 국민연금에 10% 정도의 관심은 두라는 것은 가입 기간과 연금수령 시점은 조금 고민해 보라는 뜻에서다. 즉, 국민연금은 최소 10년 이상을 가입해야 연금을 받을 수 있기 때문에 이 기간은 꼭 지켜야 한다. 또한 연금수령 시기는 자신이 정상적으로 연금을 받을 수 있는 시점보다 최대 5년까지 늦추거나 당길 수 있기 때문에 자신의 상황에 따라 잘 선택해야 한다. 또 미리 관심을 두고 국민연금 예상 수령액을 알아두면, 노후계획을 짜는 데도 도움이 된다.

　퇴직연금에는 국민연금보다 조금 더 신경을 써야 한다. 회사에서 알아서 납입금액을 산정하고 계좌에 넣어주기 때문에 자동연금에 속하지만, 운용방법이나 수령 시기 등은 근로자가 조절할 수도 있기 때문이다. 특히 DB(확정급여형)가 아닌 DC(확정기여형)를 선택한 근로자라면 개인연금 못지않은 관심을 쏟아야 한다. 자금 운용을 회사가 알아서 해주는 DB와 달리 DC는 근로자 본인이 직접 하기 때문이다. 운용에 있어서만큼은 국민연금보다 직장인(근로자)에게 큰 재량권이 부여된 것이 퇴직연금이다.

　그러나 무엇보다도 노후를 위한 자산관리를 함에 있어 개인연금에 가장 큰 관심과 노력을 기울여야 한다. 개인연금은 납부와 운용, 수령 등 모든 과정을 스스로 결정해야 한다. 국민연금과 퇴직연금은 기본적으로 정해진 사항이 많아서 자신의 상황에 맞게 조절하거나 변경할 수 없는 것과 달리 개인연금은 모든 것을 맞춤형으로 준비할 수 있다. 그래서 개인연금이 노후자산관리의 핵심이고 키가 될 수 있다. 자신의 노후생활 수준은 개인연금의 준비 정도에 달린 문제다.

　결국, 국민연금에는 최소한의 관심을, 퇴직연금에는 적당한 관심을, 개인연금에는 최대한의 관심을 쏟아야 한다. 앞서 그 관심의 정도를 1:3:6으로 표현했지만, 이는 그저 단순한 예에 불과하고 실제 쏟는 관심의 정도는 개인에 따라 다를 수 있다. 다만, 변하지 않는 것은 관심의 정도가 국민연금 〈 퇴직연금 〈 개인연금 순이 돼야 한다는 점이다. 다른 두 연금에 쏟는 정성보다 개인연금에 배 이상의 관심을 쏟아야 원하는 노후준비가 가능하다.

💰 유리알 지갑, 직장인

직장인이 연금저축계좌에 가장 많은 관심을 쏟아야 하는 이유는 또 있는데, 직장인의 지갑이 유리알처럼 매우 투명하기 때문이다. 이는 조세 당국에 소득이 그대로 노출되기 때문에 자영업자나 고소득 전문직들과는 달리 모든 세금이 정확하게 매겨진다는 의미다. '무슨 세금을 이렇게 많이 떼어가나'란 말은 매달 월급 때가 되면 직장인들의 입에서 가장 흔하게 튀어나오는 푸념 중 하나다.

사실 직장인들이 세금을 줄일 방법은 딱히 없다. 소득이 있는 곳에 정당하게 세금이 매겨지는 것을 탓할 수는 없는 노릇이다. 결국, 낸 세금을 얼마나 돌려받을 수 있느냐에 관심을 가질 수밖에 없다. 그래서 매년 연말이 되면 직장인들의 최대 관심사는 '연말정산'에 모인다. 연말정산을 통해 1년 동안 낸 세금을 돌려받는데, 금융상품 중에서 직장인들이 아무 조건 없이 세금을 돌려받을 수 있는 것은 개인연금이 사실상 유일하다. 계좌에 납입한 금액 중 400만원 한도로 13.2%만큼 세금을 돌려준다. 즉 연금저축계좌에 400만원을 넣으면, 연말에 13.2%에 해당하는 52만원 정도의 세금을 돌려받는 것이다. 400만원 넣고 13% 이상의 고율이자가 보장되는 셈이다.

은행예금을 통해 52만원 정도 이자를 받기 위해서는 요즘 같은 저금리 시대에 최소 3,000만원 이상을 1년 동안 꼬박 저축해야 가능하다. 400만원으로 은행예금 3,000만원에 버금가는 효과를 볼 수 있는 것이 연금저축계좌다. 더구나 12월에 넣어도 그 해에 바로 세금을 돌려받을 수 있기 때문에 단 며칠 만에도 13% 이상의 이자를 받는 효과를 볼 수 있다. 연 소득이 5,500만원 이하인 직장인의 경우에는 13.2%가 아닌 16.5%로 세액공제를 해주기 때문에 더 많은 세금(66만원)을 돌려받을 수 있다.

여윳돈이 생겼을 때, 혹은 저축을 고민할 때 어디에 투자하는 것이 가장 효율적인 것인지 고민이 필요하다. 노후자산관리의 키가 되는 것은 개인연금이지만, 일반 자산관리의 핵심 역할을 할 수 있는 것 역시 개인연금이기도 하다.

Case study① : 50대 대기업 직장인
구체적인 사례를 통해 상황에 맞는 노후준비 전략을 알아보자.

* 이름 : 나 대기(남)
* 나이 : 55세
* 직업 : 대기업 회사원(월급 504만원, 재직기간 25년, 퇴직연금 가입)

대기업에 재직 중인 50대 회사원의 경우 기본적인 노후생활비는 큰 걱정이 없다. 일단 나 대기 씨는 재직기간을 고려할 경우 100만원 이상의 국민연금은 받을 수 있을 것으로 보인다. 국민연금에 20년 이상 가입한 사람의 현재 평균 수급액이 88만원이고, 나 대기 씨는 급여 수준이 높은 대기업을 다녔기 때문이다. 향후에도 국민연금 가입 기간을 최대한 늘려 더 많은 연금을 받을 수 있도록 하는 것이 좋다.

다음으로 나 대기 씨는 퇴직연금도 상당히 많이 받을 수 있을 것으로 예측된다. 나대기 씨는 퇴직연금 가운데서도 DC보다는 DB를 선택하는 것이 다소 유리할 수 있다. 대기업의 경우 통상 임금인상률이 높은데, 이에 따라 DB를 통해 받게 되는 최종 퇴직연금 역시 같이 증가하기 때문이다.

다만, 나 대기 씨가 은퇴가 얼마 남지 않았고, 대기업의 경우 통상 임금피크제가 도입된 점을 고려하면 DB에서 DC로 갈아타는 것을 고민할 필요는 있다. DB는 은퇴 직전의 월급을 기준으로 적립해주기 때문에 임금피크제를 통해 월급이 줄어들게 되면 그만큼 손해다. 따라서 임금피크제에 들어가기 전에 DC로 바꾸는 것이 유리하다.

　DC로 옮긴 이후에는 본인이 직접 자금을 운용해야 하는데, 이때는 은퇴까지 얼마 남지 않은 점을 고려해 지나치게 공격적인 상품은 피하는 것이 좋고 안정형 상품과 공격적인 상품을 적절히 섞어 포트폴리오를 구축해야 한다.

　현재 나 대기 씨의 월급은 504만원이다. 1년에 한 달 치 정도가 예치되는 퇴직연금 특성과 그동안의 운용수익을 고려하면 25년가량 재직한 나 대기 씨의 적립액은 최소 1억원(퇴직금 포함)이 넘을 것이다. 100세시대연구소가 조사한 결과에 따르면 근로자가 1,000명 이상인 대기업의 월평균 급여가 504만원으로 나타났다. 또, 근로자가 500인 이상 대기업의 퇴직연금 가입률이 2015년 말 현재 99.3%이다. 이 같은 점을 고려하면 대기업에 20년 이상 다닌 직장인은 국민연금과 퇴직연금의

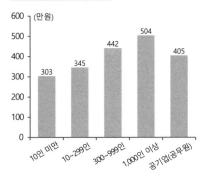

기업규모별 평균 급여

(만원)

303 / 345 / 442 / 504 / 405

10인 미만 / 10~299인 / 300~999인 / 1,000인 이상 / 공기업(공무원)

▲ 자료: NH투자증권 100세시대연구소(2016.4. 직장인 서베이)

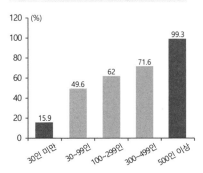

기업규모별 퇴직연금 도입비율(2015년)

(%)

15.9 / 49.6 / 62 / 71.6 / 99.3

30인 미만 / 30~99인 / 100~299인 / 300~499인 / 500인 이상

▲ 자료: 고용노동부, NH투자증권 100세시대연구소

적립금 규모가 나 대기 씨의 경우와 유사할 것이다.

기본적으로 국민연금과 퇴직연금이 튼튼하게 갖춰진 나대기 씨이기 때문에 개인연금만 조금 더 신경 쓴다면 노후생활의 기본이 되는 3층 연금은 완벽하게 갖출 수 있다. 혹시 지금까지 개인연금을 준비하지 않았다면, 은퇴 후 10년 정도만 쓸 생활비를 모은다는 생각으로 지금부터라도 시작하면 된다. 사실 노후생활비가 가장 많이 들어가는 시기는 은퇴한 직후기 때문에 이 시기만을 위한 연금을 준비하는 것도 꽤 유용한 전략이 될 수 있다. 그 이후의 생활은 평생연금인 국민연금과 수령 기간을 조절할 수 있는 퇴직연금을 통해 마련할 수 있다.

일단 나 대기 씨의 월급이 504만원이기 때문에 개인연금 적립액은 최소 65만원 이상 되도록 하는 것이 좋다. 앞서 직장인의 경우 개인연금을 통해 소득의 13% 정도는 저축할 것을 제시했다. 이렇게 해야 국민연금과 퇴직연금을 합쳐 최소 소득의 30% 이상 저축할 수 있기 때문이다. 물론 개인형 퇴직연금계좌(IRP)를 활용해 추가적립을 해도 무방하다. 50대인 나 대기 씨는 자녀교육비 등 생활비가 40대보다 점차 줄어드는 시기인데다 월급도 상대적으로 많기 때문에 조금만 더 신경 쓴다면 100만원 이상도 충분히 저축할 수 있다. 나 대기 씨의 경우 본인이 원하는 노후생활 수준에 따라 개인연금 적립액을 적절히 조정하면 된다.

개인연금을 지금부터라도 준비한다면, 나 대기 씨는 은퇴한 직후 3층 연금을 통해서만 200만원 이상의 연금소득은 충분히 만들 수 있다. 기본적인 노후생활은 별문제가 없는 수준이다. 그동안 모은 현금성 자산이나 주택 등을 활용한다면 기본적인 생활 외에 여가를 즐길 수 있는 생활도 얼마든지 가능하다.

나 대기 씨의 3층 연금 적립액(만원)

국민연금, 45

개인연금, 65

퇴직연금, 42

▲자료: NH투자증권 100세시대연구소

Case study② : 30대 중소기업 직장인

이제 막 직장생활을 시작한 김 중소 씨 사례를 살펴보자.

* 이름 : 김 중소(남)
* 나이 : 31세
* 직업 : 중소기업 회사원(월급 345만원, 재직기간 2년, 퇴직연금 가입)

김 중소 씨는 30대 초반이기 때문에 노후준비를 많이 할 생각보다는 일단 노후준비의 기틀을 잘 다질 생각을 먼저 해야 한다. 이후에는 이 기반 위에 조금씩, 꾸준히, 차곡차곡, 잘 쌓아 나가기만 하면 된다. 기반이 부실할 경우 수십 년에 걸쳐 쌓은 '노후준비 공든 탑'이 무너질 수도 있으니 주의를 기울여야 한다.

일단 국민연금은 크게 신경 쓸 것이 없다. 신경 쓴다고 해서 바꿀 수 있는 것도 없기 때문에 향후 본인이 얼마의 연금을 받을 수 있을

지 정도만 정기적으로 체크하면 된다. 기본적으로 제공되는 연금액의 수준을 알아야 퇴직연금이나 개인연금의 적립액을 정하는 등 전체적인 노후설계 전략을 짤 수 있기 때문이다. 또 상대적으로 급여가 적은 중소기업을 다니고 있기 때문에 가능하면 배우자도 같이 국민연금에 가입하면 좋다. 배우자가 소득이 없더라도 임의가입을 통해 얼마든지 가입할 수 있기 때문에 부부가 모두 국민연금을 적립하는 것이 좋다.

김 중소 씨는 퇴직연금 운용에 신경을 많이 써야 한다. 이를 위해 퇴직연금은 DB보다는 DC를 선택할 필요가 있다. 중소기업에 다니는 만큼 상대적으로 임금인상률이 낮을 가능성이 크므로 자금을 직접 운용할 수 있는 DC를 통해 자금을 공격적으로 운용해서 수익률을 높여야 한다. 아직 젊은 김 중소 씨이기 때문에 설령 손실이 발생하더라도 이를 복구할 수 있는 시간이 있는 만큼 가급적이면 고수익 상품을 통해 노후자금의 규모를 늘려가는 전략을 취해야 한다. 더구나 현재 월급이 345만원인 점을 고려하면 퇴직연금에 예치되는 금액도 크지 않을 것이다. 김 중소 씨는 어떤 식으로든지 수익을 높이기 위해 노력해야 한다.

임금인상률이 낮고, 예치되는 금액도 적고, 노후까지 시간도 많이 남았기 때문에 퇴직연금만큼은 수익률 제고 중심의 운용전략이 꼭 필요한 김 중소 씨다. 김 중소 씨가 위험을 회피하는 보수적인 투자성향을 가지고 있더라도 김 중소 씨는 DC를 선택하는 것이 좋다. 회사에서 넣어주는 납입액이 가뜩이나 작은데, 그마저 자금 운용까지 보수적으로 한다면 퇴직연금 적립액은 좀처럼 늘지 않을 것이다. 운용을 보수적으로 하려면 돈을 추가로 더 납입하는 방법을 통해 퇴직연금 규모를 늘려가는 수밖에 없다.

그런데, 퇴직연금 특성상 추가납입은 DB에는 안되고 DC만 되기 때문에 김 중소 씨는 이래저래 DC를 선택하는 편이 노후준비에 유리하다. DC라고 해서 꼭 고위험·고수익 상품만 있는 것은 아니고 저위험 상품도 많은 만큼 얼마든지 성향에 맞춰 투자할 수 있다. DC에 추가 납입금액에 대해서는 세액공제도 가능하기 때문에 노후준비도 하고 세금도 돌려받는 일석이조의 효과를 볼 수 있다. DC에 넣기를 원치 않는다면, 자기가 원하는 금융회사를 찾아가서 IRP를 만들고 원하는 상품에 투자해도 된다. IRP에 납입한 금액 역시 세액공제를 받을 수 있다.

김 중소 씨는 퇴직연금이 있지만, 중소기업(근로자 30인 미만)의 퇴직연금 도입률이 20%도 안 되는 점을 고려하면 중소기업에 다니는 대부분의 직장인은 퇴직연금이 없을 가능성이 높다. 하지만 퇴직금은 쌓이고 있을 것이다. 중소기업 직장인이 이를 노후준비에 보탬이 되도록 하는 길은 딱 하나밖에 없다. 모든 직장인은 퇴직할 때 퇴직금(퇴직연금 포함)을 개인형 퇴직연금계좌(IRP)를 통해서만 받게 돼 있는데, 이때 이를 일시에 수령하지 않고 IRP에 그대로 넣어놓고 노후에 연금으로 수령하는 것이다. 간단한 방법 같지만, 사실은 꽤 어려운 일이다. 2016년 기준으로 직장인이 퇴직하면서 받은 돈을 연금으로 수령한 비율은 1.6%에 불과하다. 퇴직급여를 노후자금으로 사용하고 있는 직장인이 극소수에 불과하다는 얘기다.

대신 절대다수의 직장인들은 일시에 퇴직금을 찾아간다. 일시에 자금을 수령했다는 의미는 이를 노후용도보다는 자녀 결혼 비용이나 창업 비용 등 다른 용도로 사용하기 위해서일 가능성이 크다. 직장인이 퇴직금을 본래의 용도인 노후용으로 사용하는 일은 기본적인 일이지만 꽤 어려운 일이다.

다음으로 김 중소 씨에게 개인연금은 필수다. 급여 자체가 적어 국민연금과 퇴직연금에 쌓이는 금액 역시 적기 때문에 개인연금은 반드시 추가로 준비해야 한다. 개인연금저축계좌는 신탁, 보험, 펀드 세 가지 종류가 있으므로 자신의 성향에 맞게 알맞은 상품을 선택해서 운용하면 된다.

다만 젊은 연령과 자금을 크게 키워나가야 하는 김 중소 씨의 상황을 고려하면 상대적으로 수익률이 높은 펀드 중심의 운용을 고민할 필요가 있다. 김 중소 씨의 급여가 345만원이므로 13%에 해당하는 44만원 이상은 개인연금에 저축하도록 노력해야 한다. 그래야 국민연금, 퇴직연금과 합쳐 급여의 30% 이상을 저축할 수 있다.

김 중소 씨의 3층 연금 적립액(만원)

국민연금, 31

퇴직연금, 29 (퇴직금 포함)

개인연금, 44

▲ 자료: NH투자증권 100세시대연구소

개인연금을 운용할 때 기본원칙은 '최대한 일찍 시작해서 최대한 오랫동안' 납입하는 것이다. 시간을 활용해야 적은 금액으로도 큰 효과를 볼 수 있다. 늦게 시작하면 할수록 더욱더 많은 금액을 투자해야 하므로 부담이 크다. 최대한 일찍 시작하는 것이 최소한의 부담으로 노후준비를 할 수 있는 방법이다. 결국 김 중소 씨는 '국민연금은 부부가 함께, 퇴직연금은 DC로, 개인연금은 최대한 일찍부터'가 기본적인 노후 준비 전략이 될 수 있다.

자영업자보다 못한
직장인의 노후준비

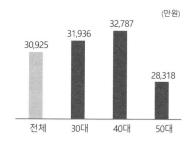

직장인들의 노후준비에 대한 인식

대한민국 직장인들은 은퇴 시점까지 평균 3억원 정도의 노후자산을 목표로 하고 있는 것으로 나타났다. 이 같은 목표 노후자산은 국민연금을 받는다는 전제 아래에서는 비교적 합리적인 수준으로 생각된다.

직장인의 목표노후자산

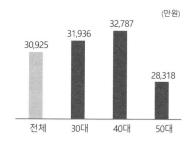

(만원)

	30,925	31,936	32,787	28,318
	전체	30대	40대	50대

▲자료: NH투자증권 100세시대연구소

직장인의 노후준비용 월평균 저축금액

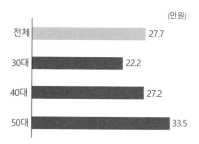

(만원)

전체	27.7
30대	22.2
40대	27.2
50대	33.5

별도 노후준비를 위한 저축금액은 월평균 27만7,000원으로 조사되었는데, 퇴직연금까지 포함한다고 치더라도 앞서 나온 목표 노후자산 3억원을 만들기 위해서는 많이 부족해 보이는 금액이다.

한편 우리나라 직장인들은 현재 직장을 최대한 오래 다니는 것을 최선의 노후준비라고 생각하는 비율이 절반에 가까운 45.2%로 가장 많았다. 노후준비의 기본이 되는 연금을 많이 준비하는 방법은 27.5%로 두 번째 높은 비율을 차지했다. 직장을 최대한 오래 다니는 것과 연금을 많이 준비하는 방법이 최선의 노후준비라고 생각하는 경향은 연령대가 높아질 수록 점점 더 강하게 나타나는데 이러한 결과는 나이가 들수록 일과 연금이 노후준비를 하는 데 있어 가장 중요한 요소로 인식되고 있음을 나타낸다.

직장인이 생각하는 최선의 노후준비 방법

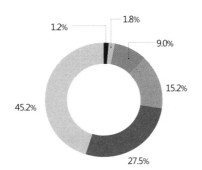

- 현재 직장을 오래 다니는 것
- 연금을 많이 준비하는 것
- 부동산을 준비하는 것
- 직장을 빨리 그만두고 내 일을 하는 것
- 자식농사를 잘 짓는 것
- 기타

▲자료: NH투자증권 100세시대연구소

💰 은퇴연령과 기대수명

　직장인들의 노후준비 수준을 알아보기 위해서는 주된 직장에서 예상되는 퇴직연령(이하 은퇴연령)과 예상 기대수명을 알아야 한다. 은퇴연령의 경우 연령대와는 양의 상관관계를 보여주고 있으나 직장 규모가 커질수록 은퇴 연령이 낮아지는 역의 상관관계를 보여주고 있음에 주목할 만하다. 한편 기대수명은 성별, 연령대, 소득 등에 따른 차이 없이 평균적인 수치를 크게 벗어나지는 않고 있었다. 이 같은 직장인들의 은퇴연령과 기대수명을 기준으로 보았을 때 평균적인 노후생활 기간은 약 25년(24.9년) 정도다. 하지만 100세를 기준으로 하게 되면 노후생활 기간은 41.3년으로 대폭 늘어나게 된다.

직장인이 연령대 · 직장 규모별 평균 예상은퇴연령

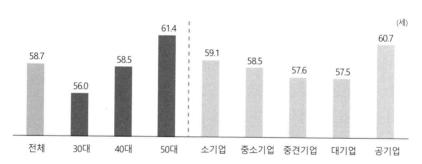

▲자료: NH투자증권 100세시대연구소

🏺 소심해 보이는 노후생활비

우리나라 직장인들이 예상하는 노후생활비는 월평균 224만원(부부 2인 기준)이다. 또한, 연령대가 낮아질수록 예상하는 노후생활비가 조금씩이지만 낮아지는 경향을 보였다.

지금까지 노후설계를 함에 있어 많이 오해해왔던 부분 중 하나가 바로 노후생활비가 사망할 때까지 동일하게 필요하다는 가정이다. 하지만 실제 소비통계 자료를 살펴보면 보통 사람들은 나이가 들어감에 따라 활동성이 감소하면서 사용하는 생활비 역시 빠른 속도로 줄어든다. 이러한 특성을 고려했을 때 노후생활 초기부터 미리 생활비 수준을 너무 낮게 보수적으로 가져갈 필요까지는 없다. 따라서 3층 연금만 제대로 잘 준비하면 대한민국 직장인들은 긍정적이고 희망적인 노후생활 목표를 충분히 달성할 수 있다.

직장인의 예상 월 노후생활비와 목표노후자산

구분	전체	30대	40대	50대	남자	여자
예상노후생활비	224만원	221만원	225만원	226만원	232만원	215만원
목표 노후자산	3억925만원	3억1,936만원	3억2,787만원	2억8,318만원	3억4,220만원	2억7,563만원

▲자료: NH투자증권 100세시대연구소

완소(완전 소중한) 노후자산 '국민연금'

국민연금 가입비율이 95.7%에 이르고 평균 예상수령금액도 92만7,000원에 달하는 것으로 나타났다. 이 금액을 35년간 수령한다고 가정하면 단순 합계금액으로만 3억9,000만원에 이르는 규모의 자산효과로 직장인들의 노후생활 기반으로서 충분히 그 역할을 해줄 것으로 기대된다.

여기서 한 가지 주의해야 할 사항은 국민연금이 가지는 노후자산의 성격을 제대로 이해하지 못해 자신의 노후준비가 너무 많이 부족하거나 또는 여유가 있는 것으로 오해하면 안 된다는 점이다.

직장인의 유형별 국민연금 평균 예상수령금액

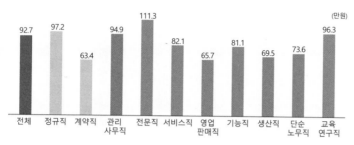

(만원)

전체	정규직	계약직	관리 사무직	전문직	서비스직	영업 판매직	기능직	생산직	단순 노무직	교육 연구직
92.7	97.2	63.4	94.9	111.3	82.1	65.7	81.1	69.5	73.6	96.3

▲자료: NH투자증권 100세시대연구소

자리 잡아가고 있는 '퇴직연금'

직장인들의 현재 퇴직연금 적립금(퇴직금 포함)은 평균 3,826만원이었다. 향후 현재 월 소득(평균 369만원)을 기준으로 꾸준하게 추가적인 적립이 이루어진다고 가정하면 은퇴 시점에 단순 합계금액으로 약 1억원(총 9,361만원)에 가까운 노후자산을 마련할 수 있다는 계산이 나온다.

물론 중간정산 또는 중도퇴직 등을 이유로 은퇴연령 이전에 퇴직연금자산을 사용하게 되면 해당 금액을 준비할 수는 없을 것이다. 세부적인 내용을 살펴보았을 때 퇴직연금 성격상 연령대나 소득에 비례하는 모습은 당연한 결과로 보인다. 직장 규모가 작아지거나 고용형태가 계약직일수록 퇴직금을 연금자산으로 지킬 수 있는 퇴직연금 가입 비율이 낮은 것이 큰 문제점으로 보인다.

직장 규모별/고용형태별 평균 퇴직연금 적립금 현황

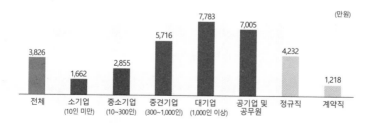

(만원)

전체	소기업 (10인 미만)	중소기업 (10~300인)	중견기업 (300~1,000인)	대기업 (1,000인 이상)	공기업 및 공무원	정규직	계약직
3,826	1,662	2,855	5,716	7,783	7,005	4,232	1,218

▲자료: NH투자증권 100세시대연구소

아직 갈 길이 머나먼 '개인연금'

개인연금제도는 1994년부터 시작되면서 24년의 역사를 자랑한다. 그럼에도 불구하고 국민연금과 퇴직연금보다 상대적으로 적은 적립금에 가입비율도 가장 낮은 것으로 나타났다. 직장인들이 보유하고 있는 평균적인 개인연금 적립금은 2,620만원이고 월평균 납입금액은 27만7,000원으로 조사되었다. 여기에 노후대비용으로 따로 챙겨 연금화가 가능한 기타 금융자산 5,262만원을 더하면 상황이 조금 나아지기는 한다.

그나마 다행스러운 점은 개인연금에 가입하고 있는 직장인의 비율이 72.7%로 생각보다 적지 않다는 것이다.

💰 필요노후자산과 노후준비자산

필요노후자산은 노후생활비에 노후생활 기간(=기대수명-은퇴연령)을 곱하여 구하는데, 기대수명과 은퇴연령 기준에 따라 노후생활 기간이 달라지므로 필요노후자산 역시 달라진다. 또한, 나이가 들어감에 따라 생활비가 줄어드는 점을 반영하기 위해 노후생활 기간을 활동이 가장 왕성한 시기로 예상되는 1기(은퇴연령~70세)와 중간 정도 활동성을 가진 2기(70~80세), 그리고 상대적으로 가장 활동성이 떨어질 것으로 예상하는 3기(80세~사망)로 나누어 보았다. 그리고 1기의 노후생활비를 100% 기준으로 하고 2기는 70%, 3기는 50%를 적용하여 필요노후자산의 총합계금액을 산출하였다.

산출 결과를 놓고 보면 30대의 경우 노후생활비 희망금액이 가장 적은 월 221만원임에도 불구하고 필요노후자산이 전반적으로 많게 나타났다. 그 이유는 희망은퇴연령이 56세로 훨씬 젊어서 다른 연령대보다 노후생활 기간이 27년(40대 24년, 50대 23년)으로 길게 잡혔기 때문이다. 50대의 노후생활비가 월 226만원으로 가장 많은데 전체 필요노후자산이 적은 것도 같은 이유에서이다.

50대는 희망하는 은퇴연령이 61세로 가장 높아 상대적으로 노후기간이 짧아 필요노후자산과 노후준비자산이 가장 비슷한 결과를 보인다. 결국, 노후생활비가 절대적으로 높지 않은 이상 필요노후자산에 가장 많은 영향을 미치는 요소는 바로 은퇴연령에 따라 결정되는 노후생활 기간이다. 노후자산 부족 문제를 해결하기 위해서는 30대의 경우 은퇴연령을 좀 더 늦추는 것이 가장 쉬운 방법이다.

직장인의 연령대별 필요노후자산 및 노후준비자산

구 분		기대수명 기준	100세 기준
30대	필요노후자산(월 221만원 기준)	5억9,670만원	8억2,212만원
	노후준비자산	3억7,533만원	5억4,403만원
40대	필요노후자산(월 225만원 기준)	5억2,650만원	7억5,600만원
	노후준비자산	4억2,040만원	6억1,562만원
50대	필요노후자산(월 226만원 기준)	4억8,816만원	7억512만원
	노후준비자산	4억4,988만원	6억4,703만원

▲자료: NH투자증권 100세시대연구소

🪙 자영업자보다 못한 직장인의 노후준비

결과적으로 대한민국 직장인들의 100세 시대 준비지수(필요 노후금액 대비 준비수준)는 79%, 부족 금액은 1억5,446만원, 경제수명은 88세로 산출되었다. 단순히 숫자적으로만 볼 때는 크게 나쁘지 않아 보이는 수치이다. 노후준비 수준이 비교적 양호하게 나온 것은 노후생활비를 보수적으로 잡은 것이 원인이다. 조사한 노후생활비를 기준으로 자영업자의 준비지수는 83%, 경제수명은 91세로 직장인 전체 평균보다 각 4%, 3세 우위로 나타났다. 노후준비 자산에서는 큰 차이가 없었으나 결정적인 것은 바로 은퇴연령이었다. 자영업자는 직장인에 비해 은퇴연령이 늦는 경우가 많아 결과적으로 준비지수가 좋게 나왔다.

필요노후자산 대비 부족금액

구 분	30대 직장인	40대 직장인	50대 직장인	전체 직장인	자영업자
조사기준 부족금액	2억7,800만원	1억4,000만원	6,400만원	1억5,400만원	1억1,500만원
통계청 기준 부족금액	4억100만원	2억3,800만원	1억5,200만원	2억5,500만원	1억9,000만원

▲자료: 2015 가계금융 복지조사(통계청), NH투자증권 100세시대연구소

직장인의 연령대별 노후설계 대응전략

① 30대 직장인: 은퇴연령을 늦추고 개인연금 적극 활용
30대 직장인의 경우 노후준비 수준이 낮게 나온 가장 큰 원인은 은퇴연령에 있다. 바꿔 말하면 은퇴연령만 늦추어도 노후준비 수준이 개선된다는 이야기이다. 혹 젊은 혈기에 '빨리 은퇴해야지' 하던 생각도 나이가 들면 대부분 가능한 오래 일해야겠다는 마음으로 바뀔 것이다.
그리고 충분한 노후준비 기간이 남은 30대에 노후준비방법으로 가장 바람직한 것은 바로 개인연금이다. 조금 부족한 부분은 연금저축펀드계좌 등을 통해 금융투자상품을 활용하여 적극적으로 수익률 관리를 해간다면 충분히 채워나갈 수 있을 것으로 보인다.

② 40대 직장인: 개인연금 적립 늘리고 세액공제 한도까지 추가 가입
40대 직장인의 경우에도 은퇴 시점까지 상당 기간이 남아있기 때문에 개인연금 등을 활용하는 방법이 가장 유용하다고 생각한다. 노후준비 저축금액을 연금저축과 IRP를 활용하여 세액공제를 최대한 받을 수 있는 연 700만원 한도까지 추가 가입을 추천한다.

③ 50대 직장인: 가벼운 일자리 유지 또는 주택연금 활용

50대 직장인의 경우 희망하는 노후생활비 기준으로 부족 금액이 6,400만원 정도로 큰 문제는 없어 보였다. 다만 은퇴 시점까지 준비 기간이 길지 않기 때문에 연금을 통한 방법보다는 가능한 일자리를 오래 유지하는 것이 좀 더 유효한 대응방안으로 생각된다. 어느 정도 확보된 노후자산이 있기 때문에 직장에 대한 눈높이를 낮추고 적은 소득이라도 가벼운 일자리를 통해 활동을 지속하는 것이 좀 더 바람직하다. 이마저도 여의치 않다면 주택연금을 활용하는 방법도 괜찮다.

자영업자의
노후자산관리

🛍 시골 쥐와 서울 쥐

　이솝 우화 '시골 쥐와 서울 쥐'는 어린 시절 한 번쯤은 들었던 이야기이다. 이 이야기가 우리에게 주는 교훈은 무엇일까? '아무리 풍요로워도 위험과 두려움 속에 살기보다는 조금 부족해도 자기 분수에 맞게 마음 편히 사는 것이 더 낫다'라는 의미로 받아들였을 것 같다. 틀린 말은 아니지만 다른 생각이 있을 수도 있다.

　앞선 교훈이 시골 쥐의 관점에만 국한된 것으로 보이기 때문이다. 과연 서울 쥐도 시골 쥐의 생각에 100% 동의할까? 서울 쥐가 시골 쥐를 서울로 데리고 간 이유는 조용하고 심심한 시골보다는 조금 북적거려도 서울이 훨씬 살기에도 재미있고 풍요로운 생활이 가능하다고 믿었기 때문일 것이다. 또한, 서울 쥐의 입장에서는 서울 생활의 위험 요소나 단점이 충분히 감내할 만한 수준이라고 생각했을 것이다.

　결국, 시골 쥐나 서울 쥐 모두 자신에게 익숙한 환경이 최고로 살기에 좋다고 느끼고 있는 것으로 보인다. 결국, 주어진 환경 안에서 더 잘 살기 위해 노력하고 상황에 따라 적절한 선택을 해나가는 것이 바람직한 삶이라고 생각된다.

시골 쥐와 서울 쥐 이야기를 꺼낸 이유는 자영업자와 직장인의 관계도 이와 비슷한 상황이 아닐까 하는 생각에서이다. 보통 주변 사람들의 이야기를 들어보면 자영업자는 직장인을 부러워하고 직장인은 자영업자를 부러워하는 경우를 꽤 많이 접하게 된다. 이는 서로가 경험해보지 못한 생활에 대한 막연한 기대감에서 기인했을 가능성이 높다. 실제로 따져보면 자영업자는 자영업자대로, 직장인은 직장인대로 애로사항이 있을 것이요, 이와는 반대로 각자의 삶이 가지는 모습에서 장점 또한 있을 것이다. 이에 자영업자와 직장인들이 그냥 서로에 대한 기대감으로 부러워만 하지 말고 객관적인 상황을 파악해 볼 수 있도록 경제생활과 노후준비에 대한 내용을 중심으로 비교, 분석해 보자.

🏆 자영업자와 직장인의 재무현황

① 월 30만원 더 많은 자영업자의 소득

먼저 자영업자와 직장인의 월 평균소득을 비교해 보았을 때 자영업자는 399만원으로 직장인의 369만원보다 월 30만원 정도 더 많은 소득을 올리고 있었다. 특히 자영업자 여성(월 367만원)의 경우 직장인 여성(월 319만원)보다 월 48만원 더 많은 소득을 올리고 있었다. 반면, 자영업자 남성(월 432만원)과 직장인 남성(월 418만원)의 차이는 월 14만원 정도로 소득 측면에 있어서는 남성보다는 여성에게서 더 큰 차이가 났다. 이는 성별에 따른 소득불균형 문제가 자영업자보다 직장인에게서 더 심하게 나타나고 있음으로도 해석해 볼 수 있다.

특이한 점은 자영업자의 경우 소득이 연령대나 학력에 비례하는 상관관계가 나타나지 않았다는 것이다. 직장인 같은 경우 연령대 및 학력에 비례하여 소득이 증가하는 양(陽)의 상관관계를 보여주고 있다. 반면, 자영업자의 경우 30대에 월 350만원에서 40대에는 월 433만원으로 증가하였지만 50대에는 월 415만원으로 다소 감소하는 모습이었다.

또, 직장인의 경우 학력에 따른 소득 격차가 최대 월 200만원까지 벌어졌지만, 자영업자의 경우 최대 소득 격차가 월 61만원에 그쳐 학력의 영향력이 대폭 감소한 모습이었다. 이 같은 결과는 직장인의 경우 많은 소득을 올리기 위해서는 학력과 일정 시간 경험이 기본적으로 필요하지만, 자영업자는 나이나 학력보다는 능력만 있다면 얼마든지 높은 소득을 올릴 기회가 있는 것으로 추정된다.

결과를 단편적으로 해석해보면 자영업자가 소득 안정성 측면은 조금 부족할지 모르겠지만 직장인보다 소득 규모 측면에서는 나은 것으로 보여진다. 최근과 같이 젊은 층의 취업난이 가중되고 있는 상황에서 어설프게 직장에 취업하려고 하는 것보다 스스로의 일을 찾아 자영업에 도전하는 것도 나쁘지 않은 방법으로 보인다.

② 자영업자 · 직장인 모두 경제적 주도권은 아내에게

결혼한 자영업자 10명 중 7명(70.3%)은 맞벌이를 하고 있고, 6명은 아내가 생활비 관리를 하는 것으로 나타났다. 직장인의 맞벌이 비율 65.6%와 비교해 보았을 때 직장인과 자영업자의 맞벌이 비율은 대동소이했다. 자영업자든 직장인이든 좀 더 안정적인 생활을 위해 부부가 경제활동을 늘려가는 추세는 마찬가지다. 다만 자영업자 같은 경우 생활비 관리를 아내가 하고 있는 비율이 58.7%로 직장인의 50.7%보다 다소 높게 나왔다. 소득이 좀 더 높은 자영업자의 경우 경제적 주도권은 여성에게 좀 더 많이 있는 모습이다.

또한, 직장인과는 달리 자영업자는 연령대가 높아질수록 아내의 생활비 관리비율이 급격하게 늘어나는 모습(30대: 46.9%, 40대: 59.3%, 50대: 69.5%)도 특이하다. 이는 여성의 경제활동 참여비중이 높을수록 경제적 주도권 또한 더 많이 가져가고 있는 것으로 추정되는 부분이다.

맞벌이/외벌이 구성비율

▲ 자료: NH투자증권 100세시대연구소

③ 직장인이 자산 · 부채 현황은 더 건전

자영업자와 직장인의 자산 및 부채 현황을 한 번 살펴보자. 자영업자의 평균 순 자산은 1억8,808만원으로 직장인의 1억8,898만원과는 90만원 밖에 차이가 나지 않았다. 그러나 부채는 자영업자가 좀 더 많이 보유하고 있는 것으로 나타났다. 자영업자는 평균 5,254만원의 부채를 보유하고 있어 직장인의 평균인 4,449만원보다 805만원 더 많은 것으로 조사되었다. 부채비율로 비교해 보면 자영업자가 약 22%이고 직장인은 약 19%로 자영업자보다 직장인이 낮게 나와 총자산 구성 측면에서는 직장인이 다소 건전한 상황이다.

그런데 연령대별 순 자산을 살펴보면 자영업자와 직장인이 조금 다른 흐름을 보여주고 있었다. 직장인 같은 경우 연령대가 증가함에 따라 점진적으로 순 자산이 증가하는 모습으로 나타난 것에 비해 자영업자는 30대에서 40대로 넘어갈 때 순 자산이 큰 폭으로 증가하고 50

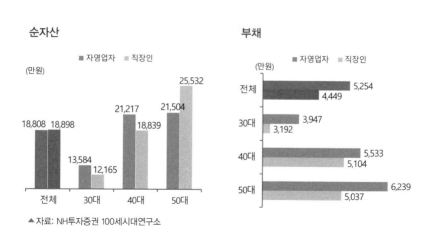

순자산

■ 자영업자 ■ 직장인

(만원)

	전체	30대	40대	50대
자영업자	18,808	13,584	21,217	21,504
직장인	18,898	12,165	18,839	25,532

부채

■ 자영업자 ■ 직장인

(만원)

	자영업자	직장인
전체	5,254	4,449
30대	3,947	3,192
40대	5,533	5,104
50대	6,239	5,037

▲ 자료: NH투자증권 100세시대연구소

대에 와서는 40대 순 자산 규모와 크게 차이가 나지 않았다. 즉, 자영업자는 30대와 40대에는 직장인보다 더 많은 순 자산을 보유하고 있으나 50대에는 오히려 직장인보다 더 적은 순 자산을 보유하고 있었다. 퇴직이 임박하게 되는 50대 직장인의 경우에는 40대보다 부채 규모가 줄어드는 모습인 데 반해 자영업자는 오히려 부채 규모가 늘어남에 따라 그에 대한 반작용으로 순 자산이 크게 늘어나지 못하는 결과를 보여주고 있다.

50대는 직장인으로 활동하다가도 자영업자로 많이 넘어가는 시기이기 때문에 이에 해당하는 사람들이 부채 발생을 포함하여 보유자산의 일부를 창업비용 등 사업자금에 투입하여 소득을 창출하고자 하는 행동이 반영된 결과로 추정해 볼 수 있다.

④ 부채의 구성

다음 부채의 구성현황을 살펴보자. 자영업자의 경우 평균 대출금액 5,254만원 중에서 주택담보대출이 3,955만원으로 75%를 차지했고 직장인도 평균 대출금액 4,449만원 중에서 주택담보대출이 3,532만원으로 79%를 차지했다. 모두 주택담보대출이 가장 높은 비중을 차지하고 신용대출(7~8%)이나 카드 대출(2%)은 양쪽 모두 높지 않은 비중을 차지하는 공통점을 보여주고 있다. 다만 기타대출의 경우 자영업자가 841만원으로 16%를 차지하고 있지만, 직장인은 479만원으로 11%를 차지해 자영업자가 상대적으로 기타대출 비중이 높은 차이점을 가지

자영업자의 부채구성

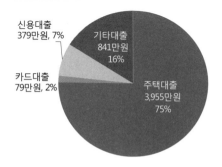

▲자료: NH투자증권 100세시대연구소

고 있었다. 아마 자영업자의 경우 기타대출에 사업 용도의 대출 등이 추가로 반영되어 있는 것 같다.

가장 비중이 높은 주택담보대출의 경우 부채의 연령대별 흐름과 같은 형태를 보여주고 있었다. 직장인의 평균 주택 대출금액이 40대(4,207만원)까지는 증가하다가 50대(3,639만원)에 들어서는 13.5%(568만원)가 감소하였는데 자영업자의 경우에는 40대(4,192만원)보다 50대(4,803만원)가 14.6%(611만원) 증가하였다. 직장인과 자영업자의 연령대별 부채 흐름이 다른 모습은 결국 앞서 추정한 것처럼 자영업자가 주택을 담보로 활용하여 사업비용에 충당하고 있는 것임을 알 수 있다.

연령대별 주택담보대출

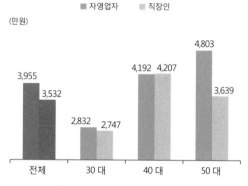

▲자료: NH투자증권 100세시대연구소

⑤ 씀씀이가 더 큰 자영업자

소비에 있어서는 자영업자가 직장인보다 더 큰 것으로 나타났다. 자영업자의 경우 월평균 195만원을 소비하고 있는데 이는 직장인의

176만원보다 월 19만원 정도 더 많은 수준이다. 이러한 차이는 남성들이 자영업자(월 202만원)나 직장인(월 200만원) 모두 비슷한 규모의 소비 금액을 사용하고 있음에도 불구하고 자영업자 여성의 소비금액이 월 200만원으로 직장인 여성의 153만원보다 월등히 많이 소비한 데서 기인한다.

한편 연령대별로 소비현황을 살펴보면 직장인은 30대에 월 139만원을 사용하다가 40대에는 월 195만원으로 상승 후 50대에는 비슷한 월 194만원을 유지하는 흐름을 보여주었다. 이에 비해 자영업자는 30대에 월 151만원을 소비하다가 40대에는 월 234만원으로 큰 폭의 상승을 보이고 다시 50대에는 월 194만원으로 상당 부분 감소하는 모습을 보였다.

자산관리 여부에 따른 소비현황은 자영업자와 직장인이 다른 모습으로 나타났다. 자산관리를 하는 자영업자는 월 207만원을 소비하여 안 하는 경우의 월 186만원보다 월 21만원을 더 소비하고 있었는데, 자산관리를 하는 직장인은 월 170만원을 소비하여 안 하는 경우의 월 184만원보다 14만원 적게 소비하는 상반된 모습을 보인다.

얼핏 생각해보면 자영업자는 자산관리를 하는 경우 더 알뜰한 소비를 할 것이라는 일반적인 관계가 성립되지 않는 의외의 결과라고 볼 수도 있을 것이다. 하지만 소득 측면에 있어서 직장인이 자산관리를 하는 경우와 그렇지 않은 경우를 비교했을 때 그 차이가 월 38만원 정도 나고 있지만, 자영업자는 월 87만원의 차이가 나고 있어 소득 규모에 따른 영향이 더 크게 작용한 것으로 볼 수 있다. 어쨌든 전반적으로 소비 측면에서는 직장인보다 자영업자의 씀씀이가 큰 편이라 말할 수 있다.

⑥ 저축은 더 많이 하는 직장인

소비와는 반대로 저축은 직장인이 자영업자보다 좀 더 많이 하는 것으로 나타났다. 어찌 보면 당연한 결과라고 생각할 수도 있겠지만 재미있는 사실은 상대적으로 평균 소득이 훨씬 낮았던 직장인 여성이 저축은 월 70만원으로 자영업자 여성의 월 63만원에 비해 훨씬 더 많이 하고 있었다.

또한, 30대와 40대도 직장인이 자영업자의 월 소득금액보다 적었지만, 저축금액은 각각 월 72만원(30대)과 64만원(40대)으로 자영업자의 월 53만원(30대)과 59만원(40대)보다 더 많은 금액으로 저축하고 있었다. 다만 50대 자영업자만이 직장인보다 더 많은 저축금액을 보였다. 직장인이 소득이 적음에도 불구하고 저축 측면에서는 훨씬 앞서고 있는 셈이다. 물론 결과적으로 볼 때는 자영업자의 소비 규모가 큰 영향도 있겠지만 그 이면에는 소득의 규칙성으로 인해 자영업자보다 직장인이 훨씬 더 안정적인 상황도 영향을 미쳤을 것으로 생각된다.

⑦ 목표자산은 자영업자가 더 높아

부자가 되고 싶다는 생각은 많은 사람들이 공통적으로 가지고 있는 희망 사항이다. 자산을 축적해가는 과정에서 자산에 대해 자영업자와 직장인의 목표 차이는 얼마나 되는지를 살펴보자. 평균적인 목표자산을 비교해보니 자영업자는 14억2,000만원으로 직장인의 10억8,000만원보다 3억4,000만원 많은 금액을 목표로 삼고 있었다. 남성, 여성 모두 자영업자의 목표자산이 훨씬 많았는데 남성의 경우 3억3,000만원, 여성의 경우 3억4,000만원 더 많은 차이를 보여줬다. 이러한 목표자산의 차이는 직장인의 경우 어느 정도 안정적인 소득의 예측이 가능하지만, 자영업자는 부의 증가를 기대할 수 있는 확률이 상대적으로 높

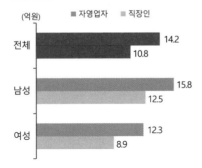

목표자산

(억원) ■ 자영업자 ■ 직장인

구분	자영업자	직장인
전체	14.2	10.8
남성	15.8	12.5
여성	12.3	8.9

▲자료: NH투자증권 100세시대연구소

기 때문이다.

　한편 연령대별 목표자산을 살펴보면 자영업자나 직장인 모두 젊은 연령대일수록 더 많은 금액을 설정하고 있는 것으로 나타났다.

　다만 연령대가 40대까지는 비슷한 목표자산을 보여주다가 50대에 들어서 목표금액이 떨어지는 추세를 보여주고 있는데 이는 나이가 들어감에 따라 현실을 인지하고 보다 실질적인 목표로 조정해가기 때문인 것으로 보인다.

⑧ 금융자산도 자영업자가 많아

　현재 금융자산 적립금을 보았을 때에는 예상외의 결과가 나타나기도 했다. 앞서 월 단위 저축현황을 보았을 때는 직장인의 저축금액이 더 많았음에도 불구하고 현재 누적된 금융자산을 살펴보면 오히려 자영업자가 전반적으로 더 많은 금액을 보유하고 있었다. 자영업자의 전체 평균 금융자산은 5,328만원을 보유하고 있었는데, 이는 직장인의 5,043만원보다 285만원 더 많은 금액 규모이다.

연령대별 보유 금융자산의 흐름을 살펴보면 자영업자는 30대 금융자산이 2,973만원으로 30대 직장인의 3,715만원보다 적었으나 40대에는 급격하게 증가한 5,783만원으로 40대 직장인의 4,885만원보다 더 많아졌다. 50대에도 자영업자 7,148만원, 직장인 6,494만원으로 자영업자가 더 많은 금융자산을 보유하고 있었다.

⑨ 자영업자에 중요한 자산관리, 금융자산 2배 이상 차이

종합적으로 볼 때 직장인과 마찬가지로 자산관리 여부는 자영업자의 모든 재무항목에 영향을 미치고 있었다. 먼저 총자산의 경우 자산관리를 하는 사람들이 2억7,000만원을 보유하고 있어 안 하는 사람들의 2억2,000만원보다 약 5,000만원 더 많은 금액을 가지고 있었다. 목표하고 있는 자산 금액도 자산관리를 하는 사람들이 15억6,000만원으로 하고 있지 않은 사람들(12억8,000만원)보다 20% 이상 더 높았다.

소비 측면에서는 자산관리를 하는 사람들이 월 207만원을 소비하고 있어서 하고 있지 않은 경우보다 21만원 정도 더 많았다. 하지만 월 저

자산관리 여부에 따른 자영업자의 재무현황

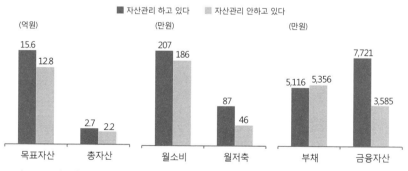

▲ 자료: NH투자증권 100세시대연구소

축금액이 87만원으로 자산관리를 하고 있지 않은 사람들보다 41만원 더 많은 금액을 저축하고 있었다.

부채의 경우에는 자산관리를 하는 사람들이 5,116만원으로 하고 있지 않은 사람들의 5,356만원과는 240만원 정도밖에 차이가 나지 않았지만 앞선 총자산 규모를 고려했을 때 자산구성의 건전성 측면에서 분명 자산관리를 하는 사람들이 더 나은 상황이라고 할 수 있다.

무엇보다 주목할 만한 결과는 '자산관리의 주요 대상이 되는 금융자산 측면에 있어서 자산관리의 효과가 자영업자에게 더 확실하게 나타난다'는 사실이다. 자영업자의 경우 자산관리를 하고 있다고 답한 사람들의 평균 금융자산이 7,721만원으로, 안 하고 있는 경우의 3,585만원보다 2배 이상 더 많은 금융자산을 보유하고 있었다. 여기서 차이 나는 금액은 4,136만원으로 직장인의 자산관리 여부에 따른 차이인 2,771만원보다 약 1.5배 많은 금액 차이이다.

이러한 차이들은 비교적 안정적인 직장인보다는 자영업자의 경제활동에 있어 훨씬 변수가 많기 때문이라고 생각한다. 소득의 변동성이 큰 만큼 자산관리가 경제적인 여유를 가져다줄 수 있는 중요한 요소로서 직장인보다는 자영업자에게 상대적으로 더 크게 작용할 수밖에 없어 보이는 상황이다. 따라서 자영업자라면 반드시 자산관리에 신경을 쓰며 경제활동에 임해야 할 것이다.

💰 자영업자와 직장인의 노후준비 실태

① 실질적인 노후준비 자영업자가 더 안 해

앞서 자영업자의 노후준비 수준(100세 시대 준비지수)이 직장인보다는 좀 더 높았다. 하지만 엄밀하게 따져보면 스스로 의지만 있다면 직장인들보다 일을 더 오래 할 수 있는 자영업자의 늦은 은퇴연령이 결정적인 영향을 미친 결과이다. 준비지수의 산출과정에서 늦은 은퇴연령으로 노후생활 기간이 줄어들게 되면 필요노후자산도 함께 줄어들게 만들어 결과적으로는 높은 준비지수가 나오게 된다.

실제 개별적인 상황들을 각각 따로 놓고 보면 자영업자의 노후준비 현황은 직장인보다 별로 나을 것도 없는 상황이다. 자영업자나 직장인 모두 같은 나이에 은퇴한다고 가정한다면 노후준비 수준은 오히려 자영업자가 취약한 상황으로 역전되는 구조이다. 우선 노후준비를 따로 '안 하고 있다'라고 응답한 사람들이 자영업자가 더 많은 상황이다. 직장인의 응답 비율인 34.6%와 비교했을 때 자영업자는 더 많은 36.3%가 노후준비를 '안 하고 있다'고 응답한 것이다. 특히 30대 자영업자의 경우 절반에 가까운 46%가 노후준비를 하지 않고 있어 조금 심각해 보인다. 다만 40대와 50대 자영업자의 경우에는 노후준비를 안 하고 있는 비율이 각각 31.9%와 31.4%로 빠르게 개선되면서 40대와 50대 직

노후준비 '안하고 있다'

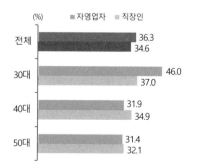

▲자료: NH투자증권 100세시대연구소

노후준비활용 금융상품

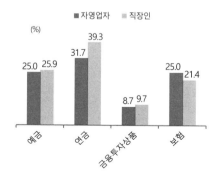

장인의 34.9%나 32.1%에 비해 약간 더 나은 상황이다.

자영업자와 직장인의 노후준비활용 금융상품 현황도 비교해보면 서로 조금 상이한 모습을 보여주고 있다. 연금을 노후준비용 금융상품으로 가장 많이 활용하는 부분은 자영업자나 직장인에게 공통된 결과였지만 직장인의 연금활용도가 39.3%인 반면 자영업자의 연금활용도는 31.7%로 상대적으로 낮은 결과를 보여주었다. 반면 자영업자의 경우 보험을 활용하는 비율이 25%로 직장인의 21.4%보다 좀 더 높게 나타났고, 금융투자상품을 활용하는 비율은 8.7%로 직장인의 9.7%보다 다소 적은 수치였다. 자영업자의 경우 노후준비에 있어 연금상품 및 금융투자상품에 대한 활용도롤 더 높일 필요가 있어 보이는 대목이다.

② 자영업자, 눈높이 따라가지 못하는 노후준비 저축금액

자영업자의 목표 노후자산과 노후준비용 월평균 저축금액을 놓고 보면 모순된 현상을 볼 수 있다. 먼저 목표 노후자산 같은 경우 자영

목표노후자산

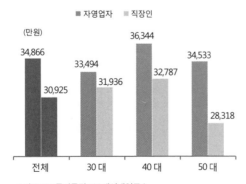

▲ 자료: NH투자증권 100세시대연구소

업자는 평균 3억4,866만원의 목표를 가지고 있어 직장인의 3억925만
원 보다 3,941만원이나 더 많다. 특히 50대 직장인 같은 경우 40대보
다 현저하게 줄어든 2억8,318만원의 목표 노후자산을 설정하고 있지
만, 50대 자영업자는 40대보다 일부 줄어들긴 했어도 3억4,533만원
의 목표 노후자산으로 50대 직장인과는 6,215만원의 많은 차이를 보
여 주고있다.

목표 노후자산을 많이 가져간다고 해서 문제 될 이유는 없다. 정작
문제는 목표 노후자산은 높은데 노후준비 저축금액이 너무 적다는 데
있다. 노후준비용 저축금액을 살펴보면 자영업자는 월 27만원으로 직
장인의 월 28만원보다 조금 적다. 직장인보다 많은 노후자산을 목표로
하는 만큼 더 많은 저축금액이 필요한데 그렇지 못한 상황이다.

특히 노후자산 적립은 일찍부터 시작하는 것이 중요한데 30대나 40
대에는 직장인보다 적게 저축하다 막판인 50대에 가서 저축을 늘리는
모습은 바람직하지 않다. 벼락치기보다는 꾸준히 공부해야 성적이 잘

노후준비용 월평균 저축금액

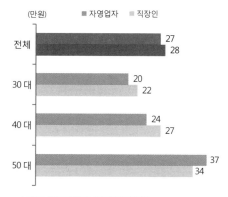

▲자료: NH투자증권 100세시대연구소

나오는 것처럼 은퇴가 임박해서 급히 준비하는 것보다는 젊은 시절부터 꾸준히 하는 노후준비가 효율적이다.

③ 최선의 노후 준비방법은 일, 다음은 부동산

자영업자 역시 직장인과 마찬가지로 '현재 일을 최대한 오래 하는 것'이 최선의 노후준비라 생각하고 있다. 스스로의 의지에 따라 일을 할 수 있다는 생각이 많아서인지 응답 비율이 54.7%로 직장인의 45.2% 보다 약 10% 가까이 높은 수치로 나타났다. 그리고 직장인 같은 경우 일 다음으로는 '연금을 많이 준비하는 것(27.5%)'을 꼽았는데 자영업자의 경우에는 '부동산을 준비하는 것'이 18.9%로 2위를 차지하고 연금은 18%로 세 번째를 차지하는 차이점을 보여주었다. 연금에 대한 이해 및 활용도가 직장인보다 자영업자가 더 취약한 모습이다.

최선의 노후준비 방법

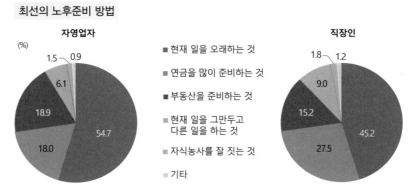

▲ 자료: NH투자증권 100세시대연구소

④ 은퇴연령은 높고 기대수명은 더 긴 자영업자

자영업자가 예상하는 평균 은퇴연령은 62.8세로 직장인의 예상은
퇴연령인 58.7세보다 약 4년(3.9년)이 더 길다. 앞에서도 언급했지만 일
단 의지만 있다면 일을 지속할 가능성이 직장인보다는 더 높기 때문
일 것으로 추정된다. 추가적인 원인을 추정해보자면 직장인의 경우 현
재의 주된 직장에서의 퇴직 시점과 경제활동을 완전히 그만두게 되는
은퇴 시점이 100% 일치하지 않지만, 자영업자의 경우 두 시점이 동일
할 가능성이 높기 때문이라고 생각한다. 은퇴연령 측면에서 본다면 은
퇴 시점 조절이 가능한 자영업자가 조금 더 나아 보이는 부분이다. 한
편 자영업자나 직장인 모두 나이가 많아짐에 따라 예상 은퇴연령도 비
례하여 늘어나는 모습은 동일했다. 나이가 들면서 일에 대한 관점이나
태도가 바뀌어 가는 것에 따른 결과이다.

예상은퇴연령

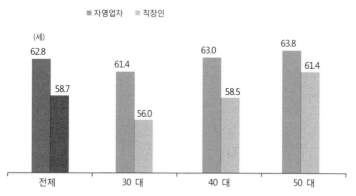

▲자료: NH투자증권 100세시대연구소

⑤ 소심해져 가는 자영업자의 노후생활비

예상하는 월 노후생활비를 비교해보면 평균적으로는 자영업자가
228만원으로 직장인의 224만원보다 4만원 정도 더 많은 금액으로 조
사되었다. 하지만 직장인의 경우 예상하는 노후생활비가 연령대에 따
라 조금씩 늘어나는 모습과는 달리 자영업자는 빠른 속도로 감소하여
30대에 직장인보다 19만원이나 많게 예상했던 노후생활비가 40대에
는 3만원 차이로 비슷해지고 오히려 50대에 가서는 직장인보다 10만
원이나 적게 예상하는 모습을 보여주고 있다.

월 예상 노후생활비 비교

구분	전체	30대	40대	50대	남자	여자
① 자영업자	228만원	240만원	228만원	216만원	233만원	222만원
② 직장인	224만원	221만원	225만원	226만원	232만원	215만원
생활비 차이(①-②)	4만원	19만원	3만원	-10만원	1만원	7만원

▲자료: NH투자증권 100세시대연구소

이러한 현상은 직장인의 경우 은퇴에 임박한 50대가 되면 3층 연금
등을 통해 어느 정도 노후자산에 대한 윤곽이 드러나면서 연금을 활
용한 정기적인 현금흐름이 예측 가능해지는 반면, 연금을 활용한 노
후준비가 부족한 자영업자의 경우 상대적으로 그러한 예측이 어려워
짐에 따라 예상하는 노후생활비를 보수적으로 설정할 수밖에 없게 되
는 것으로 보인다.

⑥ 국민연금과 퇴직연금은 자영업자가 부족

국민연금과 퇴직연금과 같이 제도적인 성격이 강한 연금 자산은 확

실히 자영업자가 부족한 상황이다. 먼저 예상되는 국민연금 수령액을 살펴보면 자영업자가 월 75만4,000원으로 직장인의 92만7,000원보다 17만3,000원 적었다. 연령대별로 보면 30대에 약 16만원 차이가 나다가 40대에는 20만원 가까이 차이가 벌어지기도 했지만 50대에는 차이가 다시 16만원 정도로 줄어드는 모습이다. 국민연금이 소득에 기반을 두고 납입하는 연금보험료의 100%가 자기 부담인 자영업자와 달리 회사(고용주)와 각각 50%씩 부담하는 직장인이 그 활용도가 높을 수밖에 없는 상황이기는 하다. 하지만 국가가 보증하고, 물가와 연동되면서 종신 연금으로 지급하는 국민연금의 성격을 고려할 때 자영업자의 국민연금 활용도가 높아질 필요성은 있어 보인다.

퇴직금을 포함한 퇴직연금 또한 자영업자가 직장인보다 적게 보유하고 있었다. 직장인이 평균 3,826만원의 퇴직연금자산을 보유하고 있지만, 자영업자는 직장인의 57% 수준인 2,180만원의 퇴직연금자산을 보유하고 있는 것으로 조사되었다. 이러한 결과는 회사 형태로 운영하는 자영업자의 경우 자신의 퇴직연금(퇴직금)을 적립해갈 수 있지만 그렇지 못한 소상공인의 경우 대부분 별도의 퇴직연금을 거의 적립하지 않기 때문으로 보인다. 실제 직장인의 경우 퇴직연금이 없다고 답한 비율이 14.7%였지만 자영업자는 59.3%가 없다고 답해 자영업자는 퇴직연금제도의 혜택을 받기 힘든 구조이다.

⑦ 개인연금과 기타 금융자산은 자영업자가 더 많아

반면 개인연금과 노후를 위한 기타 금융자산은 자영업자가 직장인보다 더 많이 보유하고 있었다. 자영업자의 평균 개인연금 적립금은 3,288만원으로 직장인의 2,620만원보다 668만원 많았고, 기타 금융자산의 평균 적립금액은 6,668만원으로 직장인의 5,262만원보다 1,406

만원 많아 두 가지를 합하면 총 2,074만원 더 많은 노후용 자산을 보유하고 있었다. 국민연금과 퇴직연금의 부족한 부분을 개인연금 및 기타 금융자산으로 대체하는 모습이다.

그런데 앞서 살펴본 노후준비를 위한 저축금액에서는 자영업자의 저축금액이 직장인보다 조금 적었음에도 불구하고 적립금액은 자영업자가 더 많은 것은 재미있는 부분이다. 이런 현상에 대해서 몇 가지 추정 가능한 원인으로는 국민연금이나 퇴직연금이 부족한 탓에 개인연금 등에 대한 지속가능성이 직장인보다 자영업자가 더 좋을 것으로 예측되는 부분과 기회가 될 때마다 일부 목돈을 노후준비용 자산으로 챙겨놓은 것에 따른 결과로 추정해 볼 수 있겠다.

필요노후자산과 100세 시대 준비지수

구 분	노후준비자산	필요노후자산[1]	100세 시대 준비지수[1]	필요노후자산[2]	100세 시대 준비지수[2]
자영업자	5억4,214만원	6억5,664만원	83%	7억3,152만원	74%
직장인	5억9,818만원	7억5,264만원	79%	8억5,344만원	70%

▲ 자료: NH투자증권 100세시대연구소
*필요노후자산1 : 2016 대한민국 직장인보고서 조사결과
*필요노후자산2 : 2015 가계금융복지조사(통계청) 결과

⑧ 자영업자의 노후설계 전략 : 국민 · 퇴직연금을 보완

전반적인 노후준비 수준을 알아보는 '100세 시대 준비지수'를 계산해보면 직장인보다 자영업자가 다소 높게 나오는 결과를 볼 수 있다. 은퇴연령이 직장인보다 늦은 자영업자는 노후생활 기간이 줄어들고 이에 따른 필요노후자산이 적게 나오면서 직장인보다 4% 정도 양호한

지수가 나온 것이다.

그런데 실제 노후준비자산을 보면 자영업자가 직장인보다 오히려 적다. 온전하게 자영업자의 노후준비 수준이 직장인보다 나은 상황이라고는 할 수 없다. 이에 따라 자영업자의 노후설계에 대한 고려사항 및 대응전략을 정리해보자.

▶ 배우자 명의 국민연금 임의가입. 먼저 국민연금을 보완하자. 국민연금은 사망할 때까지 받을 수 있는 종신연금이자 물가상승률이 반영되어 연금의 실질가치가 유지되는 훌륭한 노후준비 수단이다. 그런데 국민연금은 소득을 기준으로 납부하기 때문에 소득구간이 변동되지 않는 한 임의로 늘이거나 줄일 수 있는 방법은 없다. 따라서 부족한 국민연금을 보완하기 위해서는 배우자를 활용해야 한다. 배우자가 소득이 없는 경우 국민연금 임의가입이 가능하기 때문이다.

▶ 국민연금 연기연금제도의 활용. 일을 지속하여 은퇴 시점을 늦출수 있는 자영업자의 특성상 국민연금의 연기연금제도를 활용하는 방법도 괜찮다. 1년당 7.2%씩 연금지급금액이 늘어나 최대 5년간 연기 하면 기존 연금대비 36% 더 많은 국민연금을 받을 수 있어 노후 후반기를 든든하게 받쳐줄 것이다.

▶ 퇴직연금 가입 또는 개인연금 증액. 가능하다면 퇴직연금제도를 만들어 가입하자. 자영업자라 하더라도 IRP 등을 활용하여 퇴직연금을 만들 수 있다. 퇴직연금제도를 통해 연금으로 받는 것이 절세측면에서도 훨씬 유리하다. 퇴직연금 가입이 어렵다면 연금 개시 시점을 80세 이후로 하여 개인연금이나 즉시연금으로 보완하는 방법도 괜찮다.

자영업자는 일을 오래 할 수 있다는 장점이 있지만, 소득 안정성이 떨어진다는 단점도 있다. 따라서 연금 등을 통해 규칙적인 현금흐름을 만들어 소득 안정성을 보완하는 것이 가장 우선시 되어야 하는 노후설계 대응전략이다. 시골 쥐나 서울 쥐가 각자의 삶에 장·단점이 있는 것처럼 자영업자와 직장인도 마찬가지이다. 서로의 상황을 부러워하기보다는 언젠가 은퇴를 해야 한다는 공통의 전제하에 현황을 미리 분석해보고 그에 맞는 노후설계를 위해 노력해야 한다.

자영업자도 피할 수 없는 '은퇴', 노란우산공제와 연금준비
  -자영업자 4명 중 1명 '노후 준비 못 해'
  -소상공인은 노후용 노란우산공제 활용
  -개인연금 납입금은 탄력 조정 기능 이용

공무원,
박봉이면 어떠랴!

🪙 10명 중 8명은 공적연금 보유

　2016년 말 기준으로 우리나라의 공적연금 가입자 수는 총 2,349만 명이다. 사람들이 통상 경제활동을 가장 왕성하게 하는 나이인 25~60세 사이 인구의 85%에 해당한다. 한참 경제활동을 할 나이의 성인 10명 중 8명 이상은 공적연금을 가지고 있다는 의미다. 공적연금은 국가가 가입을 의무화하고 있는 강제연금이다. 가입하고 싶다고 해서 아무나 가입시켜 주지도 않고, 가입하기 싫다고 해서 빼주지도 않는다. 국민의 가장 기초적인 노후생활을 보장하기 위해 나라가 운영하는 사회보장보험의 성격을 지니고 있기 때문이다.

　이 가운데 '국민연금'을 2,183만명이 가지고 있다. 가입대상이 '만 18세 이상에서 60세 미만의 국민'으로 매우 포괄적인 만큼 타 공적연금에 비해 가입자 수도 압도적으로 많다. 다음으로 가입자 수가 많은 연금은 공무원연금이다. 국가 및 지방자치단체의 공무원과 관련 단체의 직원이 가입대상인 공무원연금에는 100만명 이상 가입돼 있다. 그 외 사립학교 교직원을 대상으로 하는 사학연금과 부사관 이상 군인을 대상으로 하는 군인연금이 각각 37만명과 18만명 수준의 가입자를 보유하고 있다.

4대 공적연금 비교

구 분	국민연금	공무원연금	사학연금	군인연금
가입대상	18세 이상 60세 미만 국민	국가·지방 공무원	사립학교 교원 및 사무직원	장교 및 장기 부사관
보험료율	가입자 4.5% 사용자 4.5%	공무원 8.0% 국가 8.0%	교직원 8.0% 국가 및 법인 8.0%	군인 7.0% 국가 7.0%
연금수급자 (부양률)	359만명 (16.9%)	39.6만명 (36.6%)	5.3만명 (18.9%)	8.2만명 (44.8%)

▲자료: 국민연금공단, 공무원연금공단, 사학연금공단, 국방부, NH투자증권 100세시대연구소
*보험료율 : 공무원 및 사학연금은 2020년까지 9%로 단계적 상향
*연금수급자 : 2014년 기준
*부양률 : 가입자대비 연금수급자의 비율

🪙 공무원연금이 더 많은 이유

가입자 수가 가장 많은 국민연금과 공무원연금은 여러 면에서 비교도 많이 되고, 다 같은 공적연금이다 보니 툭하면 통합 이야기가 불거지기도 한다. 이들 연금이 가장 많이 비교되는 항목은 연금의 수급액이다. 같은 공적연금임에도 불구하고 액면으로만 보면 공무원연금의 수급액이 국민연금보다 배 이상 많다.

가입 기간 20년 이상을 기준으로 했을 때 국민연금(노령연금)을 받

고 있는 사람들의 평균 수급액은 89만원 정도지만, 공무원연금(퇴직연금)을 받고 있는 사람들의 평균 수급액은 200만원을 훌쩍 넘는다. 심지어 공무원 가운데서도 교육직은 300만원에 육박하기도 한다. 공무원 연금의 금액이 더 많은 데는 현실적인 이유와 당위적인 이유가 섞여 있다.

현실적인 이유로는 일단 공무원연금의 월 보험료가 국민연금보다 훨씬 높다. 국민연금 가입자는 매월 소득의 9%를 보험료로 납부(사업자와 근로자가 절반씩 부담)하지만, 공무원은 매월 소득의 16%에 해당하는 금액을 납부(공무원과 국가가 절반씩 부담)하고 있다. 2020년까지는 이 비율이 18%까지 올라갈 예정이다.

여기에 더불어 공무원이 훨씬 더 오랫동안 보험료(정확하게는 '기여금')를 납부하고 있다. 2016년 기준으로 퇴직한 공무원은 3만8,398명인데, 이 가운데 54%에 해당하는 2만841명은 재직기간이 30년을 넘었다. 심지어 공무원연금에 납부할 수 있는 최대기간인 33년을 넘겨서 퇴직한 공무원도 44%에 달했다. 대부분의 공무원들이 연금 납부 기간을 꽉 채우고 퇴직한다는 이야기다. 반면, 국민연금은 1988년부터 시작된 점을 고려하면 태생적으로 30년 이상의 가입 기간을 가진 사람이 나올 수가 없는 상황이다.

결국, 공무원들이 더 많은 돈을 더 오랫동안 납부하고 있었으니 더 많은 연금을 받는 것은 당연한 것이다. 더구나 공무원은 퇴직금(퇴직연금)이 없어서 일반 직장인이라면 통상적으로 가지고 있는 퇴직금 또는 퇴직연금의 역할을 겸하고 있기도 하다.

공무원연금의 수급액이 많은 데는 그럴 수밖에 없는 당위론적인 이유도 있다. 사실 과거 직업공무원제도를 정착시키기 위해서 안심하고 직무에 전념할 수 있도록 적정한 보수와 신분에 맞는 특별한 연금보장이 필요했다. 그래서 1960년 공무원연금제도가 도입될 당시 이 같은 직업공무원에 걸맞은 보상체계가 수립되었다.

여기에 공무원은 일반 직장인보다 더 높은 윤리기준이 요구된다는 점도 고려돼야 한다. 국민연금과 달리 공무원연금은 파면이나 형벌 등으로 불명예 퇴직할 경우 연금을 1/2까지 제한해서 지급받는다. 영리행위를 금지한다거나 겸직을 금지하는 등 민간근로자와 달리 공무원은 소득 활동에 여러 제한을 받기도 한다. 그 외에도 단체행동권이 금지되는 등 임금 결정 과정에서 불리한 점 역시 고려돼야 한다.

🛍 공무원연금 좋은데, 문제도 있어

국민연금과 공무원연금을 비교할 때 발생하는 간극은 차별이 아니라 합리적인 차이로 보는 편이 맞다. 물론 공무원연금에 문제점이 많은 것도 사실이다. 이런 문제점으로 인해 그 합리적인 차이마저 너무 과도한 것 아니냐는 문제 제기가 끊이지 않고 있다.

대표적인 문제점이 연금의 고갈이다. 국민연금도 고갈문제에서 자유로울 수는 없지만, 적어도 현재 시점의 문제는 아니다. 하지만 공무원연금은 현실을 넘어 이미 오래전에 고갈의 문턱을 넘었다. 1990년대 중반부터 이미 수입보다 지출이 많은 상황이 지속되면서 기금이 계속해서 줄어들었고, 이에 2001년부터는 정부가 부족한 금액을 보전해 주고 있는 실정이다. 해마다 보전액은 빠르게 증가해 2016년 한 해에만 2조원이 넘는 자금이 공무원연금에 투입되었다. 이 같은 문제점은 기금의 고갈과 보전액의 빠른 증가 등을 해결하기 위해 2016년부터 새로운 공무원연금법이 개정·발효됐지만, 앞으로도 보전액이 해마다 증가할 것이란 전망이 지배적이다.

공무원연금의 또 다른 문제점은 형평성에 있다. 형평성에는 여러 의미가 있을 수 있는데, 크게 두 가지 측면에서 문제가 있다. 일단 공무원연금 내에서 세대 간의 형평성이 깨지고 있다. 시간이 지날수록 기대수명은 증가해 더 많은 연금이 필요하지만, 오히려 연금제도의 지속적인 개정으로 인해 미래에 연금을 받을 세대의 부담은 증가하면서 혜택은 적어지고 있다. 미래세대와 현재 연금을 받는 세대 간의 형평성이 깨진 것이다.

형평성이 깨진 부분은 또 있다. 같은 공적연금이지만 공무원연금과 국민연금 간에는 연금수급비율이 다르고, 보험료 납부 주체도 다르다. 공적연금 가운데 국민연금만 보험료 납부 주체가 근로자와 사업자 같은 민간영역에만 맡겨져 있어 정부의 기여분이 하나도 없는 유일한 연금이다.

연금액의 적정성에도 문제가 있다. 연금액의 적정성이란 연금제도가 노후소득을 제대로 보장하느냐, 즉 연금의 규모가 노후생활비로 적정하냐의 문제인데, 현세대는 몰라도 미래세대는 문제가 될 수 있다. 2015년까지만 해도 공무원연금의 연금지급률은 1년당 1.9%였다. 즉, 30년을 근무하면 1.9%×30년 = 57%, 그러니까 은퇴 전 월 소득의 57% 가량은 매월 받을 수 있었지만, 연금지급률이 2016년을 시작으로 단계적으로 인하돼 2035년이면 1.7%로 낮아지게 된다. 이럴 경우 같은 30년을 근무해도 미래세대는 51%에 해당하는 연금밖에 받지 못하게 된다. 자칫 30년 이전에 퇴직이라도 하면 적정 노후생활비에 문제가 생길 수도 있다.

이처럼 공무원연금을 놓고 이런저런 말도 많고 문제점이 있는 것도 사실이지만, 적어도 공무원 입장에서만큼은 공무원연금이 평균 이상의 노후준비를 가능하게 하는 소중한 제도임에는 분명하다.

Case study① : 은퇴가 멀지 않은 50대 공무원

공무원연금제도의 지속적인 개정에도 불구하고 현직에 있는 공무원인 경우 큰 욕심만 부리지 않는다면 공무원연금 하나만으로도 노후준비는 큰 걱정을 하지 않아도 된다. 두 가지 케이스를 통해 공무원이 노후준비 과정에서 알아둬야 할 점을 살펴보자.

* 이름 : 김 대한(남, 55세)
* 직업 : 일반직 공무원(1988년 임용)
* 자산 : 2억3,000만원(순자산)

김 대한 씨가 공무원연금을 노후용도로 잘 활용하기 위해서는 세 가지만 신경 쓰면 된다.

첫째, 공무원연금 납입기간을 좀 더 늘려야 한다. 가능하면 정년까지 다니고 은퇴해야 한다. 그렇지 않을 경우 퇴직 후 받을 수 있는 퇴직연금액에 상당한 차이가 발생한다. 김 대한 씨는 27세부터 공무원 생활을 시작해 올해로 28년이 됐다. 10년 이상 됐기 때문에 퇴직연금을 받을 자격은 충분하지만, 그렇다고 해서 지금 당장 은퇴해서는 곤란하다. 만약 지금 당장 은퇴하면 60세가 되는 시점부터 현재 기준으로 198만원 가량의 연금을 받을 수 있다. 물론 적은 금액이라고 할 수 없지만 그렇다고 풍족한 금액이라 할 수도 없다.

앞으로 5년을 더 다녀서 60세에 퇴직한다면 재직기간은 33년이 되고, 공무원연금 최대 납입기간을 딱 채우게 된다. 그 이상은 넣고 싶어도 넣지 못한다. 33년까지 꽉 채워서 납부할 경우 김 대한 씨는 최소 236만원 이상의 연금을 받을 수 있다.

사람마다 생각하는 노후생활비의 적정규모는 천차만별이겠지만, 236만원은 국민연금연구원 등 관련 기관에서 조사한 적정 노후생활비의 평균치에 근접한 금액이다. 각종 설문이나 통계치 등을 보더라도 통상 최소생활비는 170만원 안팎, 적정생활비는 250만원 이상인 점을 고려하면 김 대한 씨의 경우 5년을 더 다님으로써 최소생활비 수준을 넘어서 적정생활비에 가까운 연금을 받을 수 있는 셈이다. 실제로 많은 공무원들이 30년 이상 근무하고 퇴직하기 때문에 5년 더 다니는 것은 어려운 일이 아니다.

김 대한 씨가 두 번째로 신경 쓸 것은 연금을 절대로 일시에 받아서는 안 된다는 점이다. 퇴직할 때는 그간 적립한 금액을 연금으로 받을 수도 있고 일시금으로 받을 수도 있는데, 사실 과거에는 일시에 수령하는 경우가 훨씬 많았다. 다행스럽게도 2000년 이후로 연금선택 비율이 빠르게 증가해 최근에는 90%를 넘고 있다.

기대여명이 빠르게 증가하고 있는 데다, 저금리로 인해 돈을 굴릴만한 마땅한 대안이 없기 때문이다. 사실 2000년 이전은 예금금리만 해도 10%가 넘었기 때문에 연금을 일시에 수령해서 은행에 넣어놓고 이를 인출해 쓰는 것이 유리했다.

하지만, 최근은 1%대의 초저금리 시대인 데다 수명이 얼마나 더 길어질지 모르는 상황이기 때문에 평생토록 보장되는 연금으로 수령하는 것이 훨씬 유리하다. 일시금으로 수령했다가 중간에 바닥이라도 나면 낭패가 아닐 수 없다. 공무원연금도 국민연금과 마찬가지로 매년 물가상승률만큼 오르기 때문에 돈의 실질가치도 보장이 된다.

김 대한 씨는 마지막으로 '조기퇴직연금제도'를 알아둘 필요가 있다. 사실 60세까지 정년을 채우고 은퇴하는 것이 최선이지만, 만약 그 전에 은퇴를 결심하거나 은퇴해야 하는 상황이라면 조기퇴직연금을 활용해 보는 것도 방법이다. 조기퇴직연금은 연금지급개시 연령 전이라도 연금을 받을 수 있도록 한 제도다. 최대 5년까지 일찍 받을 수 있기 때문에 김 대한 씨는 지금 당장 퇴직하더라도 연금을 받을 수 있다. 다만, 조기퇴직연금을 신청할 경우 일찍 연금을 수령하는 만큼 불이익이 발생한다. 1년당 5%씩 연금을 감액하는 것이다. 최대 5년까지 일찍 받을 수 있으므로 만약 김 대한 씨가 당장 은퇴해서 연금을 신청한다면 5년에 해당하는 25%를 감액하고 연금을 지급받게 된다. 되도록이면 정상적인 퇴직연금을 받는 것이 좋지만, 혹시 모를 경우를 대비해 이 같은 제도가 있다는 것은 알아둘 필요가 있다. 참고로 국민연금도 조기에 연금을 수령할 수 있는 '조기노령연금제도'라는 것이 있으며, 이 제도 역시 최대 5년까지 일찍 받을 수 있고 연금의 감액 비율은 좀 더 높은 연 6%다.

김 대한 씨의 경우 가장 좋은 노후준비 방법은 5년 더 다니고 정년퇴직해, 연금을 정상대로 수령하는 것이다. 큰 욕심만 부리지 않는다면 이 방법 하나만으로도 김 대한 씨의 노후준비는 충분하다. 여기에 2억원 이상 되는 자산을 노후용도로 활용한다면 의료비 같은 긴급생활비를 충당하면서도 꽤 여유 있는 노후생활을 즐길 수 있을 것이다.

Case study② : 이제 막 임용된 20대 교사

이미 상당 기간 재직 중인 공무원과 달리 이제 막 임용된 공무원은 개정된 공무원연금법을 정확히 이해해야 하는 등 여러 가지 신경 쓸 것이 많다.

＊ 이름 : 김 민국(남, 28세)

＊ 직업 : 교육직 공무원(2015년 임용)

＊ 자산 : 순자산 없음

김 민국 씨가 노후준비와 관련해 중점적으로 신경 쓸 것은 세 가지이다.

첫째, 공무원연금을 노후자금으로 제대로 활용하기 위해서는 일단 재직기간을 최소 10년, 가능하면 20년 이상 되도록 해야 한다. 공무원연금의 퇴직연금을 받기 위해서는 최소 가입 기간이 필요한데, 그 기간이 10년이다. 2015년까지는 20년이었지만, 2016년부터 개정·시행되고 있는 공무원연금법에 따라 10년으로 변경됐다. 퇴직연금 수령조건이 완화된 것은 좋은 일이지만, 그렇다고 10년 만에 퇴직연금을 받을 경우 그 금액은 노후생활을 영위하는데 턱없이 부족할 것이 분명하다. 최소 20년 이상 30년 가까이는 재직해야 현재 기준으로 200만원 이상 받을 수 있다.

그나마 공무원연금법이 개정되면서 연금지급률이 기존 1.9%에서 2016년부터 2035년까지 단계적으로 1.7%까지 하향될 예정이어서 김 민국 씨의 퇴직연금액은 선배 공무원들보다 적을 것이 분명하다. 가능하면 최대한 재직기간을 늘리는 것이 김 민국 씨의 가장 좋은 노후준비 방법이다.(연금지급률에 자신의 재직기간을 곱하면 은퇴 후 받게 되는 퇴직연금액이 된다. 10년을 근무하면 1.7%×10년 = 17%여서, 은퇴 후 받게 되는 월 퇴직연금액은 자신의 재직시절 월급의 17% 수준이 된다) 10년의 재직기간을 못 채우고 퇴직한다면, 김 민국 씨는 연금으로는 받을 수 없고 일시금으로 수령해야 한다. 하지만 이때도 연금으로 받을 수 있는 방법이 있다. '공적연금 연계제도'를 활용하면 된다. 이 제도는 직역연금(공무원·군인·사학 · 별정우체국 직원 연금 등 특정 직업에 연금수급권이 주어지는 연금)과 국민연금의 가입 기간을 합산해 20년 이상만 되면 각각 가입 기간을 채우지 못했더라도 양쪽 모두에서 연금을 받을 수 있도록 한 제도이다. 따라서 김 민국 씨의 경우 공무원 생활을 9년 한 이후 퇴직해서 국민연금에 11년 이상만 가입하면 공무원연금과 국민연금을 모두 받을 수 있다.

공무원연금법 개정에 따른 연금지급률 변화

재직기간	재직기간 1년당 증가하는 연금지급률
2009. 12. 31. 이전	2.5%(20년 초과 재직기간은 2.0% 적용)
2010. 1. 1 ~ 2015. 12. 31.	1.9%
2016. 1. 1 ~ 2034. 12. 31.	1.878 ~ 1.704%
2035. 1. 1. ~	1.7%

▲자료: 공무원연금공단, NH투자증권 100세시대연구소

둘째로 김 민국 씨는 개인연금에도 가입할 필요가 있다. 사실 앞선 공무원 세대만 하더라도 공무원연금 하나만으로도 어지간한 노후생활비는 충당할 수 있었다. 하지만 이제 막 공무원 생활을 시작한 김 민국 씨의 경우에는 노후생활비가 모자를 수도 있다. 공무원연금법이 돈은 더 많이 내고 연금은 덜 받는 방식으로 계속해서 개정되고 있기 때문에 김 민국 씨 같은 경우 공무원연금 하나만 믿고 있어서는 안 된다. 연금저축계좌(개인연금)를 통해 추가적으로 노후생활자금을 마련해야 한다.

더구나 김 민국 씨는 정상적으로 은퇴하는 경우 55세가 되는 2033년 이후 은퇴할 것이 확실한데 이 경우 김 민국 씨는 65세부터 연금을

받을 수 있다. 현재 은퇴하는 공무원은 60세부터 연금을 받을 수 있지만, 단계적으로 상향되어 2033년 이후 퇴직하는 공무원은 65세부터 연금을 받을 수 있게 돼 있다. 이럴 경우 김 민국 씨는 은퇴 후 소득 공백 기간이 발생할 수도 있다.

은퇴 후 공무원연금을 받을 때까지 노후생활비가 되어줄 또 다른 연금, 이른바 가교연금이 필요하단 이야기이다. 연금액 자체도 줄어들고 있는데 받을 수 있는 시기마저 늦어지고 있기 때문에 추가적인 연금 준비가 반드시 필요하다.

개인연금에 가입할 경우 미래의 노후생활에도 도움이 되지만, 세제적인 측면에서 유리한 점이 많아 현재 생활에도 도움이 될 수 있다. 일단 연금을 붓는 동안에는 세액공제를 받을 수 있다. 불입한 돈 중 400만원까지 13.2%만큼 세금을 돌려주니까, 매해 52만원 가량 세금을 아낄 수 있다. 1%대에 불과한 요즘 금리를 고려한다면 절대 적지 않은 금액이다. 나중에 연금을 받을 때도 세제 혜택이 있다. 공무원연금, 국민연금을 비롯해 모든 공적연금의 경우 연금액이 종합과세 대상이 된다. 따라서 근로소득이나 여타의 소득이 있을 경우 모두 합산해서 보다 높은 세율을 적용받게 된다. 하지만 개인연금의 경우 연간 1,200만원까지는 5.5~3.3%의 연금소득세만 내고 분리과세로 종결된다. 종합과세에 대한 걱정 없이 개인연금에 가입할 수 있다는 얘기다.

끝으로 김 민국 씨는 2016년부터 새로 시행돼, 본인에게 모두 적용될 수 있는 공무원연금법의 주요 개정사항을 알아둘 필요가 있다. 지금까지의 선배 공무원들보다 좀 세심하게 노후준비 전략을 수립해야 한다. 많은 영역에서 개정이 됐지만, 지금 당장 알아둘 필요가 있는 사항들만 몇 가지 정리해 보자.

개정된 내용을 전체적으로 보면, 김 민국 씨처럼 미래에 연금을 받

공무원연금법의 주요 개정사항

구 분	종전	개정	의미
기여율(공무원)· 부담률(정부) 인상	소득월액의 7%	소득월액의 9% (2020년까지 단계적 인상)	월 납부액 증가
연금지급률 인하	재직기간 1년당 1.9%	재직기간 1년당 1.7% (2035년까지 단계적 인하)	월 연금액 감소
연금지급개시 연령 연장	2009년 이전 임용자 : 60세 2010년 이후 임용자 : 65세	임용시기와 상관없이 65세로 연장 (퇴직연도에 따라 2033년까지 단계적 연장)	연금수령기간 축소
재직기간 상한 연장	최대 33년 (33년 이후에는 기여금 납부 면제 및 퇴직연금 산정기간에서 제외)	최대 36년까지 연장	연금적립기간 증가
연금수급요건 완화	20년 이상 재직	10년 이상 재직	노후소득 보장역할 강화

▲자료: 공무원연금공단, NH투자증권 100세시대연구소

을 세대에게 불리하게 되어 있다. 더 많은 금액을 더 오랫동안 적립한 이후 더 적은 연금을 더욱 짧은 기간 동안 수령하게 돼 있다. 미래 세대의 부담증가는 공무원연금법의 개정이 연금고갈과 정부 보전금의 지속적인 증가를 계기로 진행된 것인 만큼 이미 예견된 필연적인 결과다. 연금고갈의 문제를 해결하기 위해서 개정된 사항은 그 외에도 여러 개 있다.

▶ 연금액 한시 동결 : 5년간(2016~2020년) 연금액 동결(물가상승률 적용 안 함)

▶ 연금지급정지 제도 강화 : 선거직 및 정부 출연기관 취직 시 연금 전액 정지, 부동산 임대소득 발생 시 연금 일부 정지

▶ 유족연금 지급률 하향 : 전 · 현직 공무원 모두 60% 적용(기존에는

임용 시기에 따라 (60~70%)

그 외 이번 개정의 또 다른 방향성은 연금의 소득보장 역할을 강화했다는 점이다. 이런 방향성을 반영한 개정사항은 다음과 같은 것들이 있다.

▶ 분할연금제도 도입 : 이혼 시 혼인 기간에 해당하는 연금액의 1/2을 배우자에게 지급
▶ 비공무상 장애연금 신설 : 비공무상 장애로 퇴직할 때에도 공무상 장애연금의 1/2 지급
▶ 연금압류 금지 신설 : 연금액 중 월 150만원에 대해서는 압류 금지

🪙 공무원도 연금만 믿지 말고 나름의 노후준비 수립해야

공무원연금은 누구나 부러워할 만큼 노후보장 소득이 상당하다. 따라서 일반적인 경우라면 공무원으로 정년퇴직할 경우 노후생활비를 크게 걱정할 필요는 없다. 물론 그 가운데서도 신경 써야 할 부분은 분명히 있다.

공무원도 개인연금이 필요한 상황이 되고 있음을 인식해야 한다. 공무원연금법의 지속적인 개정으로 이전에 비해 노후소득 보장역할이 약해진 만큼 개인적으로 추가적인 노후준비를 해야 한다. 통상 월급의 30% 이상은 연금성 금융자산에 저축해야 노후생활을 안정적으로 영위할 수 있다.

공무원은 이미 현재 기준으로 16% 이상은 저축하고 있기 때문에 월

급의 14% 정도만 추가로 저축하면 보다 안정적이고 풍요로운 노후생활이 가능하다. 노후를 위해 저축하는 것이니 저축수단은 당연히 개인연금 같은 연금형태의 상품이어야 한다. 개인연금에 가입할 경우 다양한 세제 혜택이 있는 만큼 미래의 노후생활뿐만 아니라 지금 당장 자산관리에도 큰 도움이 될 수 있다.

공무원연금법이 공무원들에게 불리하도록 계속해서 개정되고 있지만, 그럼에도 불구하고 최대한 오랫동안 재직하는 것이 유리하다. 새로 적용되고 있는 연금법도 마찬가지지만 연금법이 개정된다고 해서 소급 적용되는 것이 아닌 만큼 기존 재직 중인 공무원이든 신규로 임용된 공무원이든 1년이라도 더 다니는 것이 유리하다.

상황에 따라 활용할 수 있는 제도들이 많은 만큼 각종 제도들에 대해 알아둬야 한다. 연금수급연령에 도달하지 못했을 때 활용할 수 있는 '조기퇴직연금제도', 연금수급 기간을 채우지 못했을 때 활용할 수 있는 '공적연금 연계제도' 등은 노후생활에 큰 도움이 될 수 있다. 2016년부터 적용되고 있는 연금법을 정확히 이해하고 대응해야 한다. 정확한 이해를 바탕으로 자신의 연금액을 예측하고 이를 노후설계에 반영해야 한다. 공무원도 이제 노후 설계에 신경써야 할 때다.

공무원, 자영업자를 위한 IRP 활용 Tip

2017년 7월부터 공무원, 자영업자 등도 IRP(개인형 퇴직연금:Individual Retirement Pension)에 가입이 가능해졌다. IRP는 근로자가 이직 · 퇴직 시점에 받은 퇴직금을 적립하였다가 연금 또는 일시금으로 찾아 쓸 수 있도록 만들어진 퇴직금 통합관리 계좌이다. 퇴직금 적립 외 노후준비목적으로 연간 1,800만원 한도로 추가납부 할 수 있으며, 추가납부 시 연간 최대 700만원 한도로 세액공제 혜택을 받을 수 있다.

그동안 IRP는 '퇴직금(퇴직급여) 수령자'와 '퇴직연금가입 근로자'로 가입대상이 제한되어 형평성 논란이 있었다. IRP 가입대상이 사실상 모든 취업자로 확대되면서 공무원, 자영업자도 연금저축 세액공제 혜택을 받을 수 있게 되었다.

IRP가 뭐길래?

IRP(개인형퇴직연금)는 퇴직연금제도 중 하나이다. 퇴직연금제도는 DB(확정급여형 퇴직연금), DC(확정기여형 퇴직연금), IRP(개인형 퇴직연금)로 구분된다. DB, DC가 근로자의 퇴직급여를 사외 적립하여 근로자의 퇴직급여 수급 안정성을 강화한 제도라면, IRP는 근로자가 이직·퇴직 시 받은 퇴직금을 일시에 다 써버리는 현상을 방지하기 위해 기존 IRA(개인 퇴직계좌)를 보완하여 만든 퇴직연금 관리계좌이다.

IRP는 2012년 7월 26일 도입 후 꾸준히 성장하여 2016년 12월 말, 도입 5년 만에 적립금 규모 12.4조로 성장했다. 퇴직연금 가입자가 퇴직 시 반드시 퇴직금을 IRP 계좌로 받도록 강제한 제도적 배경도 있지만, IRP의 높은 절세혜택에 매력을 느낀 근로자가 노후준비수단으로 IRP를 선택한 것으로 판단된다.

IRP 적립금 증가세

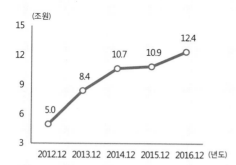

▲ 자료: NH투자증권 100세시대연구소

IRP 장점

① 추가납입 시 세액공제 한도 700만원까지 늘어나

IRP에 가입할 경우 미래 노후생활에도 도움이 되지만, 세제적인 측면에서도 유리하다. 퇴직금 적립 외에도 근로자 스스로 노후자산을 늘리기 위해 IRP에 연간 1,800만원까지 추가납입 할 수 있는데, 추가납입 시 700만원까지 세액공제 혜택을 받을 수 있다. 연금저축계좌의 세액공제 한도가 연간 최대 400만원인데 비해, IRP는 연금저축 추가납입금을 포함하여 최대 700만원까지 세액 공제 가능하므로 IRP 활용 시 더 많은 세금을 환급받을 수 있다.

즉, 세액공제를 위해 연금저축계좌만을 활용하면 근로자의 경우 연간 최대 52만8,000원(연급여 5,500만원 이하 66만원)을 환급받지만, IRP를 함께 활용하면 연간 최대 92만4,000원(연급여 5,500만원 이하 115만5,000원)까지 더 많은 금액을 환급받을 수 있다.

특히 고소득자(총급여 1억2,000만원 이상 또는 종합소득 1억원 이상)의 경우, 2017년부터 연금저축 세액공제 한도가 300만원으로 줄어들어 연금저축만 활용하면 환급액이 39만6,000원 (=300만원 X13.2%)으로 감소하지만, IRP를 활용하면 최대 92만4,000원까지 환급받을 수 있어 유리하다.

② 연금 수령 시 절세

IRP는 추가납부 시 세액공제 혜택뿐만 아니라 나중에 수령 시에도 세제 혜택이 있다. 퇴직급여를 일시금으로 받으면 퇴직소득세를 부담하게 되지만 55세 이후 연금으로 나누어 받게 되면 퇴직 소득세의 30%를 줄여 준다.

③ 운용기간 중 세금납부 이연, 손익상계 가능

IRP 계좌는 운용 기간 동안 세금이 발생하지 않고 인출 시점에야 세금이 발생하므로, 운용 기간 동안 세금을 재투자하여 원금이 커지는 효과를 누릴 수 있다. 재투자 기간이 길어질수록 효과가 커지므로 노후준비를 위해 장기로 투자하는 계좌에서 효과가 커진다. IRP는 인출 시점에 계좌 단위로 순수익에 대해 과세하므로 금융상품 간 손익상계도 가능하다. 만약에 A 펀드는 100만원 수익이 나고, B 펀드에서 100만원 손실이 난 경우, 일반계좌에서는 A 펀드의 수익 100만원에 대해 세금이 발생한다.

그러나 IRP 계좌는 계좌 단위 순수익이 없으므로(100만원 수익과 100만원 손실이 손익상계 처리됨) 세금이 발생하지 않는다. 즉, IRP는 손익상계되는 금액만큼 과표가 감소하므로 절세효과가 발생한다.

④ 다양한 포트폴리오 운용 가능

IRP는 계좌 안에서 예금과 같은 원리금 보장상품부터 채권, 펀드 등 실적배당형 상품까지 다양한 금융상품에 투자할 수 있다. 예금, 채권, 펀드 등에 효율적으로 분산투자를 함으로써 위험을 줄이거나 그 비율을 조절, 좀 더 공격적인 투자 혹은 안전한 투자를 할 수 있어, 개인의 투자성향에 따른 맞춤형 투자가 가능하다.

연금저축의 경우, 하나의 계좌 안에서 보험, 펀드, 신탁을 함께 담아갈 수 없고 계좌를 구분해야 하나 IRP는 하나의 계좌 안에서 은행 정기예금부터 증권사에서 취급하는 채권, ELB, 펀드 등 다양한 상품에 투자할 수 있다. IRP는 위험자산편입 한도(70%)가 있지만, 상품 다양성 측면에서 연금저축 대비 우위를 갖는다.

IRP 적극적 관리 필요해

노후준비자산으로써 퇴직자산관리가 중요해지고 있다. 저금리 시대에 노후자금을 마련하기 위해서는 수익률을 높이는 노력이 필요하며, 수익률을 높이기 위해서는 위험자산에 적극적으로 투자해야 한다. 과거에는 퇴직금을 받으면 은행에 예금하고 은행이자로 노후생활비를 충족할 수 있었다. 그러나 연 1% 수준의 저금리시대에서는 은행이자로 먹고살기 어렵다.(연 1.2% 금리 수준에서 월 100만원씩 은행이자를 받으려면, 10억이 필요하다.)

IRP는 개인이 운용 주체이며, 계좌 안에서 다양한 상품을 활용할 수 있으므로 적극적 자산관리가 가능하다. 예금, 채권, 펀드 등에 효율적으로 분산투자를 함으로써 위험을 줄이거나 그 비율을 조절함으로써 좀 더 공격적인 투자 혹은 안전한 투자를 할 수 있어, 개인의 투자성향에 따라 맞춤형 투자가 가능하다.

그러나 우리나라 IRP 운용방식은 원리금 보장 상품에 편중되어 리스크 회피 성향이 높은 것으로 나타났다. 2016년 말 IRP 적립금 현황을 살펴보면 은행예금 등 원리금 보장상품에 69.2%, 현금성 자산에 13%, 실적배당상품에 17.8% 투자하는 것으로 나타났다. 실적배당상품도 대부분 채권형 펀드에 집중되어, 위험자산 비중이 매우 낮다. 원리금 보장상품 중심의 투자는 자연스럽게 낮은 수익률로 이어진다. 실제 2016년 IRP 계좌 운용수익률은 1.09%에 그쳤다.

우리보다 퇴직연금제도의 역사가 긴 미국의 경우, IRA(Individual Retirement Account) 계좌를 퇴직자산 운용에 가장 많이 활용하고 있다. 자산운용도 매우 적극적이다. IRA 투자상품을 살펴보면 고위험 자산에 해당하는 주식, 주식형펀드에 투자하는 비중이 54.8%에 달한다.

100세 시대 농업인의
노후준비 전략

🪙 농촌의 고령화 도시보다 빠르게 진행

우리나라의 인구 고령화가 세계에서 가장 빠르게 진행되는 가운데, 농촌 지역의 인구 고령화는 도시지역보다 훨씬 더 빠르게 진행되고 있다. 선진국들은 오랜 기간에 걸쳐 서서히 고령화가 진행되었고 그와 함께 사회보장제도가 자리를 잡았으나, 우리나라는 연금제도가 정착되기 전에 고령화가 진행되어 노후준비가 충분치 않은 것이 현실이다.

우리나라의 국민연금은 1988년부터 실시되었지만, 농어촌지역은 1995년에서야 본격적으로 실시되었다. 따라서 실시 기간이 오래되지 않아 농촌 지역에서 국민연금은 노후소득원으로서 기능을 제대로 하지 못하고 있다. 59세 이하의 농민들 중에서 73%만 국민연금에 가입하고 있고 상당수의 농업인들이 국민연금에 가입하고 있지 않아 노후생활비에 대한 우려가 커지고 있다.

농업인이 노후에 안정적인 생활 수준을 유지하기 위해서는 연금소득과 같은 고정수입원을 만들어야 한다. 노후준비를 '연금'으로 할 경우에는 영농을 중단한 이후에도 연금소득으로 생활비를 충당할 수 있다. '농업소득'에만 노후를 의존할 경우 영농을 중단한 이후에는 농가소득이 급격하게 감소하여 노후소득이 부족해질 수 있다.

💰 농가 인구 257만명, 20년 만에 절반으로 감소

농촌 지역의 젊은 연령층 인구가 계속 도시지역으로 유출된 결과 농가 인구수가 감소세를 지속하고 있다. 1995년 농가 인구는 485만명이었으나, 2015년에는 257만명으로 20년 만에 약 47% 감소하였다. 이러한 급격한 농가 인구 감소는 교육 환경이 좋고, 소득이 높은 도시지역으로 젊은 연령층의 유출이 많았던 것이 주요 원인이다.

연도별 농가인구 전망

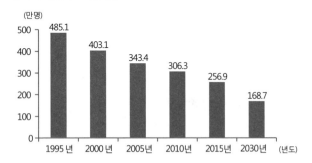

▲자료: 통계청, 2015 농림어업총조사

고령인구비중 2030년엔 50% 넘어서

　인구감소도 문제지만 농촌 지역의 고령화가 더욱 심각한 문제이다. 우리나라 농촌의 65세 이상 인구 비율은 38.4%로 전체인구의 65세 이상 인구비율인 13.2%보다 25.2% 높다. 앞으로도 65세 이상 농가 인구 비율은 2020년 45.2%, 2030년 52.5%로 계속 증가할 것으로 전망되고 있다. 우리나라 농가의 중위연령은 60.1세로 전체인구(40.8세)보다 19.3세 높아 농촌 지역은 도시지역보다 고령화가 약 20년 정도 빠르게 진행되고 있다.

　농촌 지역 인구의 경우 전체인구와 비교할 때 청장년 인구(15~64세)의 비중도 낮은 편이지만 특히 유소년인구(0~14세)의 비중은 5.8%로 전체 유소년 인구(13.9%)에 비해 크게 낮다. 향후에도 젊은 연령층이 학교와 직장 등의 이유로 도시지역으로 계속 유출되어 농가 인구의 감소 추세가 이어질 것으로 전망되고 있다.

농가인구와 전체인구 연령대별 구성비

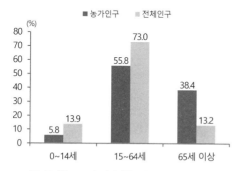

▲자료: 통계청, 2015 농림어업총조사

📿 농가 경영주 평균연령 65.6세, 10명 중 7명이 60대 이상

농가 경영주는 70대 이상(37.8%)이 가장 많고, 다음이 60대(30.5%), 50대(22.7%)의 순이다. 농가 경영주의 평균 연령은 65.6세이며, 연령대별로는 60대 이상이 68.3%를 차지하여 10명 중 7명이 60대 이상이다. 70대 이상 농가 경영주는 증가하고 50대 이하는 감소하는 추세이다.

농업인의 영농 중단 희망 연령은 70세(35.5%), 65세(27.6%), 60세 이하(14.8%)의 순이었다. 농업인의 절반 정도(49.1%)가 영농 중단 희망연령을 70세 이상으로 잡고 있었다.

현재 농업인의 다수를 차지하는 60대 이상 농가 경영주(68.3%)가 10년 후 70대가 되어 영농을 중단할 경우에는, 농촌 지역에 심각한 일손 부족 현상이 발생할 가능성이 높아 보인다. 왜냐하면, 현재 50대 이하의 농가 경영주의 연령대별 비중(31.7%)이 60대 이상(68.3%)에 비해 작기 때문이다.

우리나라 농가의 평균소득은 3,721만원으로 전체 가구의 평균소득

농가 경영주 연령대별 구성비

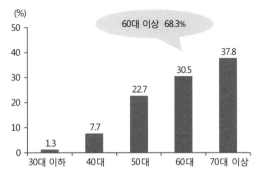

▲자료: 통계청, 2015 농림어업총조사

4,767만원보다 약 1,000만원 적은 것으로 나타났다. 농가소득 중에서 농업 외 소득의 비중(40.1%)이 농업소득(30.2%)보다 더 높은 것으로 나타났다.

　농업 외 소득은 사업 외 소득(급료수입 등), 겸업 소득(도소매업, 음식·숙박업 등) 등인데 급료수입(1,121만원)이 겸업 소득(373만원)보다 많아 사실상 농사만을 전업으로 하는 것이 아니라 가구원 중에 급여소득자가 있는 것으로 보인다. 농가소득의 30%가 급료수입인데 이는 농업소득(1,125만원)과 규모가 비슷해 점차 농가의 소득구조가 도시화 되어 가고 있는 것으로 보인다.

우리나라 농가의 평균소득(소득종류별)

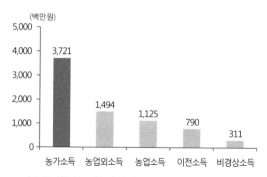

▲자료: 통계청, 2015년 농가 및 어가 경제조사 결과

💰 농가소득, 50대가 가장 많고 70대가 가장 적어

　경영주 연령별로 농가소득을 비교하면 50대 경영주 농가의 소득(6,070만원)이 다른 연령대에 비해 가장 많고, 70대 이상 경영주 농가의

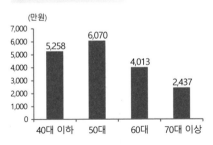

경영주 연령별 농가수지

(만원)

▲자료: 통계청, 2015년 농가 및 어가 경제조사 결과

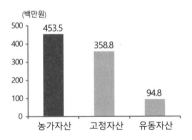

우리나라 농가의 평균자산

(백만원)

▲자료: 통계청, 2015년 농가 및 어가 경제조사 결과

소득(2,437만원)이 가장 적은 것으로 나타났다. 70대 이상 농가 경영주의 인구수(37.8%)는 제일 많지만, 반면 소득은 제일 적은 것으로 나타났는데, 이는 70대 이상 농가의 경우 경작면적을 점차 축소하거나 영농을 중단하고 텃밭만 경작하는 가구 수가 증가함에 따라 농가소득이 감소하는 것으로 보인다.

농가 자산이 전체 가구 평균 자산보다 1억1,000만원 더 많아

우리나라 농가의 평균자산은 4억5,358만원으로 전체 가구의 평균자산 3억4,246만원 보다 약 1억1,000만원 더 많은 것으로 나타났다. 농가 자산은 고정자산(토지, 건물 및 구축물 등)의 비중(79.1%)이 유동자산(20.9%)보다 훨씬 높았다. 농가의 고정자산 비율(79.1%)은 전체 가구의 부동산 비율(68.1%)보다 11% 더 높은 것으로 나타났다.

💰 농업인의 노후준비 무엇이 문제인가?

① 농업인 3명 중 1명이 노후준비를 하고 있지 않아

65세 이상 노인 인구 비율은 증가하는데 생산가능인구(15세 이상 64세 미만 인구)는 감소하고 있어 앞으로 젊은 세대들의 노인부양비 부담이 증가할 것으로 보인다. 이는 결국 농업인들이 안정적인 노후생활을 위해서는 스스로 준비하지 않으면 안 된다는 것을 시사한다. 평균수명이 길어질수록 노후자금은 더 많이 필요한데, 노후준비를 하고 있지 않은 농민이 35.1%로 도시민(25.7%)보다 약 10% 더 높은 것으로 나타났다. 노후준비를 하지 않는 이유는 '준비할 능력 없음(51.3%)', '앞으로 준비할 계획임(23.8%)'의 순이어서, 노후를 준비할 능력이 없는 농업인에 대한 대책이 시급하다.

② 국민연금, 노후소득원으로 부족

1995년 국민연금이 농어촌지역으로 확대시행 되면서 국민연금보험료 일부 지원이 이루어지게 되어 농업인의 국민연금 가입이 본격적으로 시작되었다. 농업인의 경우 국민연금보험료 일부가 지원되고 있으나 59세 이하의 농업인 중에서 73%만 국민연금에 가입하고 있는 것으로 나타났다. 2012년 기준으로 국민연금에 가입한 농업인들의 월 평균보험료는 8만1,576원 수준으로 대다수가 낮은 수준의 국민연금 월 보험료를 납부하고 있는 상황이다.

국민연금에 가입한 농업인의 경우 국민연금 예상 수령금액은 월평균 46만원으로 나타났다. 현재 고령 농업인의 대다수는 국민연금 가입률이 낮고 납입금액 규모도 적어서 국민연금만으로는 노후소득이 부족해 보인다.

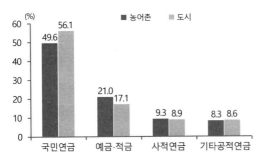

노후 준비방법(19세 이상 가구주)

▲자료: 통계청, 2015년 사회조사 결과

③ 농업인의 절반이 개인연금에 가입하지 않아

19세 이상 농어촌 가구주의 주된 노후준비 방법은 '국민연금(49.6%)', '예·적금(21%)', '사적연금(9.3%)'의 순이었다. 농업인의 노후준비 방법으로 국민연금과 예·적금이 높지만, 아직 사적연금(9.3%)의 비중은 낮은 것으로 나타났으며, 농업인의 절반(49%)이 개인연금에 가입하지 않고 있었다.

우리나라 직장인들은 3층 연금(국민연금, 퇴직연금, 개인연금)으로 노후 준비를 하고 있다. 직장인들은 매월 국민연금에 소득의 9%, 퇴직연금에 8.3%를 적립하고 있다. 그리고 대부분의 직장인들은 연말정산 시 세액공제 혜택을 받기 위하여 세액공제가 되는 연금저축상품에 연간 최고 한도 700만원까지 납입을 하고 있다.

그러나 농업인은 직장인들과 달리 퇴직연금이 없다. 농업인들은 직장인의 퇴직연금에 해당하는 소득의 8.3%만큼은 개인연금에 별도로 추가 납입하여야 직장인들과 동일한 수준의 노후준비가 이루어지는 셈이다.

경영주 연령별로 농가소득은 50대 농가의 소득(6,070만원)이 다른 연령대에 비해 가장 많지만, 60대(4,013만원), 70대 이상(2,437만원)으로 연령대가 높아질수록 농가소득이 감소하는 것으로 나타났다. 70대 이상 농가의 소득이 제일 적은 반면, 소득대비 지출은 많아 가처분 소득이 적어 생활비 압박을 받을 가능성이 높아 보인다.

70대 이상 농가의 평균자산은 3억9,495만원으로 고령 농가의 자산이 상대적으로 많은 것을 알 수 있다. 농가 자산은 충분하지만, 소득이 부족한 고령 농가에는 농지자산을 활용하여 꾸준한 현금흐름을 창출해야 할 필요가 있어 보인다.

농가소득은 몇 가지 특징을 가지고 있다. 먼저 불규칙성이다. 도시근로자의 경우 매월 특정일에 예상된 소득을 수령하는 반면 농업인은 농작물의 수확 시기에 따라 소득의 수령 시기가 달라진다. 수확 시기가 소득의 발생 시점이기 때문에 미래를 계획적으로 준비하기가 만만치 않다. 또한, 소득 규모의 예측 불가능성도 존재한다. 농작물의 작황과 가격에 따라 소득의 차이가 나기 때문이다. 풍년이 들었다고 반드시 소득이 증가하는 것이 아니고 풍작으로 큰 폭의 농산물 가격 하락이 있을 경우에는 소득이 오히려 줄어들 수도 있다.

마지막으로 투입과 산출의 불일치성이다. 도시근로자는 매월 특정일에 수입이 발생하지만, 농가는 작물별로 파종 이후 수확에 걸리는 기간이 짧게는 몇 개월, 길게는 몇 년이 소요된다. 이러한 투입과 산출의 시간적 괴리는 산출물에 대한 불확실성을 높여 농가소득의 불안정성에 일조한다.

🎒 농업인의 노후준비 전략

현재 고령 농업인들은 국민연금, 개인연금 등의 연금제도가 성숙하기 전에 고령화되어 노후준비가 충분하지 않았다. 현재 활발하게 영농활동을 하는 청·장년 농업인들은 고령 농업인과 같은 상황에 직면하지 않기 위해서는 착실하게 노후준비를 할 필요가 있다. 노후대책의 핵심은 은퇴 후 정기적인 생활비를 얻을 수 있는 '연금'과 같은 안정적인 수입원을 최대한 많이 확보하는 것이다. 청·장년 농업인이 활용할 수 있는 공적 노후소득 보장제도로 국민연금이 있지만, 이것만으로 필요한 노후소득이 보장될 수 없기에 개인연금 같은 다양한 노후소득원을 준비할 필요가 있다.

① 국민연금 배우자도 가입하고, 월 납입금액을 늘려라

농업인은 무조건 국민연금에 가입하는 것이 좋다. 농업인 지역가입자(또는 임의계속가입자)는 1995년부터 농특세를 재원으로 매달 국가에서 국민연금보험료의 50%(2016년 기준 최대 40,950원)를 지원받기 때문이다. 또한, 국민연금은 종신토록 연금을 지급하고 물가상승률을 커버하므로 사적연금보다 훨씬 장점이 많다.

2013년부터 농업에 종사하는 부부가 본인 소득을 각각 별도로 신고하는 경우에는 부부 모두 국민연금보험료 지원을 받을 수 있도록 보험료 지원대상이 확대되었다. 부부가 모두 국민연금에 가입하면 보험료 지원 혜택이 두 배로 증가하여 매달 최대 8만1,900원의 보험료 지원 혜택을 받을 수 있어 혼자 가입할 때보다 더 유리하다. 그러므로 농업인 연금보험료 지원제도를 활용하여 배우자도 꼭 국민연금에 가입하자.

실제 2013년 이후 여성 농업인의 국민연금 가입이 큰 폭으로 증가

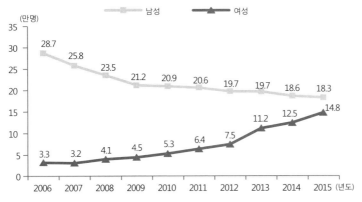

농어업인 지역가입자 연금보험료 지원대상자 현황

(만명)

- 남성
- 여성

	2006	2007	2008	2009	2010	2011	2012	2013	2014	2015
남성	28.7	25.8	23.5	21.2	20.9	20.6	19.7	19.7	18.6	18.3
여성	3.3	3.2	4.1	4.5	5.3	6.4	7.5	11.2	12.5	14.8

▲자료: 국민연금연구원, 농어업인의 연금보험료 지원사업 현황

하고 있다. 2006년에는 농업인 지역가입자가 남성 89.7%, 여성 10.3%였으나, 2015년에는 남성 55.2%, 여성 44.8%로 여성의 비중이 34.5% 증가하였다.

② 개인연금으로 불규칙한 소득을 규칙적으로 바꾸자

농가소득은 농작물의 수확 시기에 따라 소득의 수령 시기가 달라지므로 소득 흐름이 불규칙하다는 특징이 있어 미래를 계획적으로 준비하기가 만만치 않다. 그러나 농작물을 출하하여 목돈이 생겼을 때 연금저축계좌(연금저축펀드, 연금저축 신탁 등)에 적립해서 운용한 다음 만 55세 이후 연금으로 수령하면 불규칙한 농업소득을 월급처럼 규칙적인 소득 흐름으로 바꿀 수 있다.

예를 들어, 과수 농사와 벼농사를 주로 짓는 만 40세의 농가 주가 딸기를 4월에 수확하여 3,000만원의 농작물 수입을 얻고, 고추를 9월에 수확하여 221만원의 수입을 얻고, 벼농사는 11월에 수확하여 500만원의 수입을 얻어 연간 3,721만원의 농작물 수입을 올렸다고 가정하자. 농업인들은 소득이 불규칙하기 때문에 금융상품에 매달 납입하기는 만만치 않다. 그러나 주력작물인 딸기를 출하하여 3,000만원의 목돈이 생길 때 노후를 위해 연금저축펀드에 적립할 수 있다. 연말정산 시 세액공제 혜택을 받기 위한 400만원뿐만 아니라, 직장인들의 퇴직연금에 해당하는 만큼(소득의 8.3%)인 300만원을 추가하여 매년 700만원씩 연금저축계좌에 적립하여 노후준비를 하기로 하였다.

만 40세의 농가 주가 매년 700만원을 20년 동안 연금저축계좌에 적립하면 투자원금만 1억4,000만원의 연금자산을 모을 수 있다. 투자수익률이 연 3%라고 가정하면 투자원금에서 4,809만원의 수익이 발생하여 연금자산이 1억8,809만원으로 증가하게 된다. 연금저축계좌는 만 55세 이후 연금으로 인출 가능한데 만 60세부터 20년간 연금으로 인출하면 매월 세전 78만원(연간 940만원)의 연금을 월급처럼 수령할 수 있다.

③ 은퇴 앞둔 농업인, 부동산 비중 줄여 현금 확보해야

농지와 주택은 농촌가계에서 가장 비중이 큰 자산이며, 자녀들에게 상속해 주고 싶은 부담에 고민되지만, 이제는 노후를 위한 선택의 기준을 바꿔야 한다. 자녀에게 농지나 주택을 물려주는 것 보다 자신의 노후를 책임지는 것이 곧 자식들에게 부담을 주지 않는 길이다.

실제로 농업인들에게 농사를 짓다가 그만둘 경우 농지처분 계획에 대해 설문 조사한 결과 '임대해 주고 임대료로 노후생활비로 쓸 것이다(40.9%)'가 가장 많은 것으로 나타났다. 그다음으로는 '자녀들에게 상속하겠다(17.2%)', '농지를 매각한 자금으로 노후생활비를 충당하겠다(16.3%)' 순으로 나타났다. 우리나라의 농가 자산은 고정자산이 79.1%, 유동자산이 20.9%로 부동산의 비중이 매우 높음을 알 수 있다. 소득은 낮지만, 상대적으로 많은 자산을 보유한 농업인은 자산을 줄이거나 유동화하여 노후에 필요한 정기적인 현금흐름을 만들어야 한다.

꾸준한 현금흐름이 중요한 노후를 위하여 농업인이 부동산의 비중을 줄이는 방법으로는 먼저, 농지를 매각(직접 혹은 농지은행에 매도·위탁)하는 방법이 있다. 만약 농지를 매각하기 쉽지 않을 때는 농지은행에 농지를 임대하여 임대료를 받을 수도 있고 마지막으로 농지연금을 신청하여 소유한 농지를 담보로 제공하고 노후생활자금을 매월 연금방식으로 지급받는 방법이 있다.

농지연금과 주택연금의 비교

구 분	농지연금	주택연금
가입연령	가입자만 만 65세 이상	부부 중 1명이 만 60세 이상
가입조건	영농경력 5년 이상 농업인	1주택 소유 또는 보유주택 합산 가격 9억원 이하 다주택자
담보율	농지(전·답·과수원)	주택
연금지급방식	종신형, 기간형	종신형, 종신혼합형
담보물평가	개별공시지가, 감정평가	한국감정원 인터넷시세, KB 인터넷시세, 국토교통부 주택공시 가격, 한국감정원 감정평가액
연금지급기관	한국농어촌공사	금융기관
연금재원	농지관리기금	금융기관자금

▲자료: 한국농어촌공사

④ 농지연금을 활용하자

농지연금은 2011년부터 도입되어 만 65세 이상 고령 농업인이 소유한 농지를 담보로 제공하고 노후생활자금을 매월 연금방식으로 지급받는 제도이다. 주택연금을 활용하는 것처럼 농업인은 농지연금을 잘 활용하면 부족한 노후생활비를 매월 연금방식으로 지급받을 수 있다.

연도별 농지연금 신규가입 건수

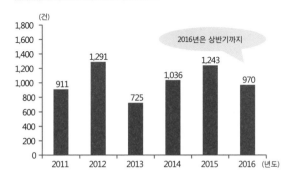

▲자료: 한국농어촌공사 보도자료(2016.07.20)

2017년 상반기 기준 농지연금 가입자(65세, 농지가격 3억원)의 연금수령액은 월 107만원이다(한국농어촌공사). 이는 연간 1,287만원으로 70대 이상 농가소득(2,437만원)의 절반을 좀 넘는 수준에 해당하는 금액으로 고령 농가의 생활안정에 기여할 것으로 보인다.

⑤ 연금자산을 총자산의 30% 이상으로

농업인들은 노후준비를 '연금'보다 '농업소득 증대'로 하려는 비율이 높은 것으로 나타났다. 농업인들의 노후준비 노력은 '농업소득 증대(46.8%)', '국민연금 가입(20.4%)', '예·적금 가입(8.7%)' 순이었다.

농업인들은 거의 절반이 '농업소득 증대'를 통한 노후준비를 가장 중요하게 꼽고 있는 것으로 나타났다. 그러나 '농업소득 증대'만으로 노후를 준비할 경우에는 농업인이 고령화되어 영농 중단 이후에는 농가소득이 급격하게 감소하여 노후소득이 부족해질 수 있어 문제점으로 꼽힌다.

따라서 농업인들의 경우 노후준비 전략으로는 배우자도 국민연금에 가입하고 월 납입금액을 늘려야 한다. 그러나 국민연금만으로는 노후자금이 부족하기 때문에 부족한 노후생활비는 개인연금 가입을 통해 충당해야 한다.

또한, 농업인은 직장인들과 달리 퇴직연금이 없기 때문에, 퇴직연금에 해당하는 만큼(소득의 8.3%) 개인연금에 별도로 적립해야만 직장인들과 동일한 수준의 노후준비를 할 수 있다. 농업인들도 국민연금과 개인연금의 납입금액을 늘려서 연금자산의 비중을 농가 자산의 30%까지 증대하는 것이 바람직하다.

우리나라 100세 인구 통계

우리나라의 100세 이상 고령자 현황을 살펴보고, 이를 통해 장수의 비결을 한 번 알아보자. 2015년 인구주택 총 조사에 따르면 우리나라의 만 100세 이상 고령자는 3,159명으로 5년 전인 2010년 1,835명에 비해 1,324명(72.2%)이나 증가하여 빠르게 늘고 있다. 10만 명당 100세 이상 고령자도 2010년 3.8명에서 2.8명이 증가한 6.6명으로 나타났는데, 이는 2010년에 95세 이상 고령자 17,114명 중 18.5%가 현재(2015년)까지 생존하고 있어 직전 조사에서의 생존율 16.6%보다 높아짐에 따른 결과로 볼 수 있다.

100세 이상 고령자를 성별로 살펴보면 여자가 2,731명으로 86.5%를 차지하고, 남자는 428명, 13.5%이었다. 이러한 추세가 지속된다면 2025년에는 100세 이상 고령자가 1만 여명에 이르고, 2050년에는 10만 명을 훌쩍 넘어설 것으로 추정된다.

① 도시보다는 촌락이 좋아

100세 이상 고령자를 시도별로 살펴보면 경기가 701명으로 가장 많고, 서울이 515명으로 그 다음을 차지하고 있다. 이는 지역별로 총인구수의 차이가 있기 때문에 인구수에 비례한 결과로 보인다. 실제 동(洞)지역에 2,037명이 거주하고, 읍면(邑面)지역에는 1,122명이 거주하는 결과를 보아도 그러하다. 결국, 절대적인 수치보다는 상대적인 기준으로 살펴봐야 어느 지역에 100세 이상 고령자가 많은지를 알 수 있다. 좀 더 정확한 비교를 위해서 기준을 고정해서 살펴보면 인구 10만명당 100세 이상 고령자는 제주가 17.2명으로 가장 많고, 전남 12.3명, 충북 9.5명 순으로 나타났다. 또한 동(洞)지역은 인구 10만 명당 5.1명인 것에 비해 읍면(邑面)지역은 13.1명으로 2배 이상 높게 나타나고 있었다.

이 같은 결과로 볼 때 살기에는 조금 편리할지 모르겠지만 복잡하고 공해가 많은 도시지역보다는 여유롭고 자연환경이 청정한 촌락 지역이 고령자가 살아가는 데 더 좋은 영향을 미치고 있는 것으로 추정해 볼 수 있다. 실제 시군 구별 100세 이상 고령자 순위 결과를 보면 경북 문경시를 제외하고는 모두 군지역에 분포되어 있다.

② 여자가 많지만, 건강은 남자가 좋아

아무리 오래 살 수 있다고 할지라도 건강하지 못한 상태로 살아간다는 것은 본인은 물론 가족들에게도 부담스럽다. 그럼 100세 이상을 살고 있는 고령자들의 건강상태는 과연 어떠할까? 나이가 있는 만큼 완전히 건강한 상태는 힘들겠지만, 생각보다 높은 비율로 양호한 건강상태를 유지하고 있었다.

먼저 연령을 감안했을 때 본인 스스로 느끼는 주관적인 건강상태를 보면 '매우 건강함(8.1%)', '건강한 편임(32.3%)', '그저 그런 편임(20.3%)'으로 나타나 고령자의 60% 이상이 자신의 건강상태를 보통 이상이라 판단하고 있었다. 또한, 고령자의 절대 숫자는 여자가 훨씬 많지만 '매우 건강함'과 '건강한 편임'으로 답한 사람의 비율을 비교했을 때 남자가 절반 가까운 49.3%로 여자의 39% 보다 10% 이상 높게 나왔다. 장수함에 따라 건강상태에 대한 자신감은 남자에게 좀 더 높게 나타났다.

그러나 실제 3개월 이상 앓고 있는 신체적인 만성질환이 있는 사람이 73.2%로 나타나 건강하게 장수한다는 것이 결코 쉽지 않은 일임을 보여주고 있다. 100세 이상 고령자들의 질병을 종류별로 보면 치매가 39.9%로 가장 많았고, 고혈압 28.6%, 골관절염 28% 순으로 나타나고 있다. 해당 질병이 발생하지 않도록 사전예방을 잘 한다면 100세 이상도 충분히 건강하게 살 수 있다는 힌트를 주는 부분이다. 또 한편 질병 없음의 비율도 남자 27.1%, 여자 21.4%로 남자가 다소 높게 나타나 평균적인 건강상태 역시 남자가 다소 나았다.

인지 상태도 여자보다는 남자가 좋은 것으로 나타났다. 본인의 이름을 정확히 알고 있는 100세 이상 고령자는 남자가 79.7%고 여자는 66.4%로 나타났다. 또한, 나이를 정확히 알고 있는 남자는 61.9%인 반면 여자는 39.5%로 남자보다 적은 비율을 보이고 있다. 남자의 경우 돈 계산 등을 잘할 수 있음이 47.2%(여자 25%), 따로 사는 자녀들을 알아볼 수 있음이 79%(여자 65.6%)로 높게 나타나 인지 상태 전반적으로는 남자가 더 양호한 상황이다.

③ 장수는 타고나는 것일까?

100세 이상 장수할 수 있는 특별한 유전적 요인이 있을까? 부모와 형제의 장수 여부로 그 개연성을 살펴보았더니 생각보다 유전적인 요인이 크지는 않았다. 100세 이상 고령자 중 85세 이상 장수한 부모 또는 형제자매가 있는 사람은 3분의1 수준(33.3%)밖에 되지 않았던 것이다. 유전적인 요소가 전혀 없지는 않겠지만 결정적인 요인으로 보이지는 않는 수준이다. 더구나 장수한 부모나 형제자매가 없는 사람이 62%로 월등히 높은 결과를 보면 장수는 태어날 때부터 선천적으로 타고나는 요인만은 아닌 것 같다.

오히려 장수는 선천적인 요인이 아닌 건강관리 등 후천적인 요인에 더 많은 영향을 받고 있었다. 100세 이상 고령임에도 불구하고 건강유지를 위해 관리하는 사람들의 비율은 60.8%로 상당히 높게 나타났기 때문이다. 특히, 남자 고령자의 경우 69.9%가 건강관리를 하고 있었고, 여자 고령자도 59.4%가 건강관리를 하고 있다고 답해 남녀 모두 건강 관리에 신경을 많이 쓰고 있는 모습을 보이고 있다.

건강관리를 하는 주요 방법으로는 식사 조절이 37.4%로 가장 많았고, 다음으로 규칙적인 생활(36.2%), 산책 등 운동(11.7%) 순으로 나타났다. 보통 건강관리란 꾸준히 지속했을 때 그 효과를 볼 수 있는 것이기 때문에 결국 장수는 후천적인 노력을 통해 그 여부가 결정되는 사항이라고 볼 수 있다.

④ 부족한 가족 및 대인관계

가족과 함께 사는 고령자와 노인시설에 사는 고령자의 비율은 현재 거의 비슷한 상황이다. 100세 이상 고령자가 가족과 함께 사는 비율은 44.6%로 2010년 57.1%에 비해 12.5% 감소한 것으로 나타났다. 반면 요양원, 요양병원과 같은 노인시설에 거주하는 비율은 43.1%로 2010년 19.2%에 비해 23.9% 증가하여 급격하게 늘어나는 추세이다. 향후에는 노인시설에 거주하는 비율이 더욱 높아질 것으로 추정된다. 가족 돌봄의 필요성이 높은 고령자들이 핵가족화 등의 영향으로 가족관계가 점점 더 약화되어 가는 것 같다.

100세 이상 고령자가 평소 한 달 동안 따로 살고 있는 자녀, 이웃, 친척, 지인 등을 1회 이하로 만나는 경우가 43.1%에 달해 대인관계가 전반적으로 많이 부족해 보인다. 평균 만남 횟수는 월 4.7회이었지만 만남이 4회 이상인 경우는 3분의 1수준(33.7%)에 불과한 상황이다. 고령자가 평소 한 달 동안 따로 살고 있는 자녀, 이웃, 친척, 지인 등과 1회 이하로 연락하는 경우도 61.9%에 달하고, 평균 연락 횟수는 월 3회에 그치고 있었다. 100세 이상 고령을 감안할 때 활발한 대인관계가 이루어지기 어려운 부분도 있겠지만 개선이 필요해 보이는 부분이다.

⑤ 채소를 좋아하고 금주, 금연하는 생활습관이 중요

100세 이상 고령자는 생활습관에 많은 공통점이 있었다. 바로 식생활에서 채소를 가장 선호하고, 대부분 금주, 금연하는 생활습관을 가지고 있다는 것이다. 좋아하는 식품군을 조사(복수응답)했을 때 채소류가 53.6%로 가장 많았고, 다음은 육류(45.1%), 두부 등 콩 제품(30.1%) 순으로 나타났다. 남자 고령자는 육류(57.55)가 가장 많고, 여자 고령자는 채소류(55.5%)가 가장 많았는데, 결과적으로 놓고 보면 채소, 고기를 모두 가리지 않고 골고루 잘 먹는 식습관이 중요한 역할을 하는 것으로 보인다.

'9988234', 99세까지 팔팔(88)하게 살다가 2~3일만 아프고 죽는다(4, 死)는 무병장수를 바라는 유행어이다. 100세 이상 고령자들의 사는 모습을 통해 보면 결국 꾸준한 건강관리와 절제된 생활습관이 장수를 가져다주었다는 것을 알 수 있다. 실제 고령자가 생각하는 장수 비결도 절제된 식생활 습관(39.4%)이 가장 많고, 규칙적인 생활(18.8%), 낙천적인 성격(14.4%) 순으로 꼽았다. 모두 타고난 것이 아닌 누구나 후천적인 노력으로 얼마든지 실천 가능한 내용이다.

의학의 발달로 수명이 빠르게 증가하고 있어 100세 인생이 보편화될 날이 생각보다 빠르게 도래할 것이다.

전업주부의
노후준비 전략

결혼을 하여 배우자가 생기고, 가족을 구성하면 삶의 주체가 '나'가 아닌 '우리 가족'으로 바뀐다. 특히 여성의 경우 이런 경향이 더 크다. 아내들의 경우 일을 우선시하기보다는 가정생활을 우선시하거나 둘 다 비슷하다고 생각하는 경우가 남편들보다 월등히 높다.

그러나 이렇게 행복한 가정을 위해 아내로서 엄마로서 역할에만 충실하다 보면 어느새 다가온 노후를 불행하게 맞게 될 수도 있다. 평생 가정의 행복을 위해 희생해 왔으니 가정이라는 울타리가 행복한 노후를 보장해 줄 것이라고 안심할 수 있을까. 1980년대 이후 남녀 평균 초혼연령은 3세 정도의 차이를 유지하고 있다.

남녀의 기대수명의 차이가 6~7세 정도 되니 평균적으로 여성은 10년 정도를 홀로 살아야 한다. 애지중지 키운 자식들도 낮은 금리와 치솟는 전셋값 등 악조건에 처해 있다. 취업의 바늘구멍을 뚫고 들어가 자기 앞가림만 해줘도 다행인 상황이다. 그 어디에도 기대지 않고 스스로 행복한 노후를 맞이할 준비가 필요하다는 말이다.

🪙 아내이기 때문에 노후준비가 더더욱 필요한 이유: 재무적 준비

노후준비는 대부분 가족 단위의 개념으로 설계되기에 가정의 경제권을 쥐고 있는 쪽이 알아서 준비하고 있겠거니 방심하고 있는 경우가 의외로 많다. 현대경제연구원의 조사에 따르면 기혼자의 59.8%가 생활비 관리를 '아내'가 한다고 응답하였다. 그러나 혹시 노후준비만큼은 남편이 알아서 하고 있을 거라고 믿고 있진 않은가? 만일 그렇다면, 아내들이 노후준비에 넋 놓고 있어서는 안 되는 이유를 몇 가지 살펴보도록 하겠다.

① 아내들은 3층 연금 가입률이 상대적으로 저조하다.

노후준비의 기본이자 삼총사로 불리는 국민연금, 퇴직연금, 개인연금 중 국민연금과 퇴직연금은 직장인이라면 신경 쓰지 않아도 알아서 가입된 경우가 많다. 그러나 기혼 여성의 20%가 직장을 그만두는 것으로 나타났고, 직장을 그만둔 사유로 '결혼'이 45.9%의 비중을 차지한다. 따라서 아내들의 경우 공적연금 유지율이 떨어지고 따로 사적연금을 챙기기도 쉽지 않다.

② 아내들은 홀로 살아야 하는 기간에도 대비해야 한다.

세계보건기구(WHO)에서 발표한 '세계 건강 통계'에 따르면, 2015년 우리나라 여성의 기대수명은 85.5세로 일본(86.8세), 싱가포르(86.1세)에 이어 세계 3위이다. 한편 남녀 간 기대수명 격차는 6.7세로 여성 기대수명 상위 10개국(평균 4.7세) 가운데 가장 커, 남편 없이 홀로 보내야 하는 노후가 가장 길었다. 실제 우리나라 2015년 기준 60세 이상 고령자 1인 가구 중 72%는 여성으로, 노년을 홀로 지내는 여성이 남성(28%)보다 3배 가까이 더 많은 것으로 나타났다.

그러므로, 여성들은 남편 없이 혼자 살아가야 할 10여 년도 준비해야 한다. 여성이 남성보다 더 많은 노후준비가 필요하지만, 여성의 노후준비는 남성보다 부족한 게 현실이다. 아직 많은 여성이 본인이 스스로 노후준비를 하기보다는 배우자와 자녀에게 노후를 의존하고 있다. 노후준비를 주로 해야 할 주체를 묻는 질문에 남성은 대부분 본인 (82%)이라고 답하고 배우자(아내)라는 답변은 2%에 그쳤으나, 여성은 본인 40%, 배우자(남편) 39%라고 답해 노후준비에 있어 배우자(남편)의 존도가 높았다.

특히 전업주부는 소득 활동 없이 남편과 자녀를 중심으로 살아왔기 때문에 막상 본인의 노후준비는 미처 하지 못한 경우가 많다. 그러나 남편과 자식만 믿고 살다가는 남편과 사별 후 암울한 노년을 보낼 가능성이 높다. 10년 먼저 떠나는 남편, 자기 먹고 살기에 바쁜 자녀가 나의 노후를 대신해주진 않는다. 나의 노후는 내가 스스로 준비해야 한다.

③ 여성이기 때문에 잘 걸리는 질병에 대한 의료비 준비

노후준비를 할 때 간과해서는 안 되는 부분이 바로 의료비다. 생활비를 계획대로 준비했다 하더라도 갑자기 닥친 질병으로 인해 목돈의 의료비를 지출해 버리면 계획이 어긋나게 되기 때문이다. 특히 여성들에게는 나이가 들수록 남성보다 급격히 발병률이 높아지는 질환들이 있다. 대표적으로 비만의 경우 20대 이하 여성은 남성의 1/3 수준으로 10%에도 못 미치는 수치를 보인다. 그러나 30대 이후로 수치가 낮아지는 남성과는 반대로 점점 비만율이 급격히 증가하여 60대에는 남성을

능가하게 되고 70대에 최고조가 된다.

치매의 경우도 마찬가지다. 50대까지는 남성의 진료 인원과 진료비가 더 큰 수치를 보인다. 그러나 60대를 넘어서며 여성의 발병률이 급격히 증가하여 70대에는 남성의 2배가 넘는 진료비를 지출하게 된다. 이밖에도 폐경기 이후의 여성에게 많이 발생하는 척추관 협착증, 골다공증을 앓고 있는 여성에게 발생 가능성이 높은 이석증, 여성이 전체 진료 인원의 94%를 차지하는 방광염, 녹내장 등 여성에게 더 많이 발생하는 질병이 많다.

🛍 엄마이기 때문에 포기했던 것들: 비재무적 준비

결혼으로 인한 삶의 변화가 사회적, 정신적인 위치의 변화라면 출산으로 인한 변화는 생리적, 육체적 변화가 수반돼 변화폭이 훨씬 크다. 출산을 하고 나면 여성의 삶은 자식 위주로 돌아가기 시작해 진정한 희생의 아이콘으로 거듭나게 된다. 이때부터는 자식을 위해 하나하나 포기하는 것이 늘어난다.

2013년 사회조사 결과에 따르면 여성의 87.7%가 직업을 가지는 것이 좋다는 견해를 밝혀 가정일에 전념하는 것이 더 중요하다(6.9%)는 것에 비해 압도적으로 높게 나타났다. 하지만 육아 부담(49.6%)이 여성 취업의 가장 큰 장애 요인으로 꼽혀 여성은 직업을 가지고 싶지만 육아 때문에 포기하는 경우가 많다는 것을 통계적으로도 확인할 수 있다. 이러한 경우 자칫 본인이 사회에서 필요로 하는 존재가 아니라는 생각으로 인해 사회로부터의 고립감 또는 상실감 등의 감정을 느끼기 쉽다.

여성이 엄마이기 때문에 포기하는 것은 일뿐만이 아니다. 삶의 질이 중요시되며 여가의 수준도 일 못지않게 중요한 삶의 한 부분으로 인식되고 있다. 그러나 엄마의 삶에는 은퇴가 없다. 여성은 자식들을 독립시킨 노후에도 손주 돌보기에 여가의 많은 부분을 할당하게 되는 경우가 많다. 통계청에 따르면 조부모의 손자녀 양육 사례는 2005년에 5만8,000가구를 넘어서 2000년에 비해 28%가 증가한 데 비해 2010년에는 20만 가구 가까이 급격히 늘어 2005년에 비해 105%가 증가하였다. 주말이나 휴일의 여가 활용에 있어서도 여성은 가사일이 42.6%로 남성(13.4%)보다 3배가 넘는 비중을 차지했다. 이러한 상황은 건강 악화나 우울증 등을 유발할 수 있어 육체적·정신적 건강상태에 악영향을 미칠 수 있다.

노후준비의 중요성에 대한 인식은 확산되고 있으나 노후준비가 더욱 절실한 여성에 특화된 노후대비에 대한 공감대는 아직 충분히 이루어지지 않은 현실이다. 그동안 남편과 자식 뒷바라지에 본인을 돌아볼 여력이 없었다는 상황은 충분히 이해할 수 있다. 그러나 모든 책임과 의무를 다한 후 맞이하는 노후를 즐길 수 있을지는 본인의 준비수준에 달려 있다. 지금 지나간 봄날을 그리워하고 있다면 새롭게 다가올 노후의 봄날을 준비하자. 봄은 지나가지만, 또다시 온다.

💰 노후준비의 시작은 국민연금

노후를 준비하려고 마음먹었다면 국민연금은 필수다. 국민연금은 평생 받을 수 있고, 사망한 후에도 배우자, 자녀 등에게 유족연금을 지급한다. 매년 물가상승률을 반영하여 연금액(금액)도 올려준다. 국민연금은 국가가 지급 보장하는 유일한 연금으로 안전성도 높다.

평생 받을 수 있다는 측면에서 국민연금은 남성보다 기대수명이 긴 여성에게 더 유리하지만, 국민연금 가입률은 소득 활동이 많은 남성이 여성보다 높은 게 현실이다. 국민연금 전체 수급자 중 여성은 31.9%로 남성(68.1%)의 절반에도 못 미쳤으며, 가입 기간 20년 이상인 연금수급 자 중 여성은 8.4%에 그쳤다. 여성의 월평균 연금액은 22만원으로 남성의 38만원보다 크게 낮았고, 연금은 가입 기간이 길수록, 납입보험 료가 많을수록 금액이 커지는 국민연금의 특성상, 여성의 경우 남성 보다 소득활동 기간이 짧고, 소득수준이 낮아 더 적은 보험료를 납부한 결과로 분석된다.

2015년 현재 노후에 필요한 최소생활비는 부부 기준 월 174만원, 개인 기준 104만원으로 나타났다(제6차 국민 노후보장패널조사, 2015년). 최소 생활비를 고려할 때 남편의 연금소득만으로는 부부의 노후생활이 어렵다. 20년 이상 국민연금에 가입했을 때 받을 수 있는 연금은 월 89만원 수준이다. 퇴직연금과 개인연금이 부족한 국민연금을 보완할 수 있지만, 중산층 가운데 3층 연금에 모두 가입한 사람은 절반에도 못 미치는 46.5%로 여전히 낮은 수준이다. 부부가 함께 연금을 받아야 최소한의 노후생활이 가능하다. 남편 중심의 연금관리를 그만하고, 부부가 함께 연금관리를 시작하자.

아내 이름으로도 연금이 있어야, 남편 없이 홀로 보낼 10년도 준비할 수 있다. 전업주부의 경우 남편의 은퇴가 곧 부부의 은퇴를 의미한다. 남편의 은퇴가 10여년 남은 40대 전업주부는 부부의 은퇴를 10년 앞두고 본격적인 노후준비가 필요하다. 40대 전업주부를 위한 국민연금 활용 전략을 알아보자.

① 소득이 없는 전업주부라면 당장 국민연금에 가입하라

전업주부, 학생 등은 국민연금 의무가입 대상자가 아니나 노후에 연금을 받기 위해 스스로 국민연금에 가입하는 '임의가입자'가 빠르게 증가하고 있다. 임의가입자는 2011년 10만명에 도달하고 2014년 20만명을 넘어선 후 2017년 1월 30만명을 돌파했다.

저금리시대가 계속되면서 실질가치가 반영되고 평생 받을 수 있는 국민연금이 노후를 위한 가장 안정적이고 효과적인 수단으로 인식되면서 자발적 가입자가 빠르게 증가하고 있는 것이다. 특히 연금 받는 시기가 가까운 40~50대 가입자가 전체의 74%를 차지하며 가장 많고, 여성이 84.5%로 높은 비중을 차지하고 있다. 이는 노후준비를 위해 부부가 함께 국민연금을 준비하고 각각 연금에 가입하는 것이 유리하다는 판단이 전업주부의 임의가입 증가로 이어진 것으로 보인다.

임의가입은 만 60세 이하라면 언제라도 가입할 수 있으며, 해지도 본인이 원한다면 가능하다. 임의가입 월보험료는 소득 기준이 따로 없이 최저 월 8만9,100원부터 최고 39만600원 사이에서 자유롭게 선택할 수 있다. 월 수령액을 높이고 싶다면 월보험료를 높이거나 가입 기간을 늘리면 된다.

현재 만 40세인 전업주부가 월보험료로 매달 9만원씩 20년간 총 2,160만원을 납부하면, 만 65세부터 연금으로 매월 33만750원을 평생 받을 수 있다. 우리나라 여성 기대수명인 85세까지 산다고 가정할 경우, 20년간 수령하는 국민연금은 약 7,938만원이다. 대충 말해서 20년간 2,000만원 정도 납입하면, 노후에 20년간 8,000만원 정도 받을 수 있다는 이야기이다. 여기에 연금 받는 시점의 물가상승률까지 반영되면 연금 수령액은 더 크게 증가한다.

② 가입 기간 10년을 무조건 채워라

국민연금은 만 60세 이전 가입 기간 10년 이상일 때 평생 연금으로 받을 수 있다. 최소가입 기간 10년을 채우지 못하면 만 65세에 반환일시금으로 되돌려 받는다. 반환일시금은 그동안 낸 연금보험료에 1년 만기 정기예금 금리를 해당 기간 이자율로 계산하므로 노후준비에 큰 도움이 되지 않는다. 노후에 가장 큰 도움이 되는 소득은 평생 받을 수 있는 연금소득이다.

40대 전업주부의 경우, 만 60세가 되기 전에 국민연금 가입 기간 10년을 충분히 채울 수 있어 연금수령에 큰 문제가 없다. 50대 전업주부는 만 60세 이전에 국민연금 최소가입 기간 10년을 채울 수 없지만, '임의계속가입'을 활용하면 만 65세까지 국민연금 가입을 계속할 수 있어 최소가입 기간 10년을 채울 수 있다. 국민연금의 가장 큰 장점은 연금을 평생 받을 수 있다는 것이다. 최소가입 기간 10년을 무조건 채워 '평생 연금수급권'을 확보하자.

③ 가입 기간을 늘려라

최소가입 기간 10년을 채우고, 가능하다면 가입 기간을 늘려야 한다. 국민연금수령액은 본인 소득, 전체 가입자의 평균소득, 가입 기간에 따라 결정되는데 그중에서 가입 기간의 영향이 가장 크다.

보험료 총액이 같다고 할 때 매달 적은 보험료를 오랫동안 내는 것이 많은 보험료를 단기간에 내는 것보다 연금 수령액이 커진다. ① 20년간 월 9만원씩 납입할 때와 ② 10년간 월 18만원씩 납입할 때, 총 납입금액은 2,160만원으로 동일하지만 연금수령액은 ① 월 33만750원과 ② 월 22만5,790원으로 크게 달라진다. 즉 20년간 냈을 때가 10년간 냈을 때보다 연금을 월 10만원 정도 더 받을 수 있어, 85세까지

20년간 약 2,500만원 더 받을 수 있다. 따라서 임의가입 시점은 빠르면 빠를수록 좋다. 매달 얼마를 납부하냐보다 얼마나 오래 납부하냐가 더 중요하다.

④ 빨리 가입할수록 유리하다

국민연금 예상연금액을 계산할 때, 가입 기간만큼 중요한 것이 '소득대체율'이다. 국민연금 소득대체율이란 국민연금 가입 기간 40년 기준, 본인의 평균 소득월액 대비 연금액의 비율을 말한다. 소득대체율이 70%라면, 국민연금 40년 가입 시, 소득의 70%를 연금으로 받을 수 있음을 의미한다. 가입자 입장에선 소득대체율이 높을수록 연금액이 커져 유리하고, 소득대체율이 낮을수록 불리하다. 그러나 아쉽게도 국민연금 소득대체율은 갈수록 낮아지고 있다.

국민연금 소득대체율은 1988년 국민연금을 처음 도입할 당시에만 하더라도 70%로 매우 높았다. 하지만 연금고갈을 늦추기 위해 1999년과 2007년 두 차례 국민연금 개혁을 거치면서 소득대체율을 차츰 낮추고 있다. 2008년 50%로 감소한 이후 2027년까지 매년 0.5%씩 낮아져 2028년 이후에는 40%까지 낮아지도록 설계되어 있으며 2017년 현재 소득대체율은 45.5%이다.

즉, 1988년에는 월 소득 100만원에 대해 70만원을 연금으로 받을 수 있었다면, 2017년에는 월 소득 100만원에 대해 45만5,000원을 연금으로 받고, 2028년에는 100만원에 대해 40만원을 연금으로 받게 된다. 소득대체율은 매년 감소하도록 설계되었으므로 과거에 가입한 사람일수록 유리하고, 내년에 가입하는 것보다 올해 가입하는 것이 더 유리하다. 빨리 가입하면 소득대체율 측면에서 유리하고, 가입 기간 측면에서도 가입 기간을 더 길게 가져갈 수 있어 유리하다.

⑤ 보험료를 선납하면 할인받을 수 있다

국민연금 월보험료를 1개월 이전에 미리 납부하면 1년 만기 정기예금 이자율을 적용받아 보험료 할인 혜택을 볼 수 있다. 선납 기간은 1년 이내나 만 50세 이상이라면 최대 5년까지 선납할 수 있다. 선납제도는 직장인 가입자는 신청할 수 없으며 지역가입자, 임의 또는 임의계속가입자만 신청할 수 있다. 전업주부는 임의가입자이므로 여윳돈이 있다면 선납제도를 활용하는 것이 좋다.

⑥ 과거 직장에 다녔다면, 추납을 활용하고 가입 기간을 늘려라

결혼, 출산, 육아 등의 이유로 직장을 그만둔 경력단절 전업주부(경단녀)는 근무 기간이 짧아, 국민연금 최소가입 기간 10년을 못 채운 경우가 많다. 실제 통계청 자료에 따르면 경력단절 여성의 68%가 직장근무 기간 10년 미만인 것으로 나타났다.

경단녀의 경우, 추후납부제도(추납)를 활용하여 부족한 기간만큼 연금 월보험료를 한꺼번에 내면 최소가입 기간 10년을 채우고 연금수령자격을 갖출 수 있다. 결혼 전 6년간 직장생활을 했던 경단녀의 경우, 부족한 4년 치만큼 월보험료를 한꺼번에 추납하면 국민연금 최소가입 기간 10년을 채우고 연금수령자격을 갖출 수 있다.

추납 월보험료는 최저 8만9,100원부터 최고 18만9,000원 사이에서 선택할 수 있으며, 추납하고 싶은 개월 수만큼을 한꺼번에 납부하면 된다. 단, 경력단절 기간을 초과하여 추납할 수 없으며, 국민연금이 전 국민 대상으로 확대된 1999년 4월 이후 기간에 대해서만 추납할 수 있다.

추후납부제도를 활용하면, 소득대체율이 더 높았던 예전 가입 기간이 복원되므로, 그만큼 연금수령액이 증가하는 효과가 발생한다. 따라서 추후 납부할 기간이 있다면 최대한 추후납부제도를 활용하는 것이 연금가입자 입장에서 유리하다.

⑦ 자녀가 둘 이상이라면, 출산 크레딧을 활용

국민연금의 출산 크레딧은 2008년 1월 이후 둘 이상 자녀출산 시 국민연금의 추가가입 기간을 인정해주는 제도이다. 자녀가 두 명인 경우 12개월, 자녀가 3명 이상인 경우 자녀 1인마다 18개월을 추가로 인정해 주어 최대 50개월까지 가입 기간을 인정하고 있다.

출산 크레딧의 인정 시점은 출산 시점이 아니라, 연금을 받기 시작할 때(연금수급권을 가질 때)이므로 일시금으로 받을 경우 출산 크레딧을 신청할 수 없다. 출산 크레딧은 부부 합의에 따라 부부 중 한쪽의 가입 기간에 추가하는 것을 원칙으로 하되, 부부가 합의하지 않는 경우에는 추가가입 기간을 균분하여 수급할 수 있다. 출산 크레딧을 수급할 경우, 자녀가 두 명인 경우 월 2만4,000원의 급여인상 효과가 있으며, 세 명인 경우 6만원, 네 명인 경우 9만6,000원, 다섯 명 이상 최대 10만원 수준의 증액 효과가 있다.

⑧ 배우자의 연금에도 내 몫이 있다 : 유족연금, 분할연금

유족연금은 국민연금 가입자가 사망한 후에 유족의 생계를 위해 지급하는 국민연금으로, 국민연금 가입 기간에 따라 기본연금액의 40~60%를 유족에게 지급한다. 배우자는 유족 중 최우선 순위로 유족연금을 받을 수 있다. 국민연금은 살아있을 때는 평생 노령연금을 지급하고, 사망한 후에도 남은 가족에게 연금 일부를 유족연금으로 지급하는 것이다.

단, 부부가 모두 국민연금에 가입해 각자 노령연금을 받다가 배우자가 사망한 경우, 배우자의 유족연금과 본인의 노령연금 두 가지를 모두 받을 수 없다. 중복급여조정에 따라 ① 본인의 노령연금 + 유족연금액의 30%와 ② 유족연금 전액 중 하나를 선택해야 한다.

부부 모두 국민연금 20년 이상 가입하여 남편은 월 88만원, 아내는 월 32만원 연금을 수령한다면, 함께 사는 동안은 부부가 받는 연금은 120만원이나 남편 사별 후에는 중복급여조정에 따라 더 유리한 조건을 선택해야 한다. ① 본인의 노령연금(32만원) + 유족연금액의 30%(16만원)의 경우 월 48만원이나, ② 유족연금 전액(53만원) 선택하는 경우 월 53만원이므로, 이 경우 본인의 노령연금은 포기하고 남편의 유족연금을 전액 받는 것이 유리하다. 부부가 모두 국민연금을 받기 위해 노력해 온 경우 중복급여조정이 불합리하다고 생각할 수도 있으나 유족연금 자체가 더 많은 사람에게 혜택을 주기 위한 사회보장보험 역할을 하고 있음을 이해하고, 부부의 연금수준과 가입 기간을 고려하여 더 유리한 조건을 선택하는 것이 바람직하다.

분할연금은 부부가 혼인 기간 동안 형성된 연금자산을 반반씩 나눠 갖는 제도이다. 분할연금을 신청하려면 국민연금 가입 기간 중 혼인 기간이 5년 이상이어야 한다.

예를 들어, 배우자의 국민연금 가입 기간 20년 중에 부부의 혼인 기간이 15년이었다면, 배우자가 받는 연금의 75%(=15년÷20년)에 대해서 부부가 나눠 가질 수 있다. 남편이 월 100만원 연금을 받는다면, 분할연금대상 금액은 75%에 해당하는 75만원이다. 75만원을 두 사람이 절반씩 나눠 가지므로 최종 수령하는 연금은 아내 월 37만5,000원, 남편 월 62만5,000원이 된다. 가입 기간 20년 동안 계속 혼인 기간을 유지했다면, 연금 전액이 분할연금 대상에 해당하므로 아내와 남편이 각각 50만원씩 나눠 갖게 된다. 즉, 국민연금 가입기간 중 혼인 기간이 길수록 분할연금 금액이 커지며, 부부가 모두 연금을 받는다면 이혼 후 상대방의 연금에 대해 각각 분할연금을 신청할 수 있다.

대한민국 아줌마에게 고(告)함

자식들도 다 컸고 먹고살 만해져 인생 좀 즐기려던 찰나, 이젠 은퇴한 남편 뒷바라지까지 하란다. 차라리 그 정도면 다행이다. 여기에 다 큰 자식들 뒷바라지마저 계속해야 할지도 모른다면? 지난해 청년실업률은 2012년부터 가파르게 증가하여 외환위기 이후 최고치를 기록한 것으로 나타났다. 앞으로 청년층의 불안한 고용상황이 계속 나아지지 않는다면 이 역시 엄마들의 몫이 될 공산이 크다.

참 이상하다. 우리는 이러한 중년여성들의 노고와 고충을 너무나 당연하게 받아들인다. 은퇴 없이 평생 지고 가야 할 그들의 역할이자 책임이라 여길 뿐이다. 그러다 보니 100세 시대에서는 '베이비붐' 세대 남성들의 삶에만 초점을 맞춘다. '베이비붐' 세대(1955~1963년생)는 전쟁 직후 사회적 안정에 따른 높은 출산율로 형성된 세대로 생산가능인구를 대거 공급하며 우리나라의 경제성장을 주도한 세대다. 위로는 부모, 아래로는 자식들을 위해 쉼 없이 달려왔기에, '베이비붐' 세대의 가장들은 산업화 또는 한 가정의 주역으로서 늘 조명을 받아왔다. 이런 그들이 은퇴를 맞이하면서 은퇴준비, 노후 대책에 있어서도 남성 중심, 가장 중심의 재무적 비재무적 가이드들만 봇물 터지듯 쏟아지고 있다.

그러나 그들이 사회라는 무대에서 치열한 경쟁을 하면서도 버틸 수 있었던 것은, 또한 은퇴 후 가정이라는 무대에서 무사 안락하게 지낼 수 있는 것은, 뒤에서 묵묵히 그들을 지원해준 숨은 공로자가 존재했기 때문이다. 가장들을 빛나고 돋보이게 해주었던 숨은 또 다른 주연, 바로 전업주부인 그들의 아내이다. 가정 안팎으로 숨 가쁘게 달리며 내조에 전념했던 중년여성에 대한 재조명 또한 필요한 이유가 여기에 있다. '베이비붐' 세대엔 남성만 있는 것이 아니다. 오히려 50대 이상에선 여성 인구비율이 더 높고 그들의 평균수명도 더 길다.

이젠 '베이비붐' 세대의 남성들 뒤에 가려진 그늘에서 벗어나 주인공으로서 당당히 조명받을 차례다. '은퇴 남편 증후군', '명절 증후군' 등 각종 증후군을 앓으며 언제 터질지 모르는 시한폭탄처럼 가슴속에 화병만 키우지 말자. 누군가의 아내나 어머니가 아닌 한 여성으로서 스스로 본인만의 삶을 되찾아보자. 남편에게 의지해 온 은퇴 후 노후준비도 본인이 직접 하는 것이다. 조금 거창하게 들릴 수도 있겠지만 이를 위한 방법들은 의외로 쉽고 간단하다. 최소한 이 정도는 실천해 보자.

① 당신만의 '여우 통장'을 만들어라!

단순히 생활비를 관리하는 공용통장의 명의를 본인 명의로 하라는 것은 아니다. 말 그대로 본인만의 삶과 노후대비를 위한 통장이 필요하다. 요즘 남편들은 비자금 관리용 '멍텅구리 계좌'를 은행에 두고 있는 사람이 많다고 한다. 이제 아내들도 남편이 모르는 나만의 '여우 통장'을 만들어보자. 단 자금 목적을 분명하게 설정한다. 자금이 필요할 때 수시로 꺼내 쓸 수 있는 통장과 중·장기적으로 노후대비에 필요한 통장을 따로 만들어놓는 것이다.

먼저 자금이 필요할 때 자유롭게 꺼내 쓸 수 있는 통장에는 남편 급여 중 일부, 생활비 지출 후 남은 돈, 자식들한테 받는 용돈 등 쌈짓돈이 생길 때마다 꾸준히 저축해 둔다. 이러한 자금은 미래에 본인만을 위한 소비에 활용할 수 있다. 가끔 본인을 위한 쇼핑이나 미용에 지출하며 기분전환을 한다든가, 조카 또는 손자들에게 용돈을 주어 센스쟁이 소리도 들어보는 것이다.

이때 유용한 통장은 증권사 'CMA 통장'이 좋다. 대개 많은 사람들이 은행예금 통장을 사용하는데 이왕이면 CMA 통장을 추천한다. 왜냐하면, 상대적으로 높은 수익률을 적용받을 수 있기 때문이다. 보통 은행 예금금리는 연 0.1% 내외로 매우 낮다. 그나마 특정 조건을 충족해야만 우대금리를 적용받을 수 있다. 이자도 분기마다 지급된다. 반면 CMA 수익률은 특정 조건이 없어도 연 1.0~1.3%(2017년 기준)를 적용받을 수 있다. 매일 매일 이자가 붙어 불어나는 잔액을 확인할 수 있는 것도 큰 장점이다.

더구나 CMA통장은 은행 통장처럼 자유로운 입출금이 가능하고, 카드 대금, 공과금 납부 등 결제기능이 있어 일상생활에서 사용하기 편리하다. 또한, 평소 금융투자에 관심이 있는 사람은 CMA 한 계좌 안에서 주식이나 채권, 펀드 등의 다양한 금융투자상품에 투자할 수 있어 관리가 쉽다. 그런데 노후대비를 위한 저축은 좀 다르다. 노후엔 다달이 월급처럼 받을 수 있는 연금이 필요하다. 직장을 다니지 않는 전업주부들이 가입할 수 있는 연금은 국민연금과 개인연금인 연금저축계좌가 있다. 원래 국민연금은 국민연금법상 소득 활동에 종사할 경우에만 의무가입으로 되어 있다. 그러나 소득이 없더라도 본인의 노후를 위해 임의로 가입하는 임의가입 제도를 활용하면 전업주부들도 국민연금을 받을 수 있다. 단 최소 10년 이상 가입해야 수급요건이 충족된다는 점을 유의해야 한다.

국민연금 가입 기간이 너무 길어 부담된다면, 연금저축계좌에 가입하는 것도 하나의 방법이다. 연금저축계좌는 최소 5년 이상 가입 기간을 유지하고 만 55세 이후면 연금을 받을 수 있다. 혹시, 급전이 필요하다면 언제든 찾아 쓸 수도 있다. 특히 연금저축계좌에서 연금저축펀드로 운용한다면 저금리와 물가상승률을 극복하는 좀 더 높은 수익률을 추구할 수 있다. 단, 원금이 보장되지 않는 실적배당형 상품이므로 가입 전 증권사를 찾아 펀드상품 선택에 대한 충분한 상담을 받는 것을 권한다.

② 열심히 일한 당신, 임시파업하라!
떠나고 싶어도 특별한 직업이나 수입원이 있는 것도 아니고, 본인만의 휴양을 위한 소비는 더더욱 꿈도 못 꿨을 것이다. 하지만 여태까지 살림 및 가사노동에 전념했던 주부들 역시 '열심히 일한 당신' 아니던가? 이젠 주부들이 떠날 차례다.

살림살이나 가사노동은 더 이상 주부들만의 일이 아니다. 은퇴 후 남편이 가사 분담에 비협조적이고 오히려 잔소리만 늘었다면 잠시나마 가사 파업을 해보라. 이를 통해 남편들에게 아내의 빈자리를 충분히 느끼게 만들어 경각심을 일깨워 주는 것이다. 물론 말이 쉬워 파업이지, 쉽지 않다는 것을 잘 안다. 따라서 가사분담에 대한 부부간 충분한 대화와 논의가 반드시 필요하다. 우리나라는 아직 서양보다 부부 파트너십이 미숙하고 성 역할에 대한 고정관념이 존재하기 때문에 이러한 과정을 통해 가사 고충에 대한 공감대를 끌어내고 가사분담 정도를 정한다. 되도록 남편과 자식들 모두 고루 참여할 수 있도록 하자.

③ 이제 '당신'을 관리하라!

'이 나이에 무슨 자기관리?' 하며 의아해하는 중년여성들도 있을 것이다. 여태껏 자신을 돌보기보다는 남편 내조와 자식 부양에 더 신경 쓰며 살아왔기에 특히 베이비붐 세대의 주부들은 남편의 은퇴 후 '남편보고 사나, 자식 보고 살지…'라는 한 마디로 자식들에 대한 희생을 아끼지 않으려 한다. 아마도 자식들을 통한 보상을 기대하는 심리 때문인지도 모른다.

이제는 자식에 '올인' 하기보다 좀 더 자신의 삶에 충실하며 투자하는 것은 어떨까. 한 예로 최근 일본에서는 50세 이상 중년여성의 운전면허 취득자 수가 많이 증가했다고 한다. 이는 중년 주부들이 집 안에서만 머물러 있지 않고 일이든 취미든 본인만의 라이프를 추구하려는 욕구가 반영된 것으로 보인다. 남편의 차 조수석에만 앉아있기보다 본인이 직접 운전을 해보자. 새로운 세상이 열릴 것이다. 본인만의 삶을 즐기고 다양한 활동을 하기에도 훨씬 수월해질 것이다.

그리고 식구들이 집에 없는 시간에 집안에서만 무료하게 보내지 말고 계모임, 봉사, 취미 활동 등 외부활동에 눈을 돌려보자. 가장 손쉬운 방법은 구청이나 백화점 등의 문화센터를 다니는 것이다. 비슷한 연령대의 주부들과 친목 도모도 되고 취미 활동도 즐기고 공부도 할 수 있어 세 마리 토끼를 잡을 수 있다. 강좌 또한 주부들이 배우기 쉽고 재미있는 커리큘럼으로 구성되어 있다. 악기, 댄스, 제과제빵, 바리스타, 어학 등 다양한 강좌 수강이 가능하다. 이와 관련된 자격증, 창업, 학사과정 등을 좀 더 전문적으로 배우기 원하는 주부들은 대부분의 대학교에 있는 '평생교육원'에 다니는 것도 좋은 방법이다. 각 대학교 '평생교육원' 홈페이지에 들어가면 입학 및 커리큘럼 사항들을 쉽게 확인할 수 있다.

취미 활동 수준이 아닌 취업을 고려하고 있는 주부들도 분명 있을 것이다. 취업은 분명 어느 정도 육체적 노고가 수반되긴 하지만 사실 경제적, 심리적 자립이라는 목표달성을 위한 제일 좋은 방법이다. 뭐부터 해야 할지 막막하다면 공공기관에서 주최, 운영하는 재취업 준비 프로그램을 활용해보는 것을 권한다. 대표적인 예로 여성가족부가 운영하는 '새일시스템', 고용노동부의 '워크넷', 각 시·도에서 운영하는 '여성발전센터' 등이 있다. 정부 지원으로 취업비용을 절감할 수 있고, 구직 상담·직업교육·취업·커리어 사후관리 등 종합적인 지원 서비스를 받을 수 있다는 것이 장점이다. 마지막으로 무엇보다 중요한 것은 건강관리다. 주부들은 수십 년간 가사노동 및 시부모, 자식, 손자 등의 부양으로 신체 건강이 약화되기 쉽다. 일단 몸이 아프면 만사가 귀찮아지고, 일을 하고 싶어도, 놀고 싶어도 할 수가 없다. 따라서 중년 여성들에게 발생하기 쉬운 오십 견, 골다공증 등 근골격계 질환이나 여성 질환에 신경 써야 한다.

특히 직장에 다니지 않으면 정기 건강검진을 소홀히 하기 쉬운데, 1년에 한 번씩 정기적으로 종합검진을 받는 것도 잊지 말아야 한다. 연령과 보험자격에 따라 받을 수 있는 검진 종류와 범위가 달라지므로 자세한 사항은 국민건강보험공단 또는 한국건강관리협회 지역센터에 문의하면 정보를 얻을 수 있다. 만약 비용이 부담된다면 가까운 보건소에서 거의 무료로 건강검진을 받을 수 있다. 건강은 무엇보다 꾸준한 관리 및 예방이 중요하다. 당신의 건강이 곧 가정의 건강이라는 것을 잊지 말자.

④ 100세 시대 주부들의 당당한 첫걸음 : 당신만의 통장, 휴가, 일

만약 꼴 보기 싫은 은퇴 남편과 다 큰 성인 자식 뒷바라지에 아직도 전전긍긍하고 있다면, 남편과 자식들로부터 정신적으로 독립하여 삶의 주체성을 되찾아보자. 당신이 새롭게 변한다면 오히려 가정에 활력이 생기고 부부관계도 더 좋아질 것이다. 이젠 100세 시대의 또 다른 주역으로서 스포트라이트를 받을 차례다. 이를 위한 첫걸음은 바로 당신만의 통장, 당신만의 휴가, 당신만의 일을 찾아 나서는 것임을 잊지 말자.

4부

자식보다 낫다,
노후를 빛내줄 알짜상품

연금저축에 관한
모든 것

🍍 나에게 맞는 연금저축 선택하기

현재 연금저축에는 크게 3가지 유형이 있는데, 은행에서 판매하는 연금저축 신탁과 증권회사와 은행에서 판매하는 연금저축펀드, 그리고 보험사에서 판매하는 연금저축보험이다.

① 수익성이 먼저냐, 안정성이 먼저냐

우리는 십수년간 노후자산관리에 있어서는 안전성이 가장 중요한 요소라고 들어왔다. 하지만 이제 연금저축처럼 오랜 기간 투자해야 하는 경우에는 조금 다른 관점으로 바라봐야 하지 않을까?

연금저축을 통해 노후자산을 만들어가는 과정에서 수익성과 안전성이 어느 정도 균형이 필요한 때가 되었다고 생각한다. 저금리시대가 지속되는 마당에 수익성에 대한 고민은 반드시 필요하다. 앞으로 연금저축은 보험 및 신탁형태의 상품과 펀드상품을 적당한 비율로 하여 복수로 유지하거나 연금저축펀드계좌 내에서 다양한 펀드를 이용한 포트폴리오 투자가 활성화될 것으로 예상된다.

② 정기적인 납입 vs 자유로운 납입

장기간에 걸쳐 노후자산을 만들어야 하는 연금상품의 경우 월급 등을 이용하여 크게 의식하지 않고 자동이체로 정기적으로 납입하는 방법이 추천할 만하다. 자유로운 납입이 가능하다는 전제 조건하에 정기적인 납입을 하는 것이 이상적인 방법이다. 납입방법을 선택하면서 자유로운 납입방식이 필요하다고 생각되면 연금저축 신탁이나 연금저축펀드로 가입하는 것이 좋다. 반면 연금저축보험의 경우 보험 계약상 정기적인 납입으로 가져가는 경우가 많다.

③ 믿고 맡길까, 직접 운영해 볼까

연금저축보험과 연금저축 신탁은 각각 가입한 보험사와 은행의 자산운용 역량을 믿고 연금자산을 총괄적으로 일임하는 구조이다. 반면, 연금저축펀드는 자산운용사의 역량을 바탕으로 운용하는 다양한 유형의 펀드 중에서 가입자가 직접 선택하는 방식이다. 적극적인 연금자산관리를 하고자 한다면 포트폴리오 투자가 가능한 연금저축펀드계좌를 활용하는 것이 좀 더 나은 방법이 될 것이다.

④ 공시이율과 최저보증이율

공시이율과 최저보증이율은 연금저축 신탁과 연금저축펀드에는 해당 사항이 없고 연금저축보험에만 적용되는 항목이다. 연금저축보험의 공시이율은 시중금리와 보험회사의 자산 운용수익률 등을 반영하여 매월 변동하게 되는데, 공시이율이 아무리 하락하더라도 최소한으로 보장되는 금리가 바로 '최저보증이율'이다.

⑤ 수수료 부과방식의 차이

은행에서 주로 판매하는 연금저축 신탁과 증권회사에서 주로 판매하는 연금저축펀드의 수수료 부과방식은 가입자가 납입한 금액을 운용하여 쌓아놓은 적립금에 비례하여 수수료를 부과하는 적립금 비례방식을 취하고 있다. 반면, 보험사에서 주로 판매하는 연금저축보험은 납입하는 보험료에 비례하여 수수료를 부과하고 있다.

펀드의 선취수수료 방식과 비슷한 연금저축보험의 납입보험료 비례방식은 장기적으로 운용했을 경우 전체 수수료 부담을 낮게 만들어준다. 하지만 상대적으로 높은 초기 수수료 부담으로 인해 조기에 연금저축보험을 해지하는 경우 오히려 납입한 보험료 합계금액보다 해지 환급금이 적게 되는 불리한 요소로 작용하기 때문에 이 부분을 정확히 인지하고 가입하여야 한다.

⑥ 확정 기간연금과 종신연금

연금을 받을 때 정해진 기간 동안 연금을 지급받는 '확정 기간연금'과 사망할 때까지 지급받는 '종신연금'의 2가지 방법이 있다. 그러나 2가지 방법 중 선택할 수 있는 연금상품은 생명보험사에서 판매하는 연금저축 생명보험에 가입한 경우이다. 나머지 연금저축 신탁과 연금저축펀드에 가입한 경우 '확정 기간연금'으로만 받을 수 있고 연금저축손해보험 역시 최대 25년까지 확정 기간연금만 가능하다. 종신연금의 경우 일단 연금지급이 개시되면 그 방법을 바꿀 수 없는데 그 이유는 연금지급이 생존확률에 연계되어 보험사고 발생요건이 성립되어 버렸기 때문이다.

연금저축상품 비교분석 현황

구 분	연금저축보험	연금저축신탁	연금저축펀드
주요 목표	안전성	안전성	수익성
납입방법	정기납	자유납	자유납
상품 다양성	금리연동형	채권형 안정형(주식 10% 미만)	채권형, 혼합형, 주식형 등 포트폴리오 가능
원금보장	원금보장	원금보장	원금비보장
수수료 방식	보험료 비례	적립금 비례	적립금 비례
연금방식	종신형(생보) 확정기간형(생손보)	확정기간형	확정기간형

💰 가장 좋은 연금저축은?

연금저축보험, 연금저축 신탁, 연금저축펀드 모두 각각의 장·단점을 가지고 있는 만큼 어떤 연금저축이 가장 좋다고 섣불리 단정 지을 수는 없다. 하지만 요즘과 같은 저금리 시대에 노후자산의 안전성만을 너무 강조해 연금저축보험 중심으로 운용하고 연금저축펀드를 활용하지 않는다면 오히려 은퇴 생활의 안전성을 담보하기 어려워 보인다. 따라서 수익성을 추구하는 연금저축펀드를 이용하여 노후자산을 최대한 증대하고자 하는 노력과 함께 안전성을 추구하는 연금저축보험 또는 연금저축 신탁을 상황에 맞게 적절하게 이용하는 것이 바람직하다.

즐겁고 행복해서 못 간다고 전해라~
연금저축계좌라는 그릇에 무엇을 어떻게 담을 것인가? 결론부터 말하면 '맥클(MGCL)하라'이다. 첫 번째는 '중위험·중수익(Medium)' 상품에 투자해야 한다. 이제 1%대 초저금리 시대이다. 이자를 받아도 물가상승률에 세금을 떼고 나면 사실상 남는 게 없다.

이자수익을 연금처럼 받아 노후를 보내던 시절은 이미 끝났다. 1% 금리로 투자금액을 두 배로 만들려면 69년이 걸린다. 4% 수익률이면 17년으로 확 줄어든다. 그래서 어느 정도 위험을 고려한 중위험·중수익상품에 투자해야 한다. 그래야 자산증식이 가능하다.

두 번째는 '글로벌(Global)' 상품으로 연금 포트폴리오를 확장해야 한다. 저성장·저금리 시대를 맞이한 한국으로만 투자범위를 한정시키면 안 된다. 성장기에 들어선 국가나 원자재, 환율 등 투자할 곳이 너무 많고 다양하다. 상대적으로 더 안전하고 수익률이 높은 채권도 많이 있다. 글로벌 상품에 투자해야 중수익도 사실상 가능해진다.

세 번째는 '절대로 깨면 안 된다(Continuous)'. 연금으로 노후를 준비하는 데 있어 가장 중요한 전략은 지속성이다. 적은 금액이라도 꾸준히 불입해 나가는 것이 중요하다. 연금보험의 경우 조기에 해지하면 원금손실이 발생할 수 있다. 개인연금은 절대로 중간에 깨면 안 된다. 그 순간 도루묵이 된다는 사실을 명심하자.

네 번째는 '장기투자(Long-term)' 해야 한다. 단기에 투자하는 상품은 리스크도 상대적으로 크고, 수익률변동도 심하다. 그리고 계속 만기연장 등 관리를 해야 하는 번거로움이 있다. 개인연금을 안정적으로 관리하려면 장기적인 상품에 장기투자를 해야 한다. 연금의 기적과 같은 효과는 지금 당장이 아니라 30~40년 후에 나타난다. 단적으로 40세부터 개인연금에 가입한 후 20년간 매월 20만원씩 불입하면, 60세부터 30년간 매달 27만원을 수령할 수 있다.(수익률 3% 기준)

'연금저축계좌'라는 그릇에 '맥클(MGCL)'이라는 요리법으로 우리의 노후를 담아내 보자. 한국인의 수명도 사실상 100세 시대로 접어들었고, 치솟는 고령화지수나 세계최고수준의 노인빈곤율도 무섭다. 미래는 착실히 준비하는 자의 것이다. 불리한 조건이기 때문에 불행한 것은 아니다. 나이가 많아진다는 것이 행복해질 수 없는 요인은 더욱 아니다.

지금부터라도 착실히 준비한 후에 이런 노래를 불러보면 어떨까?

"너무 즐겁고 행복해서 못 간다고 전해라~"

♣ 나만의 연금저축 만들기 핵심 포인트

① 저금리 시대, 수익성 추구하는 연금저축펀드 활용

본인의 연령대, 투자성향 등을 바탕으로 연금저축펀드계좌 내에서 포트폴리오 투자를 활용, 적극적인 수익률 관리를 통해 연금자산 증대에 노력할 것.

② 가입한 연금저축보험 최저보증이율 반드시 확인

최저보증이율이 현재 시중금리보다 높다면 해지나 이전하지 말고 가능한 유지할 것.

③ 장수 리스크에 대비 하고 싶으면 종신연금 활용

건강에 자신이 있거나 배우자의 독거기간을 고려하고 싶은 경우에는 종신연금을 활용하는 게 좋다.

🪙 연금저축 똑똑하게 갈아타기

기존에 가입된 연금저축 상품이나 금융사 서비스 등에 불만이 있다면 계약을 해지하지 않고도, '연금저축 이전제도'를 통해 다른 금융사 또는 상품으로 갈아탈 수 있다. 이전제도 간소화로 연금저축상품 이전이 쉬워지면서 연금저축 내 이동이 본격적으로 이루어지고 있다.

가장 수혜를 본 상품은 바로 '연금저축펀드'이다. 펀드는 보험, 신탁 상품과 달리 한 계좌 내에서 다양한 자산 및 지역에 분산투자하여 리스크를 낮추면서도 더 높은 수익추구가 가능한 상품이다. 장기투자해야 되는 연금저축의 특성상 펀드에 투자한다면 큰 복리효과를 누릴 수도 있다.

펀드 운용수익은 원금보장이 안 되는 배당수익이기 때문에 무조건 보험보다 더 높은 수익을 추구한다고 단언할 수 없다. 그러나 기존에 연금저축 신탁이나 연금저축보험에만 가입되어 있는 사람이라면 연금저축펀드에 적극 관심을 가져 볼 만하다.

🪙 ISA는 목돈 주머니, 연금계좌는 노후주머니가 황금비율!

가계 금융자산 증대 지원방안으로 도입된 ISA는 하나의 계좌에 다양한 금융투자상품을 담아서 운용이 가능하며 일정 기간 보유하면 발생한 순이익을 기준으로 비과세 및 분리과세 혜택을 부여받는 상품이다.

ISA로 운용이 가능한 금융투자상품으로는 예·적금, 펀드, ETF, ELS 등 매우 다양하게 존재한다. 웬만한 금융상품은 모두 이용할 수 있다고 보면 된다.

ISA 손익통산 과세 방법

구 분	세금부담금액
개별상품투자 (현행)	A상품 투자로 300만원 이익, B상품 투자로 90만원 손실 → 과세기준 300만원 ▶ 300만원 × 15.4% = 세금 46만2,000원
ISA	A상품 투자로 300만원 이익, B상품 투자로 90만원 손실 → 손익통산 210만원 순이익 → 과세기준 210만원 ▶ 200만원 비과세, 10만원 × 9.9% = 세금 9,900원

▲자료: NH투자증권 100세시대연구소

ISA 가입조건은 근로소득 또는 사업소득이 있는 경우 누구나 가입이 가능(1인당 1계좌)하다. 신규취업자의 경우 그해 연도 소득이 있는 경우 가입 가능하며, 직전 연도 금융소득 2,000만원 이상 금융소득종합과세 대상자는 제외된다.

ISA 투자한도는 연간 2,000만원, 5년간 총 1억원이다. 만기 인출 시 누적수익에 통합으로 합산하여 200만원(서민형 및 농어민형 400만원)까지 비과세하며, 초과금액은 9.9%의 세율로 분리과세한다. 세제혜택 의무

가입기간은 5년(서민형 및 농어 민형 3년)이다. 원래 의무가입기간 내에 중도인출이나 해지 시 감면세액을 공제하였으나 최근 원금 내 중도인출은 자유롭게 허용하는 걸로 개정되었다.

일반형 ISA를 기준으로 수익에 대한 연금계좌와의 절세혜택을 비교해보자. 연금계좌에서 발생한 수익은 10년 수령 조건으로 연금소득세 5.5%를 징수하므로 수익금 450만원까지는 ISA의 비과세 및 분리과세 조건이 연금계좌보다 더 유리하다. 하지만, 수익금이 450만원을 초과하면 5.5%를 징수하는 연금계좌가 ISA보다 더 유리한 조건으로 바뀌게 된다.

즉 기대수익률이 높고 연간 투자금액이 많은 경우, 세금 측면만 본다면 연금저축이 유리하다. 따라서 ISA의 '비과세'및 연금계좌의 '세액공제'혜택을 모두 누리기 위한 황금비율은 4(연금저축):3(IRP):3(ISA)으로 배분하여 투자하는 것이다.

ISA와 연금계좌 세금 및 수익금 비교

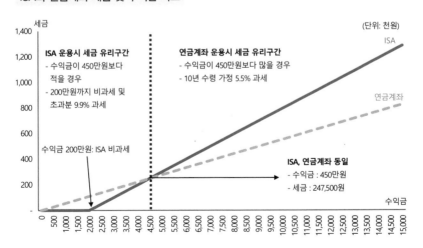

ISA는 일반 대중들의 재산형성에 도움을 주는 것이 주목적이다. 하지만, ISA의 경우 5년 한도로 운용되는 상품이기 때문에 노후자금 준비용보다는 단기목적자금 마련용으로 활용하는 것이 바람직하다. 노후자금 준비관점에서 바라볼 때 큰 축은 연금계좌로 운용하고, ISA는 각 연령층마다 필요한 목돈을 마련하는 계좌로 활용하는 것을 추천한다.

👛 어떤 펀드를 내 연금펀드에 담을까?

최근 10년 사이 펀드 시장에는 중국을 중심으로 한 해외펀드의 부상, 이어진 글로벌 금융위기, 이로 인한 주식형 펀드의 침체기 도래 등 굵직한 이벤트들이 많았다. 펀드 시장은 그때마다 수익률은 물론, 자금흐름이 크게 출렁였다. 한 해에만 수십조원이 들어가고 빠지는 것은 일상다반사였다. 하지만 이 같은 격변에도 불구하고 한결같은 자금흐름을 보인 펀드가 있다. 100세 시대란 거대한 시대 흐름을 탄 개인연금펀드와 퇴직연금펀드가 그것이다.

앞서 연금저축펀드와 퇴직연금펀드는 시황 흐름을 크게 타지 않고 시대 흐름을 타는 펀드로 언급이 되었다. 장수와 고령화로 대변되는 100세 시대라는 거대한 시대 배경이 자리하고 있기 때문이다. 장수로 인생 후반이 길어지고, 고령화로 개인의 노후준비 책임이 더욱 무거워지면서 펀드의 수익률과 상관없이 최근 10년 동안 연평균 1조원에 가까운 금액이 매해 유입되고 있다. 시대 흐름을 탄 만큼 연금저축펀드와 퇴직연금펀드처럼 '연금'이란 글자가 들어간 펀드들은 향후 성장세가 지속될 것이 분명하다.

수명이 증가하고 노후생활이 길어져 연금을 중심으로 한 노후자금은 더 많이 필요하다. 고령화의 진전은 고령 인구를 부양할 수 있는 사회·경제적 차원의 능력이 감소함을 의미한다. 고령화가 연금과 관련한 자산의 성장세에 가속페달을 밟고 있는 셈이다.

국민연금의
모든 것

💰 '밀당' 고수되기 – 장수할 자신 있으세요? 그럼, 미세요!

국민연금은 원래 만 60세가 돼야 노령연금을 받을 수 있는 자격이 부여됐다. 하지만 2017년 만 60세가 된 1957년생의 경우에는 노령연금을 받을 수 없었다. 연금고갈을 우려해 노령연금 수급개시연령을 늦춰 놨기 때문이다. 노령연금 수급개시연령은 출생연도에 따라 점차 늦춰져 1969년생 이후는 모두 만 65세가 돼야 노령연금을 받을 수 있다.

2017년에는 만 61세가 된 1956년생이 노령연금을 받을 수 있는 자격이 된다. 하지만 이들은 5년 전이었던 56세부터 연금을 받을 수도 있었다. 조기노령연금 제도를 활용하는 것인데, 물론 조건이 있다. 가입 기간과 연령, 소득조건이 그것이다. 국민연금 가입 기간이 최소 10년 이상이어야 하고 연령은 노령연금을 받기 5년 전부터 가능하며, 마지막으로 연금을 신청할 때 소득이 없어야 한다.

물론 이 제도를 활용하게 될 경우 페널티가 있다. 원래 받을 수 있었던 연금액에서 일정률만큼 감액해서 지급하는 것인데, 감액하는 비율은 연 6%이다. 최대한 당겨 받을 수 있는 한도인 5년을 일찍 신청하면 30%를 감액하여 받게 된다.

국민연금(노령연금) **수급개시 연령**(만)

출생연도	노령연금(세)	조기노령연금(세)
1952년생 이전	60	55
1953~1956년생	61	56
1957~1960년생	62	57
1961~1964년생	63	58
1965~1968년생	64	59
1969년생 이후	65	60

▲자료: 국민연금공단, NH투자증권 100세시대연구소

노령연금을 일찍 신청할 수도 있지만, 거꾸로 늦게 받겠다고 신청할 수도 있다. 이를 연기연금제도라 하며, 최대 5년까지 연금수급을 연기할 수 있다. 이 제도를 활용하기 위해서는 아무런 조건이 필요 없기 때문에 자신의 의지대로 얼마든지 신청할 수 있다. 1년 늦출 때마다 원래 연금액에 7.2%를 더해서 지급되며, 최대 연기 한도인 5년까지 늦출 경우 원래 연금액의 136%로 시작하게 된다.

20년간 국민연금을 납입한 1956년생(만 61세) A, B, C 세 사람이 있다고 가정해 보자. A는 56세가 되던 해에 아무런 소득이 없어 조기노령연금을 신청했고, B는 정상대로 61세부터 노령연금을 수령하기 시작했다. 한편, C는 연기연금제도를 활용해 5년 뒤인 66세부터 연금을 받기로 했다. 이들의 이해득실의 기준은 다음 세 가지이다. ① 납입원금 회수 기간, ② 수령총액 기준, ③ 상대비교이다.

조기노령연금과 정상 노령연금, 연기연금 제도별 연금 수급액(%)

연령(만)	56	57	58	59	60	61	62	63	64	65	66
조기노령연금	70	76	82	88	94	–	–	–	–	–	–
노령연금	–	–	–	–	–	100	–	–	–	–	–
연기연금	–	–	–	–	–	–	107.2	114.4	121.6	128.8	136.0

▲ 자료: 국민연금공단, NH투자증권 100세시대연구소
*주. 연령은 1953~1956년생 기준

인생이 점차 길어지고 있는 100세 시대라는 측면을 고려하면 C가 상대적으로 우월한 조건일 테고, 50%에 육박하는 우리나라 노인들의 빈곤율을 고려한다면 A도 괜찮은 선택이 될 수 있다. 그리고 평균적인 수명 정도를 생각한다면 B가 가장 적절한 선택이 될 수 있다. 결국, 오래 살 수 있다는 사실에 초점을 맞추면 연금수급을 되도록이면 '밀고', 돈의 소비가치와 어려운 복지환경 등을 고려하면 '당기는' 것이 유리하다.

💰 연금, 쌓는 것만큼 받는 것도 중요해 - 연금수령의 기술

금융감독원이 심혈을 기울여 2015년에 오픈한 '통합연금 포털(100lifeplan.fss.or.kr)'이 있다. 연금을 설계함에 가장 중요한 요소 중 하

나가 은퇴 이후 받게 될 예상연금 수령액인데 연금 관련 전문가가 아닌 이상 먼 훗날 받게 되는 연금액이 얼마나 되는지를 쉽게 예측할 수가 없다. 그런데 이 '통합연금 포털'을 이용하면 이 질문에 대한 답을 비교적 쉽게 구할 수 있다. 누구나 관심만 있다면 적극적인 연금자산 관리가 가능한 것이다.

그런데 연금설계를 제대로 하기 위해서는 연금수령 방식을 이해하는 것이 먼저 필요하다. 연금수령 방식은 생각보다 다양하게 존재하는데, 모든 방식을 다 이해하면 좋겠지만 복잡할 수도 있으니 가장 많이 활용되는 정액(금액지정)형과 정률(기간지정)형을 중심으로 분석해보자.

👛 월급처럼 정해진 금액을 규칙적으로 받는 정액(금액지정)형

정액형은 정해진 기간이나 종신으로(사망할 때까지) 일정 금액을 주기적으로 받는 상품이다. 주로 연금보험에서 많이 이용되는 방법으로 월급처럼 금액이 정해져 있기 때문에 생활비가 규칙적으로 확보되기를 원하는 사람들에게 적당한 연금수령 방식이다. 주의할 점은 연금보험상품들은 금리하락 리스크를 피하고자 변동금리가 적용되는 연금상품을 많이 판매했다. 그 때문에 연금의 변동 여부를 알기 위해서는 가입한 연금상품이 고정금리인지 변동금리인지 반드시 확인해 볼 필요가 있다.

한편, 연금펀드나 연금신탁과 같이 실적배당형 상품에 가입한 경우 정액형을 선택하면 고정된 연금을 받을 수 있긴 하지만 운용실적에 따라 연금수령 기간이 달라진다. 이는 연금을 수령받기 시작한 이후 수익성과의 변동성에도 많은 영향을 받는다. 어느 시점에 수익이 나고 어느 시점에 손실이 나느냐에 따라 연금수령 기간에 다른 결과를 가져다줄 수 있다.

사례1. 연금펀드에 대한 정액인출 시뮬레이션

(단위: %, 만원)

구분 은퇴시점	연간 연금수령액	시장환경 A			시장환경 B		
		수익률 가정		연금자산 잔고	수익률 가정		연금자산 잔고
		연간	누적	20,000	연간	누적	20,000
은퇴 1년차	1,200	20.0	20.0	22,560	-25.3	-25.3	14,044
은퇴 2년차	1,200	17.5	37.5	25,098	20.8	-4.5	15,515
은퇴 3년차	1,200	3.5	41.0	24,734	-10.3	-14.8	12,841
은퇴 4년차	1,200	-9.3	31.7	21,346	2.1	-12.7	11,885
은퇴 5년차	1,200	10.8	42.5	22,321	15.2	2.5	12,309
은퇴 6년차	1,200	-14.3	28.2	18,101	4.9	7.4	11,654
은퇴 7년차	1,200	29.6	57.8	21,904	-13.0	-5.6	9,095
은퇴 8년차	1,200	31.0	88.8	27,122	-16.7	-22.3	6,576
은퇴 9년차	1,200	-16.7	72.1	21,593	31.0	8.7	7,043
은퇴 10년차	1,200	-13.0	59.1	17,742	29.6	38.3	7,572
은퇴 11년차	1,200	4.9	64.0	17,352	-14.3	24.0	5,461
은퇴 12년차	1,200	15.2	79.2	18,608	10.8	34.8	4,721
은퇴 13년차	1,200	2.1	81.3	17,773	-9.3	25.5	3,194
은퇴 14년차	1,200	-10.3	71.0	14,866	3.5	29.0	2,064
은퇴 15년차	1,200	20.8	91.8	16,509	17.5	46.5	1,015
은퇴 16년차	1,200	-25.3	66.5	11,436	20	66.5	-185
은퇴 17년차	1,200	10.0	76.5	11,259			
은퇴 18년차	1,200	12.5	89.0	11,317			
은퇴 19년차	1,200	3.5	92.5	10,471			
은퇴 20년차	1,200	-15.3	77.2	7,852			
은퇴 21년차	1,200	4.8	82.0	6,972			
은퇴 22년차	1,200	-13.4	68.8	4,998			
은퇴 23년차	1,200	15.9	84.5	4,402			
은퇴 24년차	1,200	21.0	105.5	3,875			
은퇴 25년차	1,200	-16.7	88.8	2,228			
은퇴 26년차	1,200	-10.0	78.8	925			
은퇴 27년차	1,200	5.2	84.0	-275			

*가정) 시장환경 B의 고갈시점(은퇴 16년차)까지 누적수익률 66.5%(연평균 4.16%)로 동일하게 가정

💰 정해진 기간 동안 동일한 비율로 나눠 받는 정률(기간지정)형

정률형은 수령 기간을 미리 정하고 연금자산을 잔여횟수 동안 같은 비율로 나누어 받는 방법을 말한다. 규칙적인 연금수령액을 받기는 어렵지만, 연금자산 규모를 일정 비율로 유지할 수 있기 때문에 정해 놓은 기간 동안은 연금을 계속 받을 수 있고 예상보다 연금자

사례2. 연금펀드에 대한 정률인출 시뮬레이션

(단위: %, 만원)

구분 은퇴시점	시장환경 A			시장환경 B		
	수익률	연간연금액	연금자산 잔고	수익률	연간연금액	연금자산 잔고
			20,000			20,000
은퇴 1년차	20.0	1,000	22,800	-25.3	1,000	14,193
은퇴 2년차	17.5	1,200	25,380	20.8	747	16,243
은퇴 3년차	3.5	1,410	24,809	-10.3	902	13,760
은퇴 4년차	-9.3	1,459	21,178	2.1	809	13,223
은퇴 5년차	10.8	1,324	21,999	15.2	826	14,281
은퇴 6년차	-14.3	1,467	17,596	4.9	952	13,982
은퇴 7년차	29.6	1,257	21,176	-13.0	999	11,295
은퇴 8년차	31.0	1,629	25,606	-16.7	869	8,685
은퇴 9년차	-16.7	2,134	19,552	31.0	724	10,429
은퇴 10년차	-13.0	1,777	15,464	29.6	948	12,288
은퇴 11년차	4.9	1,546	14,600	-14.3	1,229	9,478
은퇴 12년차	15.2	1,622	14,950	10.8	1,053	9,334
은퇴 13년차	2.1	1,869	13,356	-9.3	1,167	7,408
은퇴 14년차	-10.3	1,908	10,269	3.5	1,058	6,572
은퇴 15년차	20.8	1,711	10,337	17.5	1,095	6,435
은퇴 16년차	-25.3	2,067	6,178	20	1,287	6,178
은퇴 17년차	10.0	1,544	5,097	-15.3	1,544	3,925
은퇴 18년차	12.5	1,699	3,822	3.5	1,308	2,708
은퇴 19년차	3.5	1,911	1,978	12.5	1,354	1,523
은퇴 20년차	-15.3	1,978	0	10.0	1,523	0

*가정) 20년 수령기간 가정, 1/20, 1/19, 1/18 ···, 1/2, 1/1씩 매년 순차적으로 수령

산이 빠르게 고갈되는 위험을 방지해준다. 하지만 연금수령액에 너무 큰 차이가 발생하지 않도록 연금자산 운용의 안정성에 더 신경을 써야 한다. 은퇴 후 연금을 수령받는 시기가 되면 '연금을 어떻게 나누어 받느냐'가 매우 중요한 요소로 작용한다.

국민연금의 자동과 수동 영역

구 분	자동 or 반자동
납입개시 여부	자동
납입중단 여부	자동
납입금액 및 방식	자동
운용	자동
연금수령 개시	반자동
연금액	자동

▲자료: NH투자증권 100세시대연구소

부족한 연금으로 100세까지 사는 방법

우리 의지와 상관없이 저절로 작동하는 자동연금과 우리의 의지대로 조절할 수 있는 수동연금의 조화가 필요하다. 자동연금은 국민연금과 퇴직연금을, 수동연금은 개인연금을 의미한다. 자동연금만으로는 온전한 노후생활이 불가능하기 때문에 수동연금인 개인연금이 반드시 필요하다. 국민연금은 대표적인 자동연금으로 거의 모든 것이 우리의 의지와 상관없이 결정되고 실행된다.

소득이 있는 사람은 누구나 국민연금 보험료를 내야 한다. 내라고 하면 내고 받으라면 받아야 하는, 사전에 이미 모든 것이 결정돼 돌아가는 완전 자동연금이다. 하지만, 정해진 나이를 기준으로 본인의 의지나 상황에 따라 최대 5년까지 연금수령 시기를 당기거나 늦출 수 있어 약간의

완생을 위해 필요한 자동과 수동의 조화

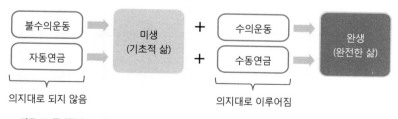

▲자료: NH투자증권 100세시대연구소

융통성을 부릴 수는 있다. 또 다른 자동연금인 퇴직연금 역시 국민연금과 마찬가지로 납입하는 금액의 크기, 납입시기 등 거의 모든 것이 사전적으로 정해져 있다.

퇴직연금의 납입은 회사가 전적으로 하지만, 그 운용은 회사에 맡겨도 되고 본인이 직접 해도 된다. 개인연금은 수동연금이다. 거의 모든 것을 본인의 의지대로 결정할 수 있다. 개인연금(연금저축계좌)가입을 결심했다면 어떤 유형의 상품을 선택할 지부터 결정해야 한다. 연금저축계좌는 3가지(연금저축보험, 연금저축신탁, 연금저축펀드)유형의 상품이 있기 때문에 자신의 투자성향과 기대수익률 등을 고려해 적절히 선택해야 한다.

퇴직연금의 자동과 수동 영역

구 분	자동 or 자동
개시 여부	자동
중단 여부	자동
납입금액 및 방식	자동
운용	수동
연금수령 개시	반자동
연금액	자동

▲자료: NH투자증권 100세시대연구소

개인연금이 더욱 여유 있는 노후생활을 가능케 하지만 개인의 의지대로 가입하는 상품이다 보니 자동연금보다 상대적으로 가입률이 낮은 것이 사실이다. 결국, 개인연금의 성패는 운용결과보다는 의지가 있느냐 없느냐, 즉 시작하느냐 마느냐에 달린 셈이다.

자동연금(국민연금, 퇴직연금)과 수동연금(개인연금)의 조화가 더욱 풍족한 노후생활을 가능케 하지만 현재 은퇴 전후에 있는 베이비붐 세대(1955~1963년생)가 3개의 연금을 모두 보유하고 있는 비율은 불과 20%에 불과하며, 연금이 하나도 없는 사람도 15%나 된다.

퇴직연금 유형별 비교

확정급여형(DB)	확정기여형(DC)
회사는 근로자가 퇴직시 사전에 약정된 퇴직급여를 지급	회사는 매년 부담금을 적립해 주고 근로자가 이를 운영
회사	근로자
퇴직시 30일분의 평균임금 X 근속년수	매년 임금총액의 1/12
회사부담금	회사부담금 + 운용손익
퇴직시점까지 월급이 꾸준히 상승하는 안정적인 기업의 근로자	임금상승률이 낮아 본인이 직접 운용하고자 하는 의지가 있는 근로자

▲자료: NH투자증권 100세시대연구소

노후에 부동산을
동산으로 만드는 방법

"두껍아 두껍아 헌 집 줄게 새집 다오. 두껍아 두껍아 헌 집 줄게 새
집 다오."

"두껍아 두껍아 네 집 지어줄게. 내 집 지어다오. 두껍아 두껍아 네
집 지어줄게. 내 집 지어다오."

모래 놀이를 할 때면 한 번씩은 꼭 불렀던 노래다. 왜 하필 두꺼비를
대상으로 헌 집을 줄 테니 새집을 내놓으라며 다소 생떼 같은 억지를
부리는지는 모르겠지만, 우리나라 사람들이 집에 대해 가지고 있는 열
망이나 집착의 한 단면을 보는듯한 이 노래는 1960년대 무렵부터 널
리 불렀다. '이촌향도(離村向都)'가 본격화되고 인구가 급증하면서 도시
의 주택이 턱없이 부족하던 시절이 바로 그때다. 그때 비하면 요즘의
주택상황은 좋아진 편이다.

실제로 우리나라의 주택보급률은 이미 100%를 넘어선 지 꽤 됐다.
주택보급률이 100%를 넘었다는 의미는 가구보다 주택이 더 많다는 뜻
으로 평균적으로 1가구가 1주택은 보유할 수 있다는 의미다. 물론 실

제 자가비율은 전국 기준으로 50%를 겨우 넘는 수준이고, 전세 난민, 반전세, 하우스푸어 등과 같은 다소 생경한 단어가 대변하듯이 주택시장이 여전히 녹록하지 않은 것 역시 사실이다.

💰 두껍아 노래를 거꾸로 불러야 하는 노후

많은 사람들이 별다른 노후준비를 하지 못한 채 집 한 채만 덜렁 가지고 은퇴하는 경우가 많은 요즘, 집은 이제 단순히 거주 기능을 수행하는 데 그치는 것이 아니라, 은퇴의 관점에서 생활의 수단이 돼야 한다. 즉, 움직이지 않는 부동산을 동산(動産)화해서 노후자금으로 활용해야 한다.

따라서 두꺼비한테 헌 집을 주고 새집을 구하는 게 어릴 적이었다면, 노후 즈음에는 거꾸로 새집을 주고 헌 집을 구해야 한다. 즉, 지금 사는 집보다 조금 작은 집으로 이사를 하거나, 아니면 아예 팔거나, 그것도 아니면 담보를 맡김으로써 부족한 노후자금을 만들어내야 하는 것이 많은 은퇴자들의 현실이다.

집을 활용해 노후자금을 만들 수 있는 방법은 크게 4가지가 있다.

① 담보: 주택연금, 대출의 선입견을 깨다

현재 사는 집에 대한 소유권을 그대로 유지 할 수 있는 방법으로 소유권이 있으니 물론 거주도 그대로 하면 된다. 단 집이 어딘가에 담보로 맡겨져야 가능한 일이다. 즉, 금융기관에 집을 담보로 맡기고 대출을 받아 이를 생활비로 쓰는 형식이다.

한국주택금융공사에서 제공하고 있는 '주택연금'이 나오기 전에는 집을 담보로 대출을 받아 이를 생활비로 쓰는 경우가 거의 없었다. 금융기관에 집을 맡기고 받은 대출금을 생활비로 소진하는 것은 집에 대한 집착이 유달리 강한 우리나라 정서상 쉽게 받아들이기 어려웠던 것이다. 하지만, 주택연금은 100세 시대라는 시대상과 맞물리면서 주택담보대출의 형태이긴 하지만, 부부가 평생 거주하면서 연금(실상은 대출금)을 평생 받을 수 있는 특징이 주목받으며 최근 많은 은퇴자들이 활용하고 있다.

집을 담보로 맡기고 노후생활비를 연금으로 받는 방식은 최근 들어 관심을 끌고 있는 방법이다. 사실 이 같은 방식은 이미 1990년대 중반 은행들이 '역모기지론' 형태로 취급해 왔지만 크게 주목받지 못했었다. 집에 대한 소유욕과 상속의식이 강한 상황에서 집을 담보로 맡긴다는 것 자체에 많은 사람들이 거부감을 느꼈던 게 사실이다.

하지만, 지난 2007년 한국주택금융공사가 주택연금을 출시하면서

주택연금 보증건수(누적)

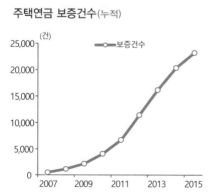

▲자료: 한국주택금융공사, NH투자증권 100세시대연구소
＊주. 2015년은 7월 기준

주택연금의 장점

이 같은 방식에 사람들의 관심이 부쩍 높아지기 시작했으며, 그 이유는, 급속하게 고령화되면서 노후준비에 대한 인식이 높아진 데다, 이전부터 있었던 역모기지론보다 더 유리한 조건을 제시하면서 사람들이 주택을 노후준비 수단으로 활용하는 데 보다 적극적이게 됐다.

주택연금은 집을 담보로 맡기기는 하지만, 대출 기간이나 대출금액이 정해져 있지 않다. 부부가 생존해 있는 한 대출금을 갚을 필요가 없고, 계속해서 연금이 지급된다. 대출금 상환압박이 없는 것이다. 이렇다 보니 현재 집에서 평생토록 거주할 수 있고, 지금 사는 집에 살면서 평생토록 연금이 나온다는 점, 그리고 이를 정부가 보증한다는 것이 주택연금의 핵심 이자 최대 장점이다.

물론 주택연금 역시 일종의 대출이기 때문에 나중에는 결국 대출금을 갚아야 하는데, 여기서도 주택연금만의 장점을 확인할 수 있다. 부부가 모두 사망하게 되면 집을 처분해서 그간 지급한 연금액을 회수하게 되는데, 여기서 집을 처분한 금액이 그동안 지급한 연금액보다 적더라도 그 부족분을 상속인에게 추가로 청구하지 않는다.

즉 대출금이 담보금액을 넘어서더라도 연금을 중단하거나 나중에 청구하지 않는다. 반대로, 집을 처분한 금액이 그간 지급한 연금액보다 더 많으면 그 차액은 상속인에게 돌려준다. 상속인 입장에서는 손해 볼 거 없는 매우 유리한 상속수단인 셈이다.

더불어 담보로 맡긴 집에 대해서는 재산세의 25%가 감면되고, 상대적으로 낮은 대출금리가 적용되는 등 세제 혜택도 많은 편이다. 다만, 집 한 채만큼은 자식들에게 남기고 싶어 하는 은퇴자들은 이 방법에 대해서 한 번 더 고민해야 한다. 나중에 집을 팔아 그동안 지급한 연금(대출금)을 회수하기 때문에 살던 집은 아예 없어질 수 있기 때문이다.

② 매도 : 평균 1억원의 여유자금을 만들 수 있다

집에 대한 소유 욕구를 완전히 접고 집을 매도한 후 여기서 생긴 여유자금을 노후자금으로 활용하는 방법이다. 여유자금은 예금에 넣고 원리금을 찾아 쓸 수도 있고, 수익형 부동산을 구입한 후 월세를 받을 수도 있고, 즉시연금 같은 금융상품을 활용해 연금을 받을 수도 있다.

집에 대한 미련이 크지 않고, 노후자금이 턱없이 부족한 상황이라면 집을 아예 매도하는 것도 방법이다. 가구주의 나이가 60세 이상인 우리나라 가구의 평균자산은 약 3억8,500만원 정도 된다. 이중 노후자금으로 활용할 수 있는 금융자산은 7,200만원밖에 안 된다. 나머지 3억 1,300만원 가량은 주택 등 실물자산이다.

부부 기준으로 은퇴 후 최소 생활비가 약 192만원(통계청, 2017 가계금융 · 복지조사)정도임을 고려하면 60세 이상 가구주가 소유한 금융자산 7,200만원은 3년 조금 지나면 모두 소진되어 버린다. 결국, 가지고 있는 집을 처분하는 수밖에 없다. 3억원 정도의 주택을 처분한다 해도 모두 은퇴자금으로 활용할 수 있는 것은 아니다. 사는 집을 처분했으니 전세 등의 방법으로 다른 거처를 장만해야 한다.

전셋값을 2억원 잡으면 주택을 처분한 금액 중 1억원은 노후자금으로 활용할 수 있다는 얘기가 된다. 1억원 역시 기나긴 노후를 생각할 때 결코 넉넉한 자금은 아니지만 알뜰하게 사용하면 분명 도움이 될 수 있다. 1억원의 목돈을 활용해 은퇴 후 생활비를 만들 수 있는 방법은 크게 네 가지다.

먼저, 연금형 투자상품 등 금융투자상품을 활용해 보자. 연금형 투자상품이란 연금처럼 매달 일정 금액의 현금흐름이 발생하는 상품으로, 일시에 목돈을 넣으면 그다음 달부터 정기적으로 일정 금액의 현금을 지급하는 상품이다. 일반적인 연금상품의 경우 은퇴 전 장기간

적립한 이후 노후에 연금을 받지만, 연금형 상품의 경우에는 적립 기간 없이 목돈을 활용한다는 특징이 있다. 따라서 마땅히 연금을 준비하지 못한 채 은퇴하게 된 사람들에게 적합하다.

월지급식 펀드가 대표적인 예인데, 주로 해외에 투자되는 상품이다. 유례없는 저금리 기조가 지속되고 있는데다 앞으로도 금리가 크게 오르기는 힘들 것으로 전망되면서 많은 투자자들이 수익률 관리 차원에서 해외로 눈을 돌리고 있다. 그 외 활용해 볼 만한 상품으로는 주가연계증권(ELS)이 있다. ELS는 말 그대로 주식시장이나 개별 종목의 주가 등에 연계돼서 수익률이 결정되는 상품으로 비교적 고수익이 가능하다. 그만큼 위험성도 내포된 상품이어서 신중한 선택을 해야 한다.

월지급식 펀드의 유형별 구성비율

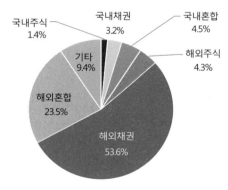

▲자료: FnSPECTRUM, NH투자증권 100세시대연구소

이미 은퇴에 직면한 데다, 노후자금의 성격상 큰 위험을 감내할 만한 상황이 아니라면 원금보장형 ELB를 선택하는 것도 방법이다. 원금

을 보장해 안정성을 크게 높인데다, 상황에 따라서는 시중금리 이상의 비교적 높은 수익도 기대할 수 있다. 게다가 가끔은 월지급식 펀드처럼 매월 일정 금액의 현금을 지급하는 월 지급식 ELS 상품이 출시되는 경우도 있으니 꾸준히 관심을 가져볼 만하다.

두 번째, 즉시연금을 활용해 보자. 목돈을 넣으면 그다음 달부터 즉시에 연금을 받을 수 있는 보험상품이다. 보험사마다 그리고 보증이율에 따라 달라질 수는 있지만, 2018년 기준으로 1억원을 즉시연금에 가입하면 30만원대의 종신연금을 받을 수 있다. 결코, 많은 자금이라 할 수는 없지만, 한 푼의 돈이 아쉬운 노년기에 이 정도 금액이라도 안정적으로 받을 수 있다는 것은 큰 매력이 아닐 수 없다.

세 번째로는 수익형 부동산 구입을 고려해 볼 수 있다. 상가나 오피스텔처럼 매달 일정한 수익을 올릴 수 있는 부동산을 수익형 부동산이라고 하는데, 2017년 말 기준으로 수익형 부동산의 평균 수익률은 5% 안팎에 이른다. 따라서 1억원짜리 수익형 부동산을 구입할 경우 매달 평균 40만원 정도 수익을 거둘 수 있다. 물론 수익형 부동산의 경우 공실 가능성이나 관리비용까지 꼼꼼히 따져봐야 한다.

마지막으로는 예금 등에 돈을 넣고 여기서 발생하는 원리금을 생활비로 활용하는 방법이 있다. 하지만 2%도 되지 않는 예금금리를 고려할 경우 월평균 이자는 겨우 10만원대에 불과해 이자만으로는 생활이 불가능하다. 결국, 원금까지 손을 대야 한다는 얘기여서 이 방법을 쓸 경우 언젠가는 노후자금이 완전히 바닥나게 되므로, 또 다른 노후준비 수단이 있지 않는 한 바람직한 선택은 아니다.

③ 축소[1]: 평당 1,050만원은 마련 가능

---

1. 다운사이징 – 같은 지역에서 줄여가기

집에 대한 소유 욕구를 충족시키면서 그동안 살던 동네에서 계속 살고자 할 때 쓸 수 있는 방법이다. 자식들도 성인이 되면서 모두 분가하고 부부만 집에 덩그러니 남은 상태에서 집은 더 이상 클 이유가 없으므로 조그만 집으로 이사한 후 여기서 발생한 차액을 노후자금으로 활용하는 방법이다.

우리나라 사람들 중 대부분은 늙어서도 집 한 채 정도는 있어야 한다고 생각하는 사람이 많다. 따라서 집을 매도해서 이를 노후자금으로 활용하는 방법을 선뜻 내켜 하지 않을 수 있다. 또 집을 팔고 그동안 익숙해져 있던 동네를 떠나는 것도 부담스러워 하는 경우도 많다. 그렇다면 노후자금 마련을 위해 현재 집은 팔고, 대신에 같은 동네에서 또 다른 집을 장만하는 수밖에 없다. 물론 또 다른 집은 현재 집보다 싸야 한다. 같은 동네에서 현재 집보다 싼 집을 구하는 길은 결국 보다 작은 집을 구하는 방법밖에 없다.

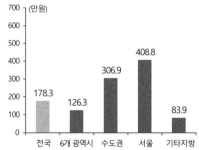

아파트 평균 매매가격(전용면적 1㎡당)

(만원)
- 전국: 352.0
- 6개 광역시: 277.6
- 수도권: 440.7
- 서울: 617.3
- 기타지방: 217.2

▲자료: KB부동산(2015.8), NH투자증권 100세시대연구소
*6개 광역시 : 부산, 대구, 인천, 광주, 대전, 울산
*수도권 : 서울, 경기, 인천
*기타지방 : 수도권과 광역시를 제외한 지역

단독주택 평균 매매가격(전용면적 1㎡당)

(만원)
- 전국: 178.3
- 6개 광역시: 126.3
- 수도권: 306.9
- 서울: 408.8
- 기타지방: 83.9

▲자료: KB부동산(2015.8), NH투자증권 100세시대연구소
*6개 광역시 : 부산, 대구, 인천, 광주, 대전, 울산
*수도권 : 서울, 경기, 인천
*기타지방 : 수도권과 광역시를 제외한 지역

그렇다면 집을 축소할 경우 얼마만큼의 노후자금을 마련할 수 있을까? 물론, 가지고 있는 집의 크기와 새로 구하려는 집의 크기에 따라 천차만별의 대답이 가능하다. 결국, 원하는 수준의 노후자금 규모에 따라 개인별로 선택은 달라질 수 있다. 다만, 참고할 것은 아파트 기준으로 1평(3.3㎡)을 줄일 때마다 1,050만원 정도의 노후자금을 평균적으로 마련할 수 있다.

2017년 기준으로 전국 아파트의 1㎡당(전용면적 기준) 평균매매가격은 350만원 정도이며, 이를 기준으로 하면 이 같은 계산이 가능하다. 만약 서울에 아파트가 있는 경우라면 집을 축소할 경우 좀 더 많은 노후자금을 마련할 수 있으며, 서울에서 아파트 한 평을 줄인다면 평균 2,000만원 가량의 노후자금을 마련할 수 있다.

단독주택을 소유하고 있다면 규모축소를 통해 마련할 수 있는 노후자금 규모가 아파트보다 상대적으로 작다. 평균 매매가격이 상대적으로 작기 때문인데, 단독주택 1평을 줄인다면 평균적으로 590만원 정도의 노후자금을 마련할 수 있으며, 서울 소재 단독주택이라면 1평당 1,350만원 정도 노후자금을 마련할 수 있다.

이 같은 수치 등을 참고해, 마련하고자 하는 노후자금의 규모와 자신이 소유한 주택의 규모 등을 고려해 어느 수준까지 집을 축소할지 결정해야 한다.

④ 이전² : 2억원 가까이 마련 가능

역시 집에 대한 소유 욕구를 충족시키면서 할 수 있는 방법으로는 그동안 살아왔던 동네를 떠나 집값이 싼 다른 지역으로 이사하는 방법으로, 특히 수도권에 주택을 소유하고 있는 사람들에게 유용하다. 축

---

2. 다른 지역으로 이사하기

소보다 조금 더 과감한 방법으로, 더 많은 여유자금을 만들 수 있다.

집은 어떤 식으로든지 소유한 가운데, 더 많은 노후자금을 마련하려면 집을 축소하는 것만으로는 부족할 수 있다. 과감하게 살던 동네를 떠나 집값이 더욱 싼 지역으로 이전해야 한다. 이 방법은 도시에 거주하고 있는 사람이 주로 택할 수 있는 방법으로 지역 간 주택가격 차이를 이용하는 방법이다. 살던 동네에 대한 애착이 크지 않거나, 자식들이 성장하여 그 지역을 떠났거나, 은퇴 후 더욱 자연 친화적인 곳에서 거주하는 것을 꿈꾸어 왔다면 충분히 고려해볼 만하다.

만약, 수도권에 거주하고 있던 사람이 광역시를 제외한 기타지방으로 이전할 경우에는 대략 2억3,000만원의 노후자금을 추가로 마련할 수 있다. 2017년 12월 기준으로 수도권 주택의 평균 매매 가격은 4억1,000만원이고 광역시를 제외한 기타지방의 평균 매매가격은 1억8,000만원이기 때문에 이 차액만큼을 노후자금으로 활용할 수 있으며, 즉시연금이나 수익형 부동산 등을 활용한다면 월 60~70만원의 생활비는 마련할 수 있을 것이다. 만약 수도권 중에서도 서울에 거주하고 있다면, 지방 이전을 통해 4억원 가까운 노후자금을 마련할 수 있다. 이 정도 금액이면 안정적인 노후생활이 가능하다.

농지를 활용한
노후준비 전략

천하(天下)의 근본에서 노후(老後)의 근본으로의 변화

　우리나라는 전통적으로 농본주의(農本主義) 국가였다. 그러나, 20세기 이후 농업 중심사회에서 공업 중심사회로 변화하면서 상대적으로 농업에 대한 관심이 낮아지면서 농촌의 젊은이들은 도시로 일자리를 찾아 이동하고, 농촌에는 고령자만이 남아 농사로 생계를 꾸려가고 있는 실정이다. 게다가 농사로 벌어들이는 수입이 많지 않아서 더 이상 체력적으로 농사를 지으실 수 없을 때가 오면 모아둔 자금은 턱없이 모자라 노후자금은커녕 생활비조차 모자라는 상황이 발생하기도 한다.

　그렇다고 자식들에게 무조건 봉양을 강요할 수도 없는 실정이다. 이런 농촌의 고령자에게도 희망은 있다. 농사를 지으면서 평생 살아온 농지를 통해 연금을 수령하며 노후를 보낼 수 있는 '농지연금'이 그것이다. 100세 시대를 살아가는 지금 농지연금을 어떻게 하면 효율적으

로 활용할 수 있는지 또 귀농·귀촌을 준비하고 있는 도시인과 은퇴예
정자들이 활용할 방법은 무엇이 있는지 알아보자.

① 효자보다 나은 '농지연금'

우리나라 농촌은 전례를 찾아볼 수 없을 정도로 빠르게 고령화가 진
행되고 있지만, 고령 농가의 소득과 생활 수준은 매우 낮은 편이다. 70
세 이상 고령 농가 중 80% 이상이 농사로 연 매출 1,000만원에 못 미
치고 있는 것으로 조사되었다.(서울대학교, 2011년) 그래서 고령 농업인
의 경우 안정적인 수입 없이 불안하게 생계를 꾸려나가는 것이 현실이
다. 농지연금은 이러한 고령 농업인의 실질적인 노후생활장치로 2011
년 도입되어 5년 만에 누적가입자 5천명을 돌파하였다.(2015년 9월 말 기
준, 누적지급 총액 1,034억) 농지연금은 농지를 담보로 연금을 지급하는 방
식이며, 연금을 수령하면서 기존농지를 활용하여 경작하여 수익을 얻
을 수 있으니 효자보다 나은 노후대비로 부상하고 있다.

농지연금 가입자수 및 지급금액 현황

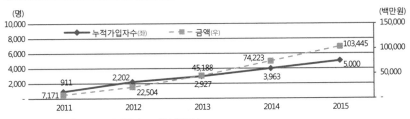

▲자료: 한국농어촌공사, NH투자증권 100세시대연구소
＊누적 가입자수: 2015.10.12 기준 / 지급금액: 2015.9.30 기준

② 농지연금제도란?

농지연금은 만 65세 이상 고령농업인이 소유한 농지를 담보로 노후 생활 안정자금을 매월 연금형식으로 지급받는 제도이다. 농사를 짓는 농업인을 대상으로 하므로 신청일 기준으로 농지소유자 본인이 농업인이어야 한다.

일정 기간의 영농경력도 필요하며 농지연금 신청일 기준으로 과거 5년 이상 영농경력이 있어야 한다. 이때 5년의 영농경력은 연속적인 기간이 아니고 전체 영농기간 합산 5년 이상이면 신청할 수 있다. 소유농지에 대한 크기 제한은 없다. 2인 이상 공동소유 농지일 경우 부부 공동지분 이외의 지분은 제외하여 산출한다.

대상 농지는 전, 답, 과수원으로 실제 영농에 이용 중이며 저당권 등 제한물권이 설정되지 않은 농지로 제한되며, 불법건축물이 설치되어 있거나 개발지역 및 개발계획이 확정된 곳도 제외된다. 연금액의 산출방법은 공시지가와 감정가액의 80% 중 높은 금액을 선택할 수 있다.

지급방식에 따른 농지연금 가입가능 연령

구 분	종신형	기간형		
		5년형	10년형	15년형
가입연령	65세 이상	78세 이상	73세 이상	68세 이상

▲자료: 한국농어촌공사, NH투자증권 100세시대연구소

수령방법은 종신형과 기간형이 있으며, 종신형은 65세 이상 신청이 가능하고 가입자 사망 시까지 일정 금액을 지급하는 방식이며, 배우

자의 사망 시까지 계속 지급된다. 기간형은 가입자가 선택한 일정 기간 매월 일정한 금액을 지급받는 방식이며 평균적으로 종신형보다 지급 기간 짧아 지급액이 종신형보다 많다. 종신형과 다르게 기간형에는 가입연령을 제한한다. 왜냐하면, 연금수령 기간이 종료되면 연금지급이 중지되어 생활이 어려워지는 문제점이 발생할 수 있기 때문이다.

이에 따라, 73세의 농지연금 가입자가 기간형을 선택할 경우 10년형만 가입할 수 있으며, 5년형은 선택할 수 없다. 즉 고령농업인이 사망 시까지 안정된 연금을 받을 수 있도록 제도적으로 제한하고 있다. 종신형과 기간형 모두 고령 농업인의 생활안정이라는 제도의 취지를 고려하여 지급상한액은 월 300만원 이며, 농지연금의 경우 연금지급 기관은 한국농어촌공사이고, 연금의 재원은 농지관리자금이다. 한국농어촌공사에서 가입부터 약정종료 후 농지처분까지 모든 절차를 일괄 수행한다.

③ 농지연금이 좋은 4가지 이유

농지연금은 농지를 소유하고 있지만, 일정한 소득이 없거나, 소득이 부족하여 노후생활이 불안정한 고령 농업인에게 노후생활안정자금으로 지원하는 것을 목적으로 하고 있다.

농지연금이 좋은 이유는 다음과 같다.

첫째, 담보 농지의 자경과 임대를 할 수 있다. 농지연금을 받으면서 농지를 직접 경작하여 추가 수익을 올릴 수 있으며, 임대가 가능하여 임대료를 받을 수 있다.

둘째, 농지연금 신청인과 배우자 모두 종신토록 보장이 가능하다. 신청인이 사망해도 배우자에게는 종신토록 연금이 지급된다.

셋째, 농지연금은 국민연금이나 개인연금을 받고 있어도 중복으로 수령이 가능하다.

넷째, 농지연금을 받는 농업인 사망 시 합리적으로 처분할 수 있다. 부부 모두 사망 시 농지연금으로 수령한 금액이 담보 농지의 처분액보다 많더라도 잔여채무를 다른 농지나 상속인의 재산에 청구하지 않는다. 반대로 연금으로 받은 금액이 농지가격보다 적을 경우 잔액은 상속인에게 돌려준다. 즉, 생전에는 안정적인 연금을 수령하며 노후를 보낼 수 있고 사망 시 농지처분액이 연금으로 받은 금액보다 많은 경우 잔여재산은 상속까지 할 수 있는 합리적인 제도이다.

농지연금과 주택연금 비교

농지연금은 도입 이후 지속적인 개선을 통해 수령자인 농업인에게 실질적인 도움이 될 수 있도록 변경되고 있다. 우선 2014년에는 담보 농지의 평가방법이 공시지가에서, 공시지가와 감정평가 두가지중 선택하는 방식으로 변경되었다. 가입비의 폐지 및 부부 모두 만 65세를 기준으로 가입이 가능했던 조건을 가입자만 만 65세 이상으로 완화하였고, 2015년에는 담보 농지 감정평가율을 70~80%로 상향 기타 부대비용에 대한 편의를 제공하는 방식으로 변경되었다. 또한, 최근에는 3만㎡가 넘는 토지를 보유한 농업인은 가입이 불가했던 것을 폐지하여 전국적으로 농가 약 3만 호에 추가로 농지연금 가입기회가 주어졌다.

농지연금과 유사한 방식의 주택연금은 살고 있는 집을 담보로 평생 혹은 일정 기간 매월 연금 방식으로 노후생활자금을 지급받는 국가보증의 금융상품이다. 두 연금제도의 동일기간 수령액(종신 지급형)을 비교해보면 농지연금이 조금 더 많다.

게다가 농지연금은 경작을 통한 수입과 농지소유자가 나이가 들거나 질병 등으로 경작을 하지 못할 경우 농지은행에 임대를 위탁하여 임대료 수입도 추가로 받을 수 있다. 추가로 영농경력이 영속적으로 10년 이상인 고령농업인(65~70세)이 몇 가지 조건을 충족할 경우에는 한국농어촌공사나 전업 농업인 등에게 농업경영을 이양할 경우에는 소득안정을 위해 보조금을 지급 받을 수 있는 '경영 이양 보조금 제도'를 활용할 수도 있다. 이처럼 농지연금은 주택연금보다 활용도가 높아 노후대비용으로 더욱 효과적이다.

④ 도시인이 농업인이 되는 방법

농지연금을 농업인이 아닌 일반인, 즉 도시인이 농지연금을 활용할 수 있는 방법은 없을까? 100세 시대를 살아가는 지금 인생 전반기에는 직장인으로 준비한 노후준비자금 외에 농지연금으로 풍요로운 노후를 보낼 방법이 있는지 알아보자.

첫째, '농업인'으로 신분을 인정받아야 한다. 이를 위해서는 먼저 본인 소유의 농지가 있어야 한다. 만약 농지가 없다면 농지를 구매해야 한다. 물론, 농지의 구매가 부담스러울 수 있지만, 현재 대한민국의 농지가격은 다른 토지와 주택보다 상대적으로 저렴하기 때문에 수도권을 벗어나면 구매할 수 있는 농지는 많다.

농업인으로 인정을 받기 위한 기본 경작지 규모는 1,000㎡(300평)이다. 농지를 구매했다고 바로 농업인이 되는 것이 아니기 때문에 본인이 얼마나 자주 방문할 수 있는지 또는 경작을 위한 시간 투자를 할 수 있는가 등 여러 방면으로 고려하여 선택해야 한다. 실거래가 비교할 경우 충청남도 이남 지역을 선택한다면 경기도 실거래가의 1/2 가격으로 농지를 매입도 가능하니, 예산과 교통편을 고려하여 농지를 구매해야 한다.

둘째, '5년 이상의 영농경력'을 쌓아야 한다. 농지연금의 취지가 각종 사회보험 및 복지제도의 혜택으로부터 소외된 고령 농업인의 노후 생활안정이 목표이기 때문에 일정 기간의 영농경력이 필요하다. 농업인으로 인정받기 위한 기본적인 조건은 연간 90일 이상 농사에 종사해야 한다. 또한, 농지원부 또는 농업경영체등록확인서에 농업인으로 등록해야 한다.

만일 농지원부 등에 기재되지 않았지만 실제로 경작한 기간이 5년 이상이면 해당 소재지의 한국농어촌공사 담당자의 확인이나 해당 지역 이장의 현지 확인을 통해서 발급하는 영농경력확인으로도 경작 기간 인정이 가능하다.

⑤ 100세 시대 관점의 농지는 노후생활의 근본

노후를 준비하는 방법은 다양하다. 농지연금을 3층 연금(국민연금, 퇴직연금, 개인연금)과 주택연금과 활용하여 함께 준비한다면 기존연금으로 부족한 소득 부분의 상당 부분을 충당할 수 있을 것이다. 그러나, 다른 연금들과 달리 농지연금은 가입자격이 한정되어 있기 때문에 철저한 준비가 필요하다. 농업인 자격 취득, 농지구매와 영농기간의 조건등을 충족해야 하기 때문이다.

100세 시대 관점에서 바라본 농지연금은 기존의 3층 연금을 보완하는 장치로 활용하는 것이 좋다. 3층 연금은 일정 기간 모아둔 자금을 받으면서 소진되는 구조임에 반해서, 농지연금은 연금으로 수령하고 경작을 통해 꾸준히 소득을 창출하며 임대료 수입을 비롯하여 경영 이양을 통한 보조금도 받을 수 있기 때문에 노후 현금흐름에도 상당한 도움이 될 것이다. 농지연금의 경제적 혜택뿐 아니라 추가로 얻을 수 있는 비경제적인 것도 많다.

첫째, '건강'이다. 농지연금의 경우 본인 소유에 경작지를 운영하면서 규칙적으로 노동을 해야 하므로 경작 활동을 통해 얻어지는 신체의 건강함은 기본이며, 땀 흘려 경작한 농산물은 덤이다. 본인이 직접 기른 작물을 식자재로 음식을 만들어 먹는다면 최고의 건강식이 될 것이다.

둘째, '가족의 화합'이다. 자녀들의 출가 이후 식구들이 한자리에 모이기가 쉽지 않다. 자식들의 거처와 가까운 곳에서 농지를 경작하며 거주한다면 자녀와 손주들의 생생한 '자연 학습장'으로의 역할을 할 수 있다. 마치 별장이나 주말농장에 놀러 가는 즐거운 기분으로 할아버지, 할머니를 만나고 직접 기른 농작물을 온 가족이 모여 나누어 먹으며 시간을 보낼 수 있는 화합의 장이 될 수 있다.

농지를 노후의 근본으로 활용하자. 제2의 인생은 '농지 노후지대본야(農地老後之大本也)'

농지연금 Q & A

▶ 연령이 아주 많아도 가입할 수 있는가?
- 농지연금의 경우는 가입연령에 상한이 없으므로 90세가 넘어도 가입할 수 있음

▶ 연금수급 중에 월 지급금 지급방식 변경이 가능한가?
- 농지연금은 약정체결 시 선택한 지급방식에 따라 월 지급금이 산정되어 지급되는 구조이기 때문에 연금지급 중에는 월 지급금 지급방식 변경이 불가함

▶ 가입자 70세, 배우자 65세인 경우 누구를 기준으로 월 지급금을 산정하는가?
- 부부 중 연령이 낮은 배우자를 기준으로 월 지급금을 산정함
* 부부 모두가 평생 연금을 지급 받을 수 있도록 하기 위함

▶ 농지의 공시지가가 오르면 월 지급금도 증액되는가?
- 약정체결 시 기준으로 월 지급금이 산정되므로 공시지가가 상승해도 월 지급금은 오르지 않음
* 반대로, 공시지가가 하락해도 월 지급금은 감액되지 않음

▶ 연금수급 중 담보 농지를 매도하면 어떻게 되는가?
- 타인에게 담보 농지를 매도하여 소유권이 이전되면 농지연금 지급이 정지되고 약정 해지에 따라 농지연금채무를 상환해야 함

절세금융상품

💰 연금 절세 전략, 연금계좌에 400만원 & IRP 계좌에 300만원

연금저축계좌와 IRP 모두 5년 이상 가입 기간을 유지하면 55세 이후 연금을 받을 수 있다는 공통점이 있다. 하지만 가입자격에 차이가 있다. '개인연금'인 '연금저축계좌'는 가입대상에 제한이 없어 자영업자, 소득이 없는 미성년자나 전업주부라도 가입할 수 있다.

반면 '퇴직연금'인 'IRP'는 2017년 7월에 가입 대상자가 확대되어 근로자, 자영업자, 공무원, 교직원, 군인 등 소득이 있는 모든 취업자가 가입할 수 있다. 하지만 납입요건에는 차이가 있다. 연금저축계좌는 전 금융기관 합산 연 1,800만원 한도 내에서 납입이 가능하며 여기에는 퇴직연금 DC형이나 IRP에 납입한 개인 추가납입액과 타 연금저축 납입금액이 모두 포함된다.

IRP는 크게 '개인형 IRP'와 '기업형 IRP'로 나눌 수 있다. '개인형 IRP'는 가입대상이나 소득원천에 따라 '적립 IRP'와 '퇴직 IRP'로 구분하기도 한다. '적립 IRP'는 퇴직연금(DB형·DC형)에 가입된 근로자가 본인의 여유자금을 적립하여 노후자금을 확보하는 동시에 세액공제 혜택을 받으려는 목적으로 하는 IRP이며 '퇴직 IRP'는 이미 퇴직하거나 이직 시 받은 퇴직급여 일시금을 자기 명의의 퇴직계좌로 이전하여 노후자금으로 활용할 수 있도록 운용하는 IRP이다.

연금저축계좌 & IRP 자세히 살펴보기

항 목	연금저축계좌	IRP
특징	• 재직중에는 개인부담금을 입금하여, 연말정산 세액공제 혜택을 누리고 • 퇴직시에는 퇴직금을 입금하여, 과세이연 혜택을 누리고 • 노후에 연금으로 지급받는 평생절세연금계좌	
가입자격	제한없음	소득이 있는 모든 취업자 (자영업자, 근로자, 공무원, 교직원, 군인 등)
가입한도	연 1,800만원(연금저축계좌/IRP/DC 개인부담금 합산, 퇴직금은 한도 없음)	
세액공제 한도	연 400만원 ※ 총 급여액 1억2000만원 초과/종합소득금액 1억 초과인 경우 연금저축계좌 세액공제 한도는 연 300만원	연 700만원
제도 수수료	없음	개인부담금의 운용/자산관리 수수료 무료 ※ '17년 11월 20일부터 시행. 퇴직금은 0.30~0.25% 수수료 징구
편입상품 및 특징	연금저축신탁 - 안정형(주식 10%, 채권 90% 이상 편입), 채권형 - 원금지급형, 5,000만원까지 예금자 보호	원리금보장상품 : 은행 정기예금 원금지급형상품 : 증권사 ELB
	연금저축펀드 - 500개가 넘는 다양한 펀드 라인업	실적배당형상품 : 퇴직연금 전용 펀드 등 ※ 감독규정상 위험자산 최대 70%편입 가능

*연금저축계좌는 가입 후 5년 이상 유지 & 만 55세 이후 연금으로 수령.
*연금 수령한도 내 연금 수령 시 연금소득세로 저율 과세되며, 연금저축 계약기간 만료 전 중도 해지하거나 계약 기간 종료 후 연금 이외의 형태로 수령하는 경우 세액공제 받은 납입 원금 및 수익에 대해 기타소득세(16.5% 분리과세) 등 높은 세율이 부과될 수 있음.

'기업형 IRP'란 상시근로자 10인 미만의 사업장에서 간편하게 퇴직연금을 도입한 형태, 개인이 아닌 기업이 부담금을 납입해주고, 근로자가 적립금 운용방법을 결정, 기업형 IRP 또한 근로자 추가납입에 따른 세액공제 혜택이 적용된다.

연금저축계좌와 IRP는 운용 중 과세가 되지 않아 연금 수령(또는 해지) 시점까지 세금 납부가 연기되어 투자 원금을 증대시키는 과세이연 효과가 있다. 연금수령 시에는 연금소득세(연령별 차등 5.5~3.3%)로 저율 과세되며, 국민연금 등 공적연금을 제외한 연금수령액의 연간 1,200만원까지는 분리과세로 추가적인 절세효과를 누릴 수 있다. 또 중도 해지 후 일시금 수령 시, 세액공제 받지 않은 원금은 과세에서 제외된다는 장점이 있다.

연말정산 시 세액공제 혜택을 받을 수 있으나 연금저축계좌는 연간 400만원 한도 내에서, IRP의 경우에는 연간 700만원 한도 내에서 13.2%(연 급여 5,500만원 이하 16.5%)의 세액공제를 받을 수 있다. 단, 연금저축계좌의 세액공제 한도가 IRP의 세액공제 한도에 포함된다는 점을 유의해야 한다. 연금저축계좌는 특별한 조건 없이 중도 일부 인출이 자유로울 뿐 아니라, 세액공제 받지 않은 납입금액부터 우선 인출되고 이는 과세가 되지 않는다. 이에 반해 IRP는 연금저축계좌보다 중도인출에 대한 제약조건이 더 까다롭다. 특별한 법정 사유가 아닌 이상 중도에 일부 인출이 불가하고 아예 해지하여 전액 출금을 하는 수밖에 없다.

비교적 자유로운 환금성, 유동성에 초점을 두고자 한다면, IRP보다는 연금저축계좌가 좀 더 적합하다. 연금저축계좌와 IRP 두 계좌를 모두 활용하되, 연금저축계좌 납입을 먼저 고려하고, IRP에는 세제 혜택을 추가로 받을 수 있는 연 300만원 한도까지만 납입함으로써 세제 혜택을 극대화시키는 것이 좀 더 합리적이라 볼 수 있다. 연금저축계좌는 상품 종류에 따라 별도의 전용 계좌가 있다. 연금저축펀드는 계좌 내에서 연금전용 펀드상품에만 투자할 수 있다는 의미이다. 반면 IRP 계좌는 한 계좌 내에서 원리금 보장형인 예금, ELB, 원금 비보장형인 채권, ELS, 펀드 등 여러 종류의 상품을 동시에 투자할 수 있다. 상품의 다양성 측면에서는 IRP가 유리하다.

IRP 계좌에서는 연금저축계좌와 달리 제도가입에 따른 별도의 운용관리 수수료와 자산관리 수수료가 발생한다. 수수료율의 차이는 장기적으로 퇴직연금 운용수익률에도 유의미한 영향을 미칠 수 있기 때문에, IRP 가입 시 각 금융사의 퇴직연금 수수료를 비교해 고려하는 것이 좋다.

연금 절세 필승전략! 꼭 알아두면 좋은 3가지
1. 먼저 연금저축계좌에 400만원, 그다음 IRP에 300만원
2. 연금저축계좌는 연 최대 납입한도까지 꽉꽉!
3. 연금저축계좌는 가족 명의로도!

💰 '노후준비'와 '절세' 두 마리 토끼 잡는 연금저축 추가납입

연금저축에 납입한도(1,800만원)를 꽉 채워 가입하는 전략은 '노후준비'와 '절세'라는 두 마리 토끼를 한꺼번에 잡을 수 있는 연금전략이다. 연금저축에 납입한 금액은 연말정산 때 세액공제를 받을 수 있을 뿐만 아니라 만 55세 이후에 연금으로 수령할 수 있기 때문이다.

운용 기간에는 운용수익에 대해 세금을 과세하지 않아 과세이연에 따른 복리효과로 운용수익 상승효과를 올릴 수 있다. 또한, 만 55세 이후 연금으로 수령할 때 연금소득이 연간 1,200만원 이하이면 연금소득 세율(3.3~5.5%)로 저율로 분리과세 되어 노후자금 마련에 최적의 상품이다. 연금저축은 주된 직장에서 퇴직 후 국민연금을 받기 전까지의 소득 공백기에 안정적인 노후소득원의 역할을 할 수 있다. 연금저축은 현재 판매되는 금융상품을 통틀어 세제 혜택이 가장 많은 상품이다.

다양한 절세혜택을 받으며 노후자금을 마련할 수 있는 평생 절세 연금계좌

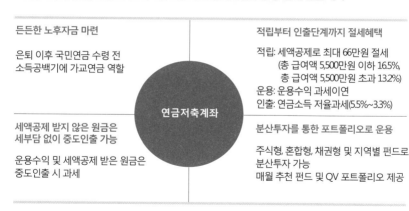

든든한 노후자금 마련

은퇴 이후 국민연금 수령 전 소득공백기에 가교연금 역할

세액공제 받지 않은 원금은 세부담 없이 중도인출 가능

운용수익 및 세액공제 받은 원금은 중도인출 시 과세

연금저축계좌

적립부터 인출단계까지 절세혜택

적립: 세액공제로 최대 66만원 절세
(총 급여액 5,500만원 이하 16.5%,
총 급여액 5,500만원 초과 13.2%)
운용: 운용수익 과세이연
인출: 연금소득 저율과세(5.5%~3.3%)

분산투자를 통한 포트폴리오로 운용

주식형, 혼합형, 채권형 및 지역별 펀드로 분산투자 가능
매월 추천 펀드 및 QV 포트폴리오 제공

▲자료: NH투자증권 100세시대연구소

연금저축은 가입대상에 아무런 제한 없이 누구나 가입할 수 있다. 하지만 세액공제 혜택은 근로자나 자영업자처럼 소득이 있는 사람에게만 혜택이 있으며, 저축 한도는 연간 1,800만원이고 이 중 연간 400만원까지만 세액공제 혜택을 제공한다. 일반적으로 세액공제율은

13.2%가 적용된다. 하지만 총급여가 연간 5,500만원 이하인 근로자와 연간 종합소득금액이 4,000만원 이하인 자영업자에게 적용되는 세액공제율은 16.5%이다.

또한, 연금저축계좌에서 발생한 수익에 대해 매년 과세하지 않고 인출 시 과세한다. 연금저축 가입 기간 중에는 운용수익에 대해 세금을 납부하지 않아 과세이연으로 세금 부분이 재투자되는 복리효과로 운용수익 상승효과를 올릴 수 있다. 또한, 연금 저축펀드는 펀드 환매수수료가 없기 때문에 시황에 따라 환매수수료 부담 없이 자유롭게 상품변경이 가능하다.

연금을 받을 때 가입자의 나이가 만 70세 미만이면 5.5%, 70세 이상 80세 미만이면 4.4%, 만 80세 이상이면 3.3%의 연금소득세를 부과한다. 연금저축계좌에서 일시금(연금 외 수령)으로 인출 시에는 기타소득세(16.5%)로 전액 분리과세 된다. 연금저축계좌에서 자금이 필요할 경우 계좌를 해지하지 않고도 세액공제를 받지 않은 원금과 해당연도 납입금액에 대해 세 부담 없이 비과세로 중도인출을 할 수 있다. 그러나 세액공제 받은 원금과 운용수익은 중도인출 시 과세를 한다. 과거에는 1개 상품에 가입하여 한 가지의 상품만 선택할 수 있었지만, 이제는 '연금저축계좌'에서 다양한 상품에 분산 투자하여 포트폴리오로 운용할 수 있다.

세액공제 받지 않은 원금은 세부담 없이 중도인출 가능

세액공제 받지 않은 원금 + 당해년도 납입금액	계좌를 해지하지 않고도 세부담 없이 중도인출 가능
세액공제 받은 원금	연금수령 시 연금소득세(5.5%~3.3%) : 연 1,200만원 한도 분리과세
운용 수익	연금 외 수령 시 기타소득세(16.5%) : 전액 분리과세 ※ 부득이한 사유해당 시 연금소득으로 분리과세

▲자료: NH투자증권 100세시대연구소

5부

재양의 노년에서
축복의 장수로

고르디우스의
매듭

알렉산더대왕으로 잘 알려진 마케도니아의 알렉산드로스 3세(Alex-andros the Great)는 기원전 334년 22세의 나이로 동방원정을 떠난다. 소아시아 정벌에 나선 알렉산드로스는 프리기아(Phrygia)의 수도 고르디움의 제우스 신전에서 전쟁 승리를 기원했다. 그런데 이 신전에는 옛날 신탁에 의해 프리기아의 국왕이 되었던 '고르디우스'가 신전에 황소 수레를 바치고 아무도 사용하지 못하도록 밧줄로 복잡하고 단단하게 묶어 놓았다. 그리고 '이 매듭을 푸는 자는 아시아의 왕이 될 것이다'라는 예언을 하였다. 이 매듭이 얼마나 단단하고 복잡한지 많은 사람들이 도전했지만 아무도 풀지 못했다고 한다.

소위 '고르디우스 매듭'이다. 그러나 이 전설을 들은 알렉산드로스는 매듭을 풀지 않고 단칼에 끊어버렸다고 한다. 흔히 도저히 풀 수 없는 복잡하고 어려운 문제를 '고르디우스 매듭'이라고 한다.

그런데 과연 모든 일이 그럴까? 100세 시대의 '고르디우스 매듭'은 은퇴 후 남은 인생 후반전을 어떻게 살 것인가 하는 문제이다. 100세

시대의 '고르디우스 매듭'은 알렉산드로스처럼 단칼에 해결될 문제는 아니다. 단칼에 해결될 문제가 아니라는데 우리의 고민이 있고, 인생사를 한 방에 해결하는 그런 비법은 없다.

🎒 과감하고 전략적인 인생설계 필요해

100세 시대를 살아가면서 가장 중요한 요소를 꼽아보라면 대부분 돈(재무), 건강, 가족, 일, 여가, 관계(친구) 등을 꼽는다. 그런데 한국적 은퇴 상황에서 그 중에서도 특히 중요한 것을 하나 고르라면 돈이 아니라 '일'이 되어야 한다. 왜냐하면 50대 이후 일을 한다는 것은 그만큼 소득이 더 발생하고 그 동안 모아온 은퇴자금을 쓰지 않아도 된다는 의미이므로 재무 측면에서 경제수명이 늘어나기 때문이다. 일을 지속하면 건강관리에도 신경을 써 더욱 건강해질 수 있고, '삼식이' 소리를 듣지 않아도 되니 가족간 관계도 좋아질 수 있다. 또한 일을 계속하므로 대인관계도 지속적으로 유지되고, 여가생활도 원활히 할 수 있다는 점에서 100세 시대를 살아가는 우리에게 가장 중요한 것은 '일'이다. 요즘과 같은 저금리 상황에서 월 100만원의 일자리는 보유자산 8억원(수익률 연 1.5% 가정)의 가치와 맞먹는다.

100세 시대의 행복한 삶의 필수조건은 무엇일까?
'블루존(Blue Zone)'이란 이탈리아의 의학 통계학자인 자니페스 박사가 만든 용어로 쉽게 말해 '장수마을'이다. 전 세계적으로 5대 블루존이 있는데, 그리스 이카리아, 일본 오키나와, 이탈리아 사르데냐, 미국 로마린다, 코스타리카 니코야반도 등이다. 이 블루존에 살고 있는 고령자들의 삶에서 행복한 삶에 대한 해답을 찾아보자.

첫 번째는 '일'이다. 일본 오키나와의 고령자들은 '이키가이(生き甲斐 : 살아가는 이유)'라고 하는 삶에 대한 목적을 자신의 역할, 일에서 찾는다. 사실 오키나와의 말에는 '퇴직'이라는 의미의 단어가 없다고 한다. 오키나와 할머니들은 '모아이(模合)' 라는 친목계를 통하여 인간적인 유대를 쌓는다. 소속감과 연대감을 높이는 사회적인 네트워크인 셈이다. 미국 로마린다의 장수마을에는 90대 의사가 수술에도 참여하고, 100세 할머니가 자원봉사를 하면서 살아간다. 중남미 니코야 반도의 고령자들은 자신이 살아야 하는 이유를 '인생의 계획(plan de vida)'이라고 부른다. 자신이 필요한 존재임을 느끼는 과정이다. 그들은 평생 육체노동을 즐겁게 해왔으며 일상적인 허드렛일에서 즐거움을 찾는다.

두 번째는 '관계'이다. 자신을 둘러싼 가족, 이웃, 지역과 강한 유대감, 소속감이 그들의 행복한 삶을 지탱해준다. 이탈리아 사르데냐에서는 노인을 위한 장기요양시설이 아예 없다. 부모들이 요양시설로 들어간다면 '가족의 수치'라고 생각한다. 사르데냐의 젊은 세대들은 자신을 키워준 부모와 조부모에게 애정이라는 빚을 지고 있다고 생각한다. 사르데냐에서는 '아케아(Akea)'라고 인사를 한다. "100세까지 사세요"라는 뜻으로 이미 그들에게 장수는 당연한 삶의 축복으로 받아들이고 있다.

니코야 반도의 장수마을에는 독거노인이 없다. 대부분 많은 자손들과 한집에서 살며 가족의 보살핌 속에 유대감을 가지며 살고 있다. 그런데 이들 블루존의 고령자들은 경제적인 독립, 즉 자급 자족적 경제생활이 가능하다는 것이 현재의 한국사회 고령자와 다른 점이다.

세 번째는 '재정적 안정'이다. 한국은 빠르게 산업화되어가는 과정에서 도시화의 진행속도 역시 그 어느 나라보다 빨라 상당수의 중장년층이 은퇴 이후 자급 자족적 경제생활이 불가능한 환경이다. 따라서 행복한 노후의 본질적인 기반은 재정적인 안정에서 출발한다는 점을 인식할 필요가 있다. 보건사회연구원의 '2014년 노인실태조사'에 따르면, 자녀와 같이 살아야 경제적으로 안정된다고 한다. 노인이 있는 가구 중에서 노인소득이 차지하는 비중은 노인독거가구의 경우 99.5%, 노인 부부 가구 99.2%인 반면 자녀동거가구의 경우 37.3%에 불과하여 자녀와 같이 사는 것이 경제적 독립과 관계없이 경제적 안정을 갖는 것으로 나타났다. 실제 노인가구 소득 1분위에서 차지하는 국민 기초생활보장 수급자가 16%인데, 이들 중 대부분이(14.6%) 노인독거가구라는 점에서 볼 때 자녀와 살수록(혹은 부부가 같이 살수록) 경제적 안정은 더욱 확실해진다.

또한, 한국노인들의 소득은 상당 부분 일해서 번 돈에서 나오고 있다. 노인가구의 평균 연간 총소득 2,305만원 중에 근로소득이 37.4%로 제일 많다. 연금이나 자녀 용돈을 합한 금액(37.7%)과 거의 같은 수준이다. 그래서 더욱 일이 중요하다.

은퇴 후의
귀농 · 귀촌

💰 100세 시대의 노후대책 귀농 · 귀촌

은퇴자들이 농촌으로 향하고 있다. 길어진 노후에 대비할 만큼 노후자금이 충분하지 않거나, 농업 창업으로 새 삶을 계획하는 이들이 주로 이동하고 있다. 도심의 아파트를 팔아 차액을 노후자금으로 사용하거나, 농작물 재배로 경제적 활동을 할 수 있어, 100세 시대에 귀농 · 귀촌이 일종의 노후대책이 되고 있다.

서울을 떠나는 사람들

전국 아파트 매매가를 살펴보면 서울지역의 경우 경기도의 1.8배, 인천광역시의 2배, 충청도의 3.6배에 이르렀고 전세가의 경우 경기도의 1.8배, 인천의 2배, 충청도는 3.8배나 되었다. (국토교통부, 2015년) 서울에서 아파트에 살고 있다면 매매 혹은 전세를 통한 주거지의 이동 시 차액만큼 유동자금을 확보할 수 있기 때문에 노후생활자금이 넉넉하지 못한 은퇴자의 경우 또 하나의 대안이 될 수도 있을 것이다.

서울을 떠난 사람들은 주로 어디로 갔을까? 2005년에는 경기도로 이동한 경우가 90% 이상으로 서울을 크게 벗어나지 않았다. 위성도시나 수도권 이주가 대부분이었다. 10년이 지난 2015년의 경우에도 경기도로의 이주가 약 70%로 여전히 높았지만, 전국지역으로의 이주가 골고루 분포하고 있었다. 특히 경기도에서 중부지역까지 범위가 확장되었다. 본인의 고향으로 이주하는 경우도 있으며, 최근의 귀농·귀촌 트렌드와 맞물리면서 이주지역이 다양해진 것이다. 또한, 이주를 고려한 지역이 서울과 멀수록 이주를 통해서 마련할 수 있는 자금의 규모도 이동요인이라고 볼 수 있다.

그러나 이주를 통한 매매차액 및 전세보증금 차액을 고려하여 부족한 노후생활비를 마련하는 방법은 금융자산 등을 모두 활용 후 대안으로 선택해야 하는 방법이다. 실제로 정든 지역을 떠나는 것은 생각처럼 쉽지 않고 노후생활비 마련을 위해 이사를 간다는 박탈감도 느낄 수 있다.

귀농과 귀촌을 한데 묶어 말하지만 둘은 분명한 차이가 있다. 귀농은 농업 활동을 통해 얻은 소득으로 생활하는 것이며, 귀촌은 시골로의 회귀, 단순 거주지의 이동을 의미한다. 귀농을 하느냐, 귀촌을 하느냐에 따라 준비해야 할 정착비와 생활비가 달라질 수 있다. 귀촌을 계획한다면 주택 구입비, 생활비 정도를 고려하면 되지만 귀농을 계획한다면 토지구입, 농업경영비 등 추가로 고려해야 할 사항들이 많이 늘어난다.

> ▶ 100세 시대의 노후대책으로 귀농·귀촌을 선택하는 은퇴자들이 늘고 있음.
> ▶ 도심의 아파트를 팔아 차액을 노후자금으로 사용하거나 농작물 재배로 경제적 활동이 가능
> ▶ 다만 귀농과 귀촌은 준비해야 할 사항과 정착비, 생활비 등이 차이가 있을 수 있어, 사전에 귀농과 귀촌의 목적을 분명히 해야 함.
> ▶ 통계청의 사회조사에 따르면 농촌에서의 생활비는 도시와 비교해 27% 가량 적어
> ▶ 은퇴 전과 후의 생활비를 살펴보면 식료품, 주거, 의료비의 3가지 항목이 차지하는 비중이 58%로 이들 항목의 비용을 줄이면 최소 필요 노후자금을 줄일 수 있음.
> ▶ 인터넷 활용이 익숙하다면 귀농·귀촌 시 생활비를 줄이는 효과는 물론, 생활상의 불편을 해소할 수 있고, 귀농 시 농작물 판매 등에도 활용할 수 있어 효과적임.

🜍 귀촌, 생활비 27% 적어

　실제 귀촌 시, 생활비는 얼마나 줄어드는 효과가 있을까? 통계청 사회조사(2011)에 따르면 월평균 최소생활비는 도시 거주자의 경우 평균 238만원, 농어촌 거주자는 188만원으로 농촌에서의 생활비가 도시에서의 생활비보다 27% 가량 적은 것으로 나타났다.

　이는 전 연령대의 거주자를 대상으로 조사한 결과로, 은퇴 후 거주지역에 따라, 개인의 생활 패턴에 따라 생활비는 최대 40% 가량 줄일 수 있다. 과거 LG경제연구원은 평균 수준의 노후를 보내는데 도시 생활자가 시골 생활자보다 생활비가 1.5배 더 든다고 분석한 바 있고 일반적으로 도시보다 시골은 주택가격이 저렴해 매매 차익을 노후자금으로 활용할 수 있다.

　가계 소비지출의 대부분을 차지하는 것이 의식주 관련 비용과 자녀교육비인데, 은퇴 후에는 자녀교육비가 확연하게 줄어드는 만큼 의식주 관련 비용을 얼마나 잘 관리하느냐에 따라 생활비 감소 효과가 크다고 할 수 있다. 은퇴 후 가정의 생활비를 살펴보면, 은퇴 전과 비교해 식료품, 주거, 의료비의 3가지 항목이 차지하는 비중이 늘어 58%를 차지한다.

　시골에서는 도시에서의 생활처럼 격식을 차려 옷을 입을 일이 많지 않고, 작은 텃밭이 있다면 자급자족으로 식품구입에 들어가는 비용을 줄일 수 있다. 개인차는 있지만, 귀촌 후 건강이 개선되는 사례도 많다. 다만, 도시가스 시설 등이 갖춰지지 않아 겨울철 난방비가 도시보다 높을 수 있다. 또한, 외곽에 위치할수록 자가용 없이는 다른 지역으로의 이동이 쉽지 않아 교통비가 늘어날 수도 있다.

지역별 생활비 차이

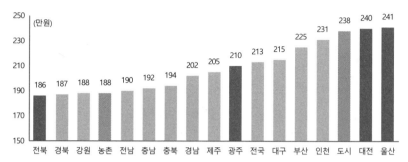

▲ 자료: 통계청 사회조사(2011), NH투자증권 100세시대연구소
*주. 본인이 생각하는 가구당 월평균 최소 생활비

　자신이 동경했던 삶을 온전히 누리고 싶다면 점검해야 할 사항이 아직 더 남아 있다. 아무래도 수도권보다는 지방이, 도시보다는 시골이 인프라가 부족하고, 편의시설이나 문화적 혜택이 적을 수밖에 없다. 이에 대한 대책 마련도 잊어서는 안 된다.

　생활에서 느끼는 작은 불편들을 해소할 수 있는 가장 쉬운 방법은 '인터넷 활용'이다. 인터넷은 세상의 정보를 얻는 수단이며, 효율적인 비용으로 생활할 수 있는 근본이다. 시골에서 구입하기 어려운 물품이 있거나, 다소 값비싼 물품이 있다면 인터넷으로 싸게 구입할 수 있고, 귀농 시 재배한 작물을 인터넷을 통해 판매할 수도 있다. 이 외에도 각종 편의 업무들도 인터넷을 활용해 해결할 수 있을 것이다.

　만약 인터넷 활용이 익숙하지 않은 은퇴자라면 진정한 의미(?)에서 '자연으로의 회귀'를 누릴 수도 있지만 편리한 귀농·귀촌 생활을 누리고 싶다면 사전에 인터넷 관련 교육을 받길 권한다.

귀농 vs 귀촌

① 30~40대와 50~60대의 귀농 · 귀촌 동기 달라

도시를 떠나 농촌으로 이주하는 이유는 무엇일까? 연령대가 젊은 30~40대의 귀농·귀촌 동기는 '도시 생활에 회의를 느껴서'와 '새 일자리를 위해서'가 높게 나타났다. 그러나 50~60대의 귀농·귀촌 동기는 '전원생활'과 '은퇴 후 여가생활을 위해서'가 더 높았다. 30~40대와 50~60대의 귀농·귀촌 동기가 크게 다른 것을 알 수 있다. 특히, 60대 이상은 '은퇴 후 여가생활을 위해'와 '전원생활을 위해'라는 두 가지 동기가 절대적으로 높은 것으로 나타났다.

② 귀농 가구주의 평균나이는 54세, 귀농은 50~60대가 주류

귀농 가구주의 평균나이는 54세로 연령대별로는 50대(40.3%)가 가장 많으며, 60대(24.4%), 40대(20%)의 순으로 나타났다. 50~60대가 귀농 가구주의 주류(64.7%)를 이루고 있으며 이는 우리나라 민간기업의 평균 퇴직연령이 53세인 것으로 고려해보면 주된 직장에서 퇴직이 본격화되어 50대의 귀농 인구가 가장 많은 것이 아닌가 싶다.

한편 40대 이하 귀농 가구주가 29.6%를 차지하여 귀농이 베이비붐 세대 외 다른 세대로도 확산되고 있음을 알 수 있다. 이들 중에는 도시에서의 직장생활 경험을 활용하여 인터넷과 SNS를 통하여 농산물을 인터넷에서 직거래 판매하거나, 농촌체험마을 운영 등 6차 산업을 추진하고 있는 경우도 있다. 교통과 정보통신망의 발달로 시골에서도 도시와 다름없는 편안한 생활을 누릴 수 있다는 점도 귀농이 확산되고 있는 이유 중의 하나이다.

③ 귀촌 가구주의 평균나이는 44.1세, 귀촌은 30~50대가 주류

귀촌 가구주의 평균나이는 44.1세로 연령대별로는 30대(26.2%)가 가장 많으며, 40대(19.9%), 50대(18.8%)의 순이다. 귀촌 가구주는 30대·40대·50대 순으로 많아 젊은 층이 많음을 알 수 있다.

최근에는 직장에서 퇴직한 50~60대 뿐만이 아니라 30~40대도 귀촌을 선택하는 사람들이 많다. 젊은 세대들도 자연환경이 좋은 곳에서 인간다운 삶을 꿈꾸며 여유롭게 자기 일을 하면서 살아가고 싶어 한다. 한편, 자발적으로 귀농·귀촌하는 것이 아니라 일부 30~40대의 경우에는 전세금 상승으로 주택가격이 상대적으로 덜 비싸고 전셋값이 낮은 대도시 인근 읍·면 지역으로 이동한 것이 30~40대 귀촌 인구 증가에 영향을 미친 것으로 보인다.

④ 귀농과 귀촌, 지역 결정 시 고려하는 요인 달라

일반적으로 귀농·귀촌 지역을 결정할 때는 접근성, 선호하는 자연여건, 농지확보의 용이성, 주거지 확보 여건, 농업여건, 귀농·귀촌 비용, 지방자치단체의 유치 노력 등에 영향을 받는다. 그러나 좀 더 세부적으로 보면 귀농인은 '낮은 농지가격 및 농지확보의 용이성'과 '농사기술 습득여건'을 더 중요하게 고려하는 반면, 귀촌인은 '선호하는 자연여건'과 '적절한 주거비 및 주거지확보의 용이성'을 더 높이 고려하는 것으로 나타났다.(한국농촌경제연구원, 2014) 이는 주거에 대한 고민이 많은 30~40대가 귀촌의 주류를 이루는 것과 맥락을 같이 하고 있다.

⑤ 귀농은 경상북도, 귀촌은 경기도가 제일 많아

2015년 시도별 귀농 가구 현황은 경상북도가 2,221가구(18.6%)로 전년에 이어 가장 많았고, 다음으로 전라남도가 1,869가구(15.6%), 경상남도 1,612가구(13.5%)의 순이었다. 귀농 지역은 귀촌과 달리 영농여건이 양호하고 농지 등 초기 투자비용이 적은 영호남의 3개 지역(47.7%)의 선호도가 높은 것으로 나타났다. 귀농·귀촌 수요증대에 따라 지가상승과 가용 용지의 제한 등으로 원격지로의 귀농이 증가하고 있다.

귀촌은 경기도가 8만1,465가구(25.7%)로 전년에 이어 가장 많았고, 다음으로 경상남도, 경상북도, 충청남도의 순이다. 경기도와 강원도에 집중되었던 귀촌 가구가 점차 타 시도로 확대되는 경향을 보인다. 2015년 귀촌인 규모가 큰 시군은 경기 남양주시, 경기 화성시, 경기 광주시, 울산 울주군, 부산 기장군의 순이다. 귀촌이 많은 상위지역의 공통된 특징은 서울, 부산 등 주요 대도시와의 접근성이 좋은 아파트 밀집 지역이라는 점이다. 이는 2015년부터 귀촌인 통계작성 방법을 변경하여 전원생활 목적이 아니라도 농어촌지역(읍·면)으로 이주한 경우에도 귀촌인으로 포함한 결과로 보여진다.

⑥ 귀농 가구의 주요 재배 작물은 '채소'와 '과수'

귀농 가구의 주요 재배작물은 '채소(42.5%)'가 가장 많았고, '과수(33.6%)', '특용작물(29.7%)', '논벼(25.4%)'의 순이었으며 귀농 가구의 대부분이 '채소'와 '과수' 재배를 선호하였다.

그러나 판매금액 기준으로는 '과수(34.7%)'가 가장 많았고, 그다음이 '채소(16.9%)'의 순이었다. 특히 50~60대의 약 38%가 주력 품목을 '과수'로 하여 연령대가 높을수록 '과수' 재배를 선호하는 것으로 나타났다. 귀농 가구들은 '채소'와 '과수' 같은 경제작물 위주로 소규모 영농을 주로 하고 있음을 알 수 있다.(한국농촌경제연구원, 2014)

⑦ 귀농 가구의 경지면적은 일반농가의 1/3 수준

귀농 가구의 농업여건은 열악한 편이다. 경지면적의 경우 일반농가가 평균 1.5ha(4,545평)를 보유하고 있는 반면 귀농 가구는 0.45ha(1,363평)를 보유하고 있어 일반농가의 1/3 수준이다.

작물 재배 가구 중 자기 소유의 농지에서 작물을 재배한 순수 자경 가구는 62.9%였고, 자기 소유의 농지 없이 임차농지에서 작물을 재배하는 순수 임차 가구는 27.9%, 자기 소유 농지와 임차농지에서 작물을 재배하는 일부 임차 가구(자경+임차)는 9.2%이다.

⑧ '농산물 온라인 판매'와 '주말농장 및 체험 마을'을 가장 하고 싶어 해

귀농·귀촌인들이 하고 싶어 하는 경제활동은 '농산물 가공 및 온라인 판매(70.9%)'가 가장 많았고, 그 다음으로 '주말농장, 농촌체험마을(46.1%)' 등으로 나타났다. 귀농·귀촌 가구 중에는 도시

에서의 경험을 활용하여 활발한 블로그, 트위터 등 SNS 활동을 통해 농산물을 온라인으로 판매하거나, 농촌체험마을 운영 등 6차 산업의 추진 주체 역할을 하는 경우가 많았다.

6차 산업이란 1차 산업의 생산, 2차 산업의 제조·가공업, 3차 산업의 서비스업을 연계해 새로운 부가 가치를 창출하는 산업이다. 단순히 1차 산업부터 3차 산업까지의 순차적인 산업구조가 아니라 1차, 2차, 3차 산업을 모두 연계해 시행하여 복합 산업인 6차 산업(1×2×3=6)이 되는 것이다.

⑨ 자신의 귀농 · 귀촌에 따른 평가는 대체로 성공적

귀농·귀촌 성공 정도에 대해서는 스스로가 '성공적인 편(45.4%)'이라는 평가가 '실패한 편(5.1%)'이라는 평가보다 월등히 높았다. 그러나 '아직 모르겠다(49.6%)'는 응답도 높게 나왔다. 그리고 도시로 다시 이주할 의향을 조사한 결과 대부분이 '도시로 이주할 의향이 없다(72.1%)'라고 답했으며, '도시로 이주할 의향이 있다(8.6%)'는 응답은 매우 낮아 귀농·귀촌은 대체로 성공적이라고 판단된다.

🧧 귀농 · 귀촌 성공을 위한 5가지 팁

① 배우자와 가족의 동의를 받아라

농촌 생활은 병원, 쇼핑, 학교 등의 생활기반이 잘 갖추어져 있지 않아서 도시 생활보다 불편하다. 일단 가족들과 충분히 의논한 후 합의를 거쳐 귀농 · 귀촌을 준비해야 한다. 특히, 배우자의 지지가 귀농생활의 어려움을 넘어설 수 있는 동력이 된다. 가족의 동의를 얻지 못하면 귀농 · 귀촌을 포기하는 것이 나을 수 있다. 귀농 · 귀촌은 가족과 함께 행복하게 살기 위함이다. 가장의 의지대로만 추진하다가는 '귀농 · 귀촌 기러기'로 전락할 수 있다.

② 귀농 · 귀촌 교육을 충분히 받아라

귀농 · 귀촌에 성공하려면 체계적인 교육과 준비가 필요하다. 전문가들은 최소한 2~3년 준비하고, 귀농 · 귀촌 교육을 충분히 받을 것을 당부하고 있다.

귀농 · 귀촌을 희망하는 사람들은 귀농귀촌종합센터(www.returnfarm.com)에서 귀농교육과 종합적인 상담을 받을 수 있다. 귀농귀촌종합센터는 귀농 인구가 늘면서 정부에서 귀농 · 귀촌 상담을 한 곳에서 원스톱으로 처리하기 위해 2012년 3월 설립하여 운영하는 농림축산식품부 산하기관이다. 귀농귀촌종합센터에서는 정부와 지방자치단체의 지원정책, 지역별 작목정보, 농지구입, 농가 실습, 빈집현황 등 귀농 · 귀촌에 대한 기본정보를 제공한다.

귀농 · 귀촌 관련 도움을 받을 만한 사이트로는 농촌진흥청의 '귀농 · 귀촌'과 '농업기술', 한국농촌경제연구원, 한국농어촌공사의 '웰촌(www.welchon.com)' 등이 있다. 영농을 잘 하기 위해서는 기술과 시간이 필요하다. 대상 작목을 선택한 후에는 농업기술센터, 귀농 교육기관 등에서 실시하는 귀농자 교육프로그램이나 귀농에 성공한 농가 견학, 현장체험 등을 통해 충분히 영농기술을 배우고 익혀야 한다. 선배귀농 · 귀촌인을 멘토로 삼고 가깝게 지내며 영농기술을 배울 수 있다.

③ 안정적인 소득 작목을 선택하라

귀농 · 귀촌 후 가장 큰 어려움은 '수입의 감소와 여유자금의 부족'이라고 한다. 귀농 후 생활에 필요한 소득을 올릴 수 있도록 투자 가능 금액과 적성에 따라 재배할 작목을 신중하게 선택해야 한다. 사업을 처음 시작할 때 아이템 선택, 입지조건 등이 중요하듯이 귀농 · 귀촌을 할 때는 작목선택과 정착지 선정이 중요하다. 재배하려는 작물을 키우기가 쉬운 곳이나 이미 지역 특산물이 되어 있는 곳을 찾는 것도 좋은 방법이다. 특산물의 경우 생산에 대한 지식을 얻을 수 있는 곳이 많고 유통이 다른 작물보다 수월하기 때문이다. 돈이 될 것이라는 생각 하나만으로 무조건 부가가치가 높은 작물만 선택하거나 토지에 맞지 않는 작목을 선택하면 실패할 가능성이 높다.

④ 정착지 선정은 신중하게, 이웃들과 어울리며 소통하라

가용예산과 선택한 작목에 적합한 입지조건이나 농업여건뿐만 아니라 자녀교육, 병원 등의 생활여건을 종합적으로 고려하여 정착지를 물색하고 결정해야 한다. 인간적인 교류를 할 수 있고, 필요할 때 도움을 받을 수 있는 지역을 찾아야 한다. 고향이나 귀농 실습교육을 받았던 선도 농가가 있는 지역 또는 귀농·귀촌인이 많이 모여 사는 곳을 찾는 것도 좋은 방법이다.

정착지를 선정한 이후에는 마을 사람들과 자주 접촉하고 마을행사에 적극적으로 참여해서 친분을 쌓기 위한 노력이 필요하다. 각종 작목반 등의 연구모임에 적극적으로 참여하여 인적 네트워크를 쌓으면 도움을 받을 수 있다. 이웃 농가의 부족한 일손을 도우면서 재배현장에서 실전 경험을 쌓을 수 있다.

⑤ 초기에 너무 많은 돈을 투자하지 마라

귀농·귀촌 초반에 집을 짓고 논밭을 사고 농기계를 구입하는데 너무 많은 돈을 투자하지 마라. 초기투자는 가진 돈의 20~30%가 적절하다. 주택 규모와 형태, 농지매입 또는 임대 여부를 결정한 뒤 최소 3~4군데를 골라 비교해보고 선택하는 것이 좋다.

일단 저렴하게 임대한 뒤 나중에 자신감이 생길 때 땅을 사는 방법

도 있다. 농지는 한국농어촌공사의 농지은행을 통하여 임대하는 방법
이 있다. 정부에서 저리로 제공하는 귀농 정책지원금도 반드시 갚아
야 할 부채이기 때문에, 임차하여 몇 년 동안 농사를 지어보고 소득
에 대한 자신감이 생긴 후에 정책지원금을 신청하여 농지를 매수하
는 것이 좋다.

귀농 · 귀촌 과정에서 겪는 5가지 애로사항

귀농 · 귀촌 과정에서 겪는 어려움으로는 '여유자금 부족과 수입의
감소(47.2%)'가 가장 많았다. 이어 '영농기술 습득(27.4%)', '농지구입의
어려움(25.5%)', '의료 · 문화 · 쇼핑 등 생활여건의 불편(23.8%)', '지역
주민과의 갈등(16.1%)' 등으로 나타났다.(한국농촌경제연구원, 2014)

① 가장 큰 어려움은 '여유자금 부족과 수입의 감소'
귀농 · 귀촌자가 생활하며 가장 힘든 부분은 '여유자금 부족과 수
입의 감소(47.2%)'가 가장 많았다. 대부분의 귀농인은 초기 정착자금
을 가지고 농촌으로 이주하기 때문에 그 돈을 최대한 아껴야 한다. 귀
농 · 귀촌 초반에 집을 짓고 논밭을 사고 농기계를 사는 등 대부분의
자금을 써버리면 여유자금이 없어져 궁핍해지기 쉽다. 귀농 · 귀촌 후
'소득이 감소했다(65%)'는 가구가 '소득이 증가했다(13.8%)'는 가구보
다 훨씬 많다. 귀농 · 귀촌한 3가구 중 2가구는 소득이 감소하는 것으
로 보인다. 귀농 · 귀촌이 많은 50~60대에는 당연히 소득이 줄어드는
시기이므로 감소하겠지만, 충분히 소득창출에 대한 고민이 필요하다
는 것을 시사하는 대목이다.

② 영농기술 습득의 어려움

귀농인들은 영농을 하는 이웃이나 농업기술센터에서 영농기술을 배우는데 귀농 초기에는 이웃들과 관계가 불충분한 관계로 인하여 영농기술을 습득하는 데 어려움을 겪는다. 귀농 시기가 최근일수록 영농기술 습득이 어려우며, 연령대가 높을수록 영농기술 습득에 더 어려움이 많다고 한다.

③ 농지구입의 어려움

귀농·귀촌자의 증가는 농지가격 상승을 유발하는 요인으로 작용하고 있다. 농지가격 상승은 상대적으로 가격이 저렴한 영·호남으로 귀농자가 증가하는 요인으로 작용한다. 또한, 농지가격 상승은 귀농·귀촌자의 농지 규모 확대를 어렵게 한다.

④ 의료·문화·쇼핑 등 생활여건의 불편

도시를 벗어나면 아무래도 병원, 쇼핑, 학교, 도서관 등 생활기반이 잘 갖추어져 있지 않아서 불편하다. 가능하면 생활기반이 갖추어진 도시와 가까운 지역을 귀농·귀촌 지역으로 선정하는 것이 좋다. 도로가 제대로 갖춰져 있지 않은 너무 외딴곳은 피하는 것이 바람직하다.

⑤ 지역주민과의 갈등

인간관계의 어려움으로 갈등하다가 다시 도시로 되돌아가는 귀농·귀촌인이 있다. 지역주민들과의 갈등 유형으로는 농촌에 대한 이해 부족, 모임 참여 문제, 영농방식의 차이, 집이나 땅 문제로 인한 재산권 침해, 선입견과 텃세 등이 원인이 될 수 있다.

집에 대한
발상을 바꿔라

삶의 터전과 노후대비 차원에서 집은 있어야 한다

집은 현재 삶의 안정을 주는 장소로 가정을 꾸려나가는 가장 기본인 휴식처를 제공하는 중요한 역할을 한다. 집 구입에 대한 목적을 투자관점이 아닌 '삶의 터전'이라는 주거의 본질적인 목적으로 접근한다면 금리상승 및 가격하락 등에 대한 리스크를 상당 부분 완화시킬 수 있다. 정신적인 안정감을 주고, 가정을 꾸려나가는 것이 '내 집'의 목적이기 때문이다.

집을 한 채 보유하고 있다는 것은 기존 3층 연금(국민연금, 퇴직연금, 개인연금) 이외 또 다른 연금을 확보할 수 있는 기반이 된다. 즉 은퇴 이후 주택연금을 활용한다면 노후생활비의 든든한 재원 마련이 가능하다. '제4의 연금'으로서 주택연금은 노후준비의 필수 아이템이다. '내 집' 마련은 상환에 대한 부담만 잘 극복한다면 주택은 은퇴 이후 생활의 중요한 버팀목이 될 수 있다.

효주(孝住), 주택연금의 활용

주택연금 활용방법의 실제 예로, 만 60세의 주택소유주가 주택 가격 3억원의 주택을 담보로 연금을 수령한다면 종신으로 매월 63만원을 수령할 수 있다.(종신 지급방식, 정액형, 2017.2.1.기준) 또한, 부부 모두 사망하여 지급이 종료될 경우 연금으로 받은 금액을 제외하고 상속인에게 상속된다.

지급방식은 종신 방식, 확정 기간 방식이 있어서, 본인의 연금수령 금액 및 시기에 따라 적합한 방식을 선택하여 주택연금을 수령할 수 있다. 따라서 국민연금, 퇴직연금, 개인연금으로 채우지 못했던 노후 생활비를 주택연금으로 상당 부분 충당할 수 있다.

한 설문결과에서도 기존 상속수단으로 인식하고 있던 주택이 중요한 노후준비자산으로 변화하고 있음을 확인할 수 있다.(주택금융공사, 2014년) 65~69세의 응답자 중 25.7%, 60~64세의 응답자의 31.6%의 비율로 상속하지 않겠다고 응답하였다. 이는, 70세 이후 연령에서 보여주는 상속을 '안 하겠다'는 비율보다 높게 나타났는데, 최근 은퇴를 했거나 준비하고 있는 연령대의 인식이 상속수단보다는 노후준비 도구로 생각하고 있는 경향이 높아진 것으로 추측할 수 있다.

주택연금가입자는 매년 증가하여 2017년 상반기 기준 누적 가입자 수는 4만5,371명, 가입자 연령은 평균 71.8세, 평균 주택가격은 2억 8,600만원, 월 평균수령액은 98만4,000원으로 나타났다.

전체적인 월 평균수령액도 2013년 91만원, 2014년 94만원에서 올해에는 98만원으로 꾸준히 오르고 있어서, 주택연금은 이미 타 연금과 마찬가지로 안정적으로 매달 지급 받는 고령층의 주요 생활 재원으로 그 역할을 수행하고 있다.

💰 부동산 비중은 총자산 50%를 넘지 않게

처음 주택을 구입하고 나서 시간이 흘러 자산이 늘어나고 자녀가 성장하게 되면 더 좋은 지역으로 이사를 하거나 집의 크기를 늘리고 싶은 마음이 들게 된다. 이때 기존 주택의 대출상환을 통해 부채상환 부담이 줄어들었다 하더라도 다시 부채를 받아 집을 확장하는 일은 지양해야 한다. 우리나라 가계의 총자산에서 70% 가까이 차지하는 부동산 비율은 다른 선진국에 비해 지나치게 높은 편이다. 최근 2017년 가계금융·복지조사 결과를 보면 자산의 전년 대비 증가율은 4.2%로 금융자산이 1.5% 증가한 반면, 실물자산은 5.1%가 증가하였다. 특히 실물자산 중 부동산이 5.5% 증가한 것으로 나타나 자산 내 부동산 비중이 더 높아진 상황이다.

금융자산과 같이 현금 유동성을 공급할 수 있는 자산이 부족하기 때문에 환금성이 떨어지는 부동산 비율이 높아지는 상황은 별로 바람직하지 못하다. 선진국은 물론 실제 우리나라의 부자들도 부동산 비중을 50% 이하로 가져가고 있다. 생애최초 주택구입의 경우 쌓인 자산이 없기 때문에 대출을 받고 부동산 비율도 높을 수밖에 없지만, 일정 수준의 자산이 쌓였다면 주택을 통한 자산의 확대를 우선하기보다는 금융자산 등을 활용해 자산을 늘려가는 것이 좋다.

자산 중에서 주택자산 비중은 50%를 넘지 않는 수준으로 유지하는 것이 좋겠다. 과거와 같은 부동산 경기의 지속적인 상승을 기대하기 어렵기 때문에 금융투자 등 다른 방법을 통해 먼저 자산규모를 충분하게 만든 후 그에 따라 주택 규모를 늘려가는 방법이 전체적인 자산증대에 좀 더 효과적인 결과를 가져다줄 것이다.

🏦 은퇴를 앞두고 있다면, 출구전략은 미리 준비해야

정성을 다해 키우던 자녀들도 진학이나 결혼 등을 통해 언젠가는 부모에게서 독립을 하게 된다. 이 시점이 되면 부모세대는 은퇴를 앞두고 노후준비에 대한 고민에 빠지게 된다. 앞선 단계에서부터 부동산의 비중을 적정하게 지켜왔다면 별문제가 없겠지만 현실은 그러하지 못하다. 따라서 필요 이상의 자산규모에 해당하는 주택이라면 미리 출구전략을 생각해두는 것이 좋겠다.

먼저 집의 크기가 크다면 자녀의 독립예상 시기 등을 고려해서 집의 크기를 줄여나가는 방향으로 해야 한다. 교육심리학에 '빈 둥지 현상(empty nest phenomenon)'이라는 용어가 있다. 필요 이상 큰 집은 자녀들이 떠나버린 공허감을 더해 노후심리에 부정적인 영향을 줄 수도 있지만, 무엇보다 경제적인 관점에서 비효율적이다.

자녀와 함께 살 계획을 가진 게 아니라면 미리 적당한 크기의 중·소형주택으로 옮길 계획을 세워야 한다. 주택 크기가 크지 않더라도 서울 등 도심지역에 있어 보유 주택가격이 높은 경우에도 출구전략은 필요하다. 아무리 비싼 집에 살고 있어도 충분한 노후소득을 확보한 게 아니라면 의미가 없다. 따라서 주택가격이 한 단계 낮은 지역으로 이동해서 주택가격의 차액으로 노후생활을 위한 유동성을 확보하는 것이 좋다.

이렇게 해도 노후자금이 부족하다면 이동한 주택으로 주택연금에 가입해 장수리스크를 대비할 수 있다. 주택연금은 그 집에 계속 살면서 부부 중 더 오래 사는 사람의 사망 시점까지 연금을 받을 수 있다. 이렇게 대비한다면 자산 내 높은 부동산 비율도 충분히 해결할 수 있다.

100세 시대 주택마련 전략

① 생애최초 주택구입 단계 처음부터 절대 무리하지 말고 소득대비 총부채상환비율(DTI)을 30% 선에서 결정하자.

② 주택확장 단계 주택을 포함한 부동산 비중은 순 자산의 50%를 넘지 않도록 관리하자.

③ 노후준비 단계 필요 이상 규모의 주택보유 시 적정규모로 줄여나갈 계획을 미리 세우자.

이웃과 함께 늙어가는
'평생 주택'이 뜬다

고령자, 은퇴자들의 라이프스타일이 달라지고 있다. 경제 환경과 인구, 사회학적 변화에 직면한 탓이다. 주거 스타일도 예외는 아니다. 대표적인 변화는 주택 다운사이징과 도시 선호 현상이다. 이들 두가지 변화는 결국 '평생 주택(Lifetime Home)' 개념으로 이어진다.

주택 다운사이징과 역모기지의 출현

은퇴 시기가 도래하고 최근 장기 불황이 이어지며 가계의 가처분 소득이 감소했고 대신 부동산 자산에 대한 처분 압력은 높아졌다. 은퇴 후 소득감소와 준비된 연금 부족이 부동산 처분의 원인이 되기도 한다. 우리나라의 경우 부동산 자산 비중이 다른 선진국에 비해 현저히 높기 때문에 환금성이 떨어지는 부동산 자산을 잘 매각해서 노후 생활 자금을 마련하려는 은퇴자들도 적지 않다. 마지막까지 거주할 소형 주택 한 채를 제외하고는 부동산 자산을 대부분 처분하기도 한다.

주택시장의 트렌드 변화도 다운사이징에 상당한 영향을 미쳤다. 보유가치는 점점 하락하고 관리비용은 많이 드는 대형 주택을 팔고 실속 있는 소형주택으로 갈아타며 주택구매 지출과 주거비용을 줄이려는 고령자들이 증가하는 추세다. 가구원 수가 줄고 세대 독립이 많아진 것도 하나의 이유다.

주택연금, 역모기지론 상품이 출현한 것도 부동산 자산의 다운사이징과 무관하지 않다. 불황 속에서 급격한 고령화가 진행되며 노후준비를 제대로 하지 못한 은퇴자가 늘어나고 거주할 주택까지 처분해서라도 노후자금을 마련해야 하는 고령자들이 늘어나면서 노인 세대의 주거복지와 주택산업의 안정을 위해서 역모기지론 상품이 중요해졌다.

노후의 생활자금을 마련하기 위해 거주 주택을 처분하려는 시도는 늘어나는 데 반해 주택경기에 따라 유동화는 쉽지 않다. 다양한 조건의 역모기지론이나 신탁, 부동산 펀드 등을 활용한 고령자 주택의 유동화 상품이 개발될 가능성이 높다. 정책적으로도 매각 후 재임대 등 고령자 주택을 공공에서 흡수해 활용하는 방안들이 마련되고 거래세 감면 등의 지원정책이 확대될 전망이다.

💰 커뮤니티와 인프라의 유혹, 도시 선호로 이어져

"불편하고, 외로웠어요." 은퇴 후 전원생활을 꿈꾸며 귀향했다가 다시 서울로 돌아온 김 귀도(가명, 65세) 씨가 귀경 이유로 내놓은 첫 마디다. 도시를 떠나 시골에서 자연을 벗 삼아 은퇴 생활을 시작했던 국내 1세대 베이비부머 중에는 김 씨처럼 전원생활을 포기하고 도시로 되돌아오는 경우가 종종 있다.

병원, 도서관, 백화점, 극장 같은 편의시설이 멀고 마을과 떨어져 있어 치안에 대한 우려도 적지 않았다. 무엇보다 정들었던 동네와 이웃을 떠나보니 자연과 전원생활의 로망보다는 부족한 커뮤니티와 사회적으로 고립된 것 같은 외로움이 견디기 힘들었다는 의견도 많았다.

우리나라보다 먼저 고령화를 겪은 일본의 경우에도 고령자의 생활을 배려하지 않은 신도시들은 정착했던 노인들이 도시로 돌아가면서 90년대 후반부터 빈집들이 급증하는 사태를 겪었다. 도시에서 멀리 떨어진 곳에 들어선 경우가 많아 젊은 세대가 어우러지지 못했고 결국 일부 노인들만 거주하는 올드타운으로 전락했다.

베이비붐 세대 은퇴 후 거주 희망 지역

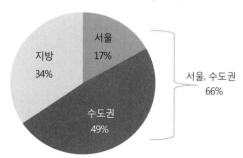

▲자료: 베이비붐 세대의 라이프 스타일 유형에 따른 주거 특성 연구(전인수, 2013.2)

국내 베이비붐 세대를 대상으로 한 설문조사에서 은퇴 후 살고 싶은 지역으로 10명 중 6명 이상이 서울이나 근교 수도권을 선택했다. 수도권(48.6%)이 서울(16.9%)보다 많기는 했지만, 과거와 달리 전원휴양형이나 귀농·귀촌 형 보다는 도시형이나 도시근교형을 희망하는 경우가 늘어나는 경향을 보였다. 주거비용의 절감을 위해 탈(脫)서울을 고려하고는 있지만 충분한 의료 및 복지 서비스를 받고 싶고 문화, 교육 등 여가 활동을 즐기며 가족, 지인들과 가까운 곳에 살기를 희망하는 경우가 늘고 있다는 얘기다.

한 걸음 더 나아가 은퇴 후에도 기존 거주지에서 은퇴 전의 생활 수준을 유지하면서 늙어가고 싶다는 목소리가 높아지고 있다. 주거비 절감의 경제적 사유가 아니라면 현재의 도시 생활을 유지하면서 본인의 주택에서 은퇴 생활을 하고 싶다는 바람이 크다. 자산 여력이 큰 고령 세대의 경우에는 비용 부담이 큰 도심이나 근교의 노인주거시설에서 안락한 은퇴 생활을 꿈꾼다.

🛍 평생 주택(Lifetime Home)이 뜬다

이러한 변화는 결국 '평생 주택'으로 연결된다. 평생 주택의 대표적 특성은 'Aging-In-Place(AIP)'로 표현할 수 있다. 현재의 거주지를 옮기지 않고 노후에 필요한 서비스를 지원받으면서 이웃과 함께 늙어가는 것을 말한다. 일본이나 영국 등 선진국의 경우에도 고령 세대의 상당수는 가능한 한 본인의 주택에서 계속 거주하기를 원한다.

전문 노인복지시설에 거주하기를 희망하는 경우에도 도시나 기존 커뮤니티와 분리된 공간을 꺼리는 경향을 보인다. 미국의 경우에도 은퇴 이후 이사나 거주지 이전을 고려하는 경우는 10% 수준에 그쳤다. 한마디로 '내가 현재 살고 있는 곳에서 가능한 한 오랫동안 살고 싶다'는 것이다.

은퇴나 고령화로 인한 주거지 이동이나 주거시설의 교체 없이 기존의 거주지역, 커뮤니티 안에서 충분한 노후 서비스를 누리고 거주에 불편을 느끼지 않으면서 함께 살 수 있는 '평생 주택'의 개념이 급격한 고령화와 100세 시대의 도래로 인해 우리나라에서도 성장할 전망이다.

'평생 주택' 개념이 성장하면서 보여주고 있는 특징으로는 우선, 평생 보유와 거주를 위해 적당히 다운사이징 된다는 것이다. 다운사이징을 통해 노후생활을 유지하고 가계 부담을 줄일 수 있다. 둘째는 노후생활에 불편이 없는 시설을 갖추어야 한다는 것이다. 거주하는 주택 내부는 노인들의 생활에도 전혀 불편이 없도록 유니버설 디자인(Universal design)을 채택하거나 무장애 주택(Barrier-free)으로 개조돼야 한다.

다음으로는 생활환경과 수준의 유지가 중요한 요소다. 고령 세대도 은퇴 전과 동일한 수준의 사회 인프라를 누릴 수 있어야 하고 의료, 문화, 쇼핑 등의 편의시설도 필요하다. 마지막으로 현재의 이웃과 공동생활이 가능해야 한다. 그러자면 기존 거주나 사회적 커뮤니티를 떠나지 않고 다양한 세대와 어울릴 수 있는 정책적, 경제적 지원과 의료, 복지 등 케어 서비스와 시스템이 행정적으로 갖춰져야 한다.

물론 도심의 노인복지시설이나 수도권 근교의 시니어 타운도 이러한 기능을 할 수 있다. 독립된 생활을 원하고 경제력을 갖춘 고령 세대가 늘어나면서 도심의 노인복지시설과 시니어 타운을 찾는 수요도 늘어나고 있다. 하지만 현재 공급돼 있는 노인주거복지시설이나 시니어 타운은 그 수가 제한적이고 거주비용도 만만치 않아 일부 여유 있는 계층을 제외하고는 사실상 접근하기가 어렵다.

대표적인 서울 수도권의 도심형 시니어 타운으로는 서울 자양동의

'더클래식 500', 경기 용인시 '삼성 노블카운티', 경기 분당 '더헤리티지' 등이 알려져 있는데, 중대형 비중이 높고 수준 높은 케어 서비스나 커뮤니티 시설을 갖추고 있는 대신 보증금과 1인당 생활비가 비싼 편이다.

게다가 우리나라의 경우 노인들만 모여 사는 요양시설이나 주거 공간, 시설 등에 대한 편견이 적지 않다. 미래의 주거 희망 주택을 묻는 베이비붐 세대 대상의 설문조사에서 노인들을 위한 주거복지 시설이나 요양시설, 실버타운 등에 살고자 하는 경우는 전체 중 겨우 2%에 그쳤다. 이는 따로 사는 요양원, 양로원, 노인복지주택이 아니라 지역 사회에서 현재의 이웃과 함께 늙어갈 수 있는 '평생 주택'이 대안이라 할 수 있다.

평생 주택이 가져올 변화

① 노인주거 편의를 위한 리모델링 시장의 확대 및 다양한 정책적 지원이 늘어날 것이다.

② 정부나 금융기관의 저금리 융자 상품을 활용하여 은퇴자들은 부동산과 거주주택을 다운사이징하고 고령자 거주에도 불편없는 무장애주택으로 개조하는 것도 고려해 볼 수 있다.

③ 은퇴 주택산업 전반에 사용자의 편의를 고려한 유니버설 디자인이 도입될 날도 멀지 않았다. 기존 주택 건설에 의료 지원, 노인 케어를 포함한 서비스 연계가 활성화될 가능성도 높다.

은퇴는
없다

은퇴 이후에도 일을 지속하는 것이 좋다는 것은 100세 시대를 살아가는 우리들에게 이미 잘 알려진 사실이며, 대부분 원하고 있는 바람이기도 하다. 꼭 노후소득의 문제가 아니더라도 일을 통해서 신체적 건강, 심리적 안정은 물론 사회 관계적인 부분까지 여러 긍정적인 효과를 얻을 수 있기 때문이다.

👝 100세 시대, 일의 중요성

'은퇴 후 일'을 바라보는 시각은 일자리의 정년연장이나 연금수령 전까지 소득 공백기를 대비한 가교 일자리 개념에 국한되어서는 안 된다. 자신이 하고 싶었던 일, 좋아하는 일을 중심으로 사회적 역할을 지속해가는 자아실현까지 확대되어야 한다. 하지만, 막상 은퇴가 코앞에 닥치면 무슨 일을 어떻게 해야 할지 막막한 것이 현실이다. 그동안 단순히 '일을 지속해야 한다'는 추상적인 조언만 들어왔기 때문이다.

따라서 제2 또는 제3의 Work Life를 제대로 꾸려가기 위해서는 충분한 시간을 가지고 검토와 고민이 필요하다. 이에 100세 시대 유망직업 등의 제시를 통해 좀 더 구체적인 대안과 정보들을 살펴보자.

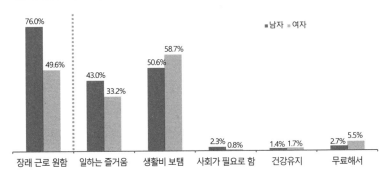

취업의사 및 취업을 원하는 이유(55~79세)

▲자료: 통계청, 2014 고령자통계, NH투자증권 100세시대연구소

💰 제2의 일자리 선택 시 고려사항

첫째, 소득은 만족할 만한가? 일하기를 원하는 가장 큰 이유는 여전히 생활비에 조금이라도 보탬이 되려는 것이기 때문에 소득이 충분한지 여부는 무시할 수 없는 고려사항이다. 다만, 절대적 수준이 아닌 자신이 하는 일에 대한 가치실현과 투입되는 노력을 함께 고려하여 상대적인 기준으로 판단하는 것이 필요하다.

둘째, 잘하는 일을 할 것인가, 좋아하는 일을 할 것인가? 은퇴 이후 일자리는 과거 주된 일자리의 경력을 활용할 수 있는 관련 분야의 일을 하는 것이 가장 바람직하다. 경력과 관계없이 단지 자신이 관심 있고 좋아하는 일을 하고 싶다면 충분한 준비 기간을 가지고 관련 자격증 취득이나 교육프로그램 이수를 통해 잘할 수 있는 일로 바꿔 놓을 것을 추천한다.

셋째, 신체적인 능력을 어느 정도 필요로 하는가를 생각해보자. 직업에 따라서 신체적인 능력이 많이 필요한 일도 있고 크게 부담되지 않는 일도 있다. 또한, 근로시간에도 영향을 미칠 수 있기 때문에 자신의 신체적인 능력을 고려한 직업선택이 되어야 할 것이다. 따라서 직업선택의 폭을 넓히기 위해서는 사전에 꾸준한 건강관리가 중요하다.

💰 시니어를 위한 은퇴 후 추천직업

시니어를 위한 은퇴 후 추천직업

고용직업분류	추천직업	주요 핵심역량
보건·의료	간병인, 생활지도원, 사회복지사, 운동치료전문가, 헬스트레이너	듣고 이해하기, 서비스 지향, 신체적 강인성
금융·보험	보험모집인, 보험중개인, 재무설계사, 개인자산관리사, 간접투자증권판매원	재정관리, 설득, 협상
음식·식품	조리사, 주방보조원, 급식도우미, 바리스타, 식품생산원	통제, 신체적 강인성, 정교한 동작
영업·판매	판매원, 텔레마케터, 주유원, 패스트푸드원, 배달원	반응시간과 속도, 협상, 서비스지향
경비·청소	주택관리사, 시설관리경비직, 환경미화원, 재활용품수거원, 주차관리원	행동조정, 서비스지향, 신체적 강인성
문화·예술	예능학원강사, 독서지도사, 문화재해설가, 도슨트, 인테리어디자이너	가르치기, 학습전략, 창의력
여행·오락	여행안내원, 놀이(레크레이션) 강사, 동화구연사, 여가컨설턴트, 도시민박	말하기, 가르치기, 설득
농림·기타	도시농업전문가, 유기농기능사, 식물관리사, 애완동물미용사, 애완동물장의사	신체적 강인성, 정교한 동작, 추리력

▲ 자료: 한국직업정보시스템, 한국직업사전, NH투자증권 100세시대연구소

🏺 시니어가 도전할 만한 새로운 유망직업 Best 5

① 친절한 사람에게 잘 어울리는 '홈케어기버(재택간병인)'

'케어기버'는 보통 아픈 사람을 돌보는 간병인의 개념에서 좀 더 확장된 개념이다. 집안에 고령 가족이 있으면 육체적인 부분은 물론 심리적인 부분까지도 고려한 섬세한 돌봄이 필요하다. 하지만 최근과 같은 핵가족사회에서 가족이 자신의 일상생활을 배제한 채 고령 가족의 돌봄에만 몰두할 수 없는 경우가 대부분이다.

이 같은 상황에서 고령자에게 익숙한 공간인 자신들의 집에서 독립적으로 행복하게 생활할 수 있도록 가족의 손길로 돌봄 서비스를 제공하는 것이 '홈케어기버'의 역할이다. 홈케어 서비스는 일상생활에서 말벗이나 동반외출, 취미 생활 및 운동보조 등 간단한 정서적 지원을 하는 동반자적 서비스부터 목욕 도움, 식사 및 거동보조와 같은 신체적 지원을 하는 생활 지원 서비스, 치매 등 개호(돌봄)서비스가 필요한 노인성 질환자를 전문적으로 돌보는 전문케어 서비스까지 다양한 유형이 있다. 경력과 교육 이수 수준에 따라 서비스의 제공영역을 선택하거나 확대하는 등 맞춤형 서비스의 제공이 가능하다.

고령화가 진행될수록 홈케어 서비스가 포함된 요양산업 시장규모도 빠르게 증가할 것으로 예상한다. 먼저 고령화가 진행된 미국, 일본과 같은 선진국들의 경우 고령 인구의 80% 이상이 요양원과 같은 외부시설보다는 집에서 노년을 보내기를 선호하고 있다.

이미 우리나라도 절반 가까운 사람(49.5%)이 집에서 요양 받기를 원하는 것으로 나타나 가족을 대신해 요양서비스를 지원할 수 있는 홈케어기버에 대한 수요는 지속적으로 증가될 전망이다.

홈케어기버는 전문케어 서비스까지 제공이 가능한 보건 의료업계 종사 경험자에게 비교적 경쟁력이 높은 직종이라고 할 수 있다. 하지만 신체 건강하고 누군가 챙겨주는 것을 좋아하는 친절한 마음씨의 소유자라면 관련 자격취득을 통해서도 해당 직종에 진출할 수 있다.

관련 자격증으로는 국가공인자격증인 '요양보호사'와 민간전문자격증인 '간병사'가 있는데 '요양보호사'는 국가공인자격으로 취득이 힘든 편이므로 좀 더 쉬운 간병사 자격제도의 활용을 추천한다.

② 고객과 함께 나이 들어가는 '금융노년전문가'

금융노년학이란 1988년도에 미국에서 주창된 학문으로 인생 전반에 걸친 자산수명(Wealth span)의 이슈와 늙어가는 개인과 그 가족들의 욕구를 이해하기 위해서 생물학, 심리학, 사회학 및 인구학 등의 학문적 토대 위에서 여러 전문분야에 종합적으로 걸쳐 있다.

여기서 노년학이란 노인을 연구하는 게 아닌, 나이 들어가는(Aging) 과정을 연구하는 학문으로 고령화 과정에서 발생하는 다양한 재무적, 비재무적 이슈들을 이해하고 해결하고자 한다.

보통 금융계 종사자들은 젊은 편이어서 나이 들어가는 고객들의 특성 변화와 삶의 우선순위를 제대로 파악하지 못하기 때문에 원하는 상품과 서비스를 적절하게 제공하지 못하는 경우가 많다. 금융노년전문가는 자신의 미래 고객들에게 노년학에 대한 심층적인 지식 제공을 통해 이러한 한계를 극복하고 차별화된 역량을 만들어 가는 100세 시대형 금융전문가라 하겠다.

고령화 추세 속에서 가장 큰 수혜를 받을 것으로 예상되는 분야가 바로 금융이다. 다양한 금융상품을 통한 체계적인 자산관리 서비스를 받고자 하는 수요는 물론, 고령자 관련 보험 및 리스크 관리에 대한 필요성이 커질 것으로 예상되기 때문에 금융노년전문가에 대한 수요 역시 확대될 것으로 예상된다.

이는 금융업종 경력자에게 추천할 만한 직종이다. 해당 경력은 없으나 평소 관심이 많은 사람이라면 증권·펀드 투자 권유 자문 인력, 보험대리점 등 다양한 금융상품 관련 자격취득을 통해서도 해당 직종에 진출할 수 있다. 금융노년학에 대한 좀 더 깊이 있는 이해를 위해 최근 미국에서 민간자격으로 새롭게 들어온 금융노년전문가(RFG)과정 이수도 추천할 만하다. 관련 자격에 대한 취득방법은 금융투자협회, 생명보험협회, 손해보험협회 등의 홈페이지를 방문하면 접할 수 있다.

③ 새로운 것을 좋아하는 당신은 '시니어 용품 머천다이저'

머천다이저란 소비자의 구매패턴과 소비유형을 파악하여 시장성을 가질 수 있는 상품을 선택하는 역할을 하는 사람을 말한다. 고령화 사회가 진행됨에 따라 각종 시니어 용품들이 쏟아져 나오고 속칭 '실버마켓'이 형성되어 가는 중인데 이 과정에서 단순히 상품만을 파는 것이 아닌 시장분석, 상품기획, 진열 및 판매 등에 이르기까지 유통의 전 단계에 걸친 업무를 하는 사람을 시니어 용품 머천다이저라 한다.

한 마디로 생산자가 만들어낸 상품들이 소비자에게 전달되기까지 가교역할을 해주는 모든 영역이 직무의 대상이다. 시니어 용품 머천다이저에게 가장 중요한 일은 고령자들을 대상으로 어떤 상품을 팔 것인지를 결정하는 기획업무라고 할 수 있다. 따라서 가장 우선 되어야 하는 것은 고령자들이 필요한 상품이 무엇이고 왜 사는지를 파악하는 것이다.

이러한 고객니즈를 젊은 층의 사람들이 제대로 분석하기에는 일정 부분 한계가 존재한다. 따라서 같은 공감대를 가지고 있는 시니어들이 직접 수행하는 것이 훨씬 더 설득력 있고 가시적인 성과를 가져다줄 확률이 높은 것이다.

또한, 고령화가 진행되어 감에 따라 각종 생활용품 및 최첨단 웨어러블 의료기기까지 액티브 시니어들을 대상으로 모든 소비 분야에 있어 시니어 용품 시장이 존재한다. 이렇게 수많은 상품들을 소비자들이 일일이 체험하기에는 어려움이 있기 때문에 소비자의 욕구를 잘 분석하여 꼭 필요하고 유용한 상품들을 추천해주는 시니어 용품 머천다이저의 역할이 중요해지고 성장성 또한 클 전망이다.

과거 판매, 유통 분야에서 일한 경험이 있다면 대상 상품을 시니어 용품으로만 바꿔 생각하면 되기 때문에 아주 어렵지 않을 것이다. 해당 분야의 경험이 없다 하더라고 판매, 유통 분야는 특별한 자격이 요구되는 분야가 아니기 때문에 진출하기 어려운 직종은 아니다.

하지만 접근이 쉬운 만큼 경쟁도 치열할 수 있기 때문에 판매관리전문가 교육 등을 통해 필수이론을 습득하고 평소 관심 있게 지켜본 분야가 있으면 충분한 시장조사를 통해서 신중하게 접근할 필요가 있다.

④ '유니버설 인테리어디자이너', 창의적인 예술과 실용성의 결합

유니버설 디자인은 '모두를 위한 디자인'이란 의미로 나이나 개인의 능력, 사용환경 등에 상관없이 누구나 손쉽게 이용할 수 있어야 한다는 철학을 가지고 있다. 서방사회에서 고령화 진행과 장애인의 증가에 따라 그동안 간과해왔던 '사용하기 불편함'이 문제로 제기되기 시작 하면서 등장한 개념으로 누구나 혼자서 모든 일상생활에 불편이 없도록 하고, 보기만 해도 제품을 어떻게 사용하면 되는지 알 수 있는 직관적인 디자인을 말한다. 나이가 들어가면서 삶의 질이 실질적으로 개선될 수 있도록 더욱 사용하기 쉽고 편리한 디자인을 요구하게 되기 때문이다.

유니버셜 인테리어디자이너는 기존 인테리어디자이너의 역할에 유니버셜 디자인의 개념을 더한 것이다. 인테리어디자이너는 주택 및 각종 생활환경을 기능과 용도에 맞게 설계하고 장식하는 역할을 하는데 고령자, 장애인 등 사용 대상자를 포괄적으로 고려하여 유니버셜 디자인의 개념이 반영된 공간구조 및 가구나 시설 배치 등이 이루어지도록 하는 것이 유니버셜 인테리어디자이너의 직무이다.

최근 고령화가 진행된 미국과 같은 선진국에서는 '내 집에서 오래 머물면서 나이 들어가고 싶다'라는 의미의 'Aging in place'라는 개념이 보편화 되어가고 있다. 이 개념이 실천되기 위해서는 자기가 살고 있는 주거 환경을 편리하게 바꿀 필요가 있는 것인데 유니버셜 디자인이 반영된 각종 편의시설의 설치요구가 증가함에 따라 유니버셜 인테리어디자이너의 수요도 함께 증가할 것으로 예상된다.

건축업계 종사자라면 향후 지속적인 활동을 위해서는 유니버셜 디자인에 대한 개념과 실무지식을 넓힐 필요가 있다. 해당 분야에 진출하기 위한 가장 쉬운 방법은 한국산업인력공단에서 주관 하는 실내건축기능사 자격을 취득하면 된다.

응시자격에 특별한 제한은 없고 학원 등을 통해 필요한 전문지식을 습득할 수 있다. 적정한 실무경력이 쌓이면 실내건축산업기사나 실내건축기사 등 상위 자격에도 도전할 수 있다.

⑤ 동물애호가에게 추천하는 '반려동물 매니저'

치열한 경쟁 사회 속에서 스트레스와 소외감을 느끼는 사람들이 늘어나면서 반려동물에게 관심을 갖는 사람들이 많다. 특히 저출산·고령화의 영향으로 고령자들 대부분이 1~2인 가구로 구성되어 가는 추세이기 때문에 가족의 대안으로 반려동물을 키우는 사람들이 늘고 있다.

그런데 상당수 애호가들은 반려동물에 대한 전문적인 지식이 없어 관리가 소홀하게 되는 경우가 생길 수 있는데 반려동물 매니저는 반려동물에 대한 여러 가지 정보들을 전문적으로 학습하여 소비자들에게 도움을 주는 역할을 하는 것이다.

반려동물 매니저는 동물 학대 방지 및 사후관리, 동물보호법 계도, 동물매개치료, 애니멀 커뮤니케이터, 동물 사양(품종)관리, 반려동물 코디, 용품개발, 사육 및 분양, 반려동물 장례 등 다양한 영역에서 활동 가능한 전문가이다. 최근에는 주인을 대신해 개를 산책시켜주는 '도그 워커' 등과 같이 반려동물과 관련한 새로운 직무들이 창출되고 있다.

선진국의 경우 반려동물 사육 가구수가 50~70%에 이른다. 우리나라도 이미 반려동물 1,000만 시대에 접어들었으며 고령화 등으로 인해 사육 가구수는 더욱 증가할 것으로 전망되고 있다. 반려동물 관련 시장이 활성화되면서 가구당 관련 물품 지출액이 2000년 이후 급상승하고 있는데 이는 반려동물을 또 하나의 가족으로 보고 좀 더 체계적으로 관리하는 사람들이 많아지고 있다는 것을 의미한다.

따라서 반려동물에 대해 체계적인 관리를 도와주는 반려동물 매니저 등 관련 수요 또한 증가될 것으로 예상된다. 수의학이나 사육관련 업종에 종사한 경험이 있으면 좋겠지만 기본적으로 동물을 좋아하고 사랑하는 마음만 있으면 얼마든지 진출이 가능한 직종이며 애완동물 미용, 반려동물장의사, 반려동물 카페 등 분야 또한 매우 다양하다.

그러나 이론과 기술적 지식이 필요한 만큼 관심 있는 분야에서 미리 충분한 경험을 쌓고 진출하는 것이 좋다. '반려동물관리사'나 '반려동물장례지도사' 등 민간 자격 과정을 통해 이론지식을 쌓는 것도 추천한다.

🪙 100세 시대는 창직(創職)의 시대

은퇴 후 제2의 일자리를 갖는 것은 분명, 단순한 노후소득 그 이상의 의미를 가지고 있다. 특히 오늘날과 같은 100세 시대에는 충분하게 남은 삶의 시간을 얼마만큼 활기차고 보람 있게 보낼 수 있는가에 대한 중요한 요소로 작용하게 될 것이다. 이미 미국과 같은 선진국에서는 'Reimagine'이라는 개념을 도입하여 인생을 재창조한다는 개념으로 접근하고 있다.

그만큼 충분하게 많은 변화를 줄 수 있는 기회가 된다는 의미로 받아들여지고 있으며, 이미 적지 않은 나이에 시작하여 성공한 사례도 많다. 100세 시대는 이미 눈앞의 현실이 되었지만 우리들의 미래는 아직도 미지의 영역이다. 꼭 기존의 직업체계를 따라갈 이유는 없다.

현재 시장과 미래 가능성을 바탕으로 얼마든지 새로운 직종을 창조하는 것도 가능하다. 현재와 다른 새로운 직업을 스스로 만들어낼 수 있는 '창직(創職)의 시대'가 도래했다고 보아도 과언이 아니다.

우리 모두 무슨 일이든 상상하는 대로 이루어질 수 있는 기회를 가졌으니, 하고 싶은 일에 후회가 남지 않도록 한 번 도전해보자.

🪙 은퇴 후 창업은 금기사항?

2015년 1~3차 베이비부머들을 대상으로 실시했던 설문조사에서 '만약 은퇴 후에도 일을 해야 한다면 월급 받는 직장인과 월급 주는 사장님 중 무엇을 선택할 것인가?'를 물어본 적이 있다. 당시 결과는 매우 팽팽했는데 '월급 받는 직장인'에 대한 응답 비율이 50.7%이고, '월급 주는 사장님'은 49.3%로 나타났었다.

5대 5로 보아도 무방한 수준이다. 하지만 세대별로는 조금 다른 양상을 보여주고 있었다. 은퇴가 임박한 1차 베이비붐 세대의 경우 '월급 주는 사장님'을 선택한 비율이 39.7%로 가장 낮게 나타난 반면, 2차 베이비붐 세대의 경우 51.6%로 11.9% 더 높게 나왔고 상대적으로 젊은 30대 중반의 3차 베이비붐 세대의 경우에는 그 비율이 56.7%로 가장 높게 나타난 모습이었다.

이와는 반대로 '월급 받는 직장인'에 대한 선택은 1차 베이비붐 세대가 60.3%로 가장 높았고, 2차 베이비붐 세대는 48.8%, 3차 베이비붐 세대는 43.3%로 그 비율이 점진적으로 떨어지는 형태를 보여주고 있었다.

이러한 결과는 나이가 들수록 실패에 대한 두려움이 커지면서 창업이라는 모험보다는 재취업을 통한 안정성을 추구하려는 성향이 강해지는 것으로 추정되는 부분이다. 게다가 나이가 들어서 실패했을 경우 이를 회복할 수 있는 시간과 여력이 떨어진다며 창업보다는 재취업을 권장하는 사회적 분위기도 어느 정도 한몫하고 있는 것 같다.

그렇다면 은퇴 후 창업은 꼭 금기 사항이 되어야만 하는가? 창업보다 재취업이 분명 이상적인 상황이기는 하지만 실제 주된 직장에서 은퇴하고 나서 다시 마음에 드는 일자리를 찾을 수 있는 사람들은 극히 일부에 지나지 않는다. 시니어 세대가 할 수 있는 일자리란 아르바이트나 소일거리가 보통이며 이마저도 원하는 사람들 모두가 재취업을 할 수 있는 상황도 아니다.

따라서 은퇴 후 창업이 반드시 금기사항이 될 것까지는 없다. 물론 창업 역시 아무나 쉽게 가능한 일은 아니지만, 누군가는 창업을 해서 사장님이 되고 누군가는 재취업을 해서 월급을 받는 사람이 되어야만 우리 사회의 전체적인 경제활동도 원활하게 돌아갈 것이다. 그럼 은퇴 후 창업에 대한 의지가 있고 여건이 되는 사람이라면 어떻게 창업하면 좋을지를 한 번 알아보자.

🪙 우리나라 사람들이 좋아하는 프랜차이즈 창업

창업을 결정했다면 다음 단계는 시장조사를 통한 사업 아이템의 결정이다. 창업예정인 사업 아이템에 대하여 미래 경쟁자들이 현재 얼마나 진출하여 있는지를 알아보고 시장이 포화상태는 아닌지, 향후 발전 가능성은 충분한지 등을 검토해야 한다. 사업 아이템을 최종적으로 결정하기 전까지 이러한 시장조사는 반복적으로 이루어져야 한다.

독립 창업이든 프랜차이즈 창업이든 참여하고자 하는 사업영역에 대한 시장조사는 공통적으로 반드시 필요한 과정이다. 그럼 현재 우리나라의 프랜차이즈 업종 현황을 한 번 살펴보도록 하자.

우선 가맹점과 직영점을 포함하여 업종별 점포 수가 가장 많은 업종은 편의점, 마트 업종(29,174개)이다. 특별한 기술이나 운영 노하우가 상대적으로 덜 필요한 업종이기 때문에 나온 결과로 보여진다. 두 번째로 많은 업종은 대한민국의 대표 창업업종으로 인식되고 있는 치킨 업종(25,437개)이다. 치킨 업종은 오랜 시간 우리나라 프랜차이즈의 대명사로 불려온 만큼 창업프로세스가 잘 구축되어 있어 많은 사람들이 선호하고 있는 것으로 판단된다. 세 번째는 예상보다 높은 순위를 차지하고 있는 초·중·고 교육 프랜차이즈(23,807개)이다.[1]

특히 초·중·고 교육업종은 최근(2014년) 연간 신규개점 통계에서도

---

1. 프렌차이즈 업종 관련 자료: 프렌차이즈파트너스 (www.fcpartners.co.kr) 2014년 기준 통계자료

1위를 차지하고 있어 식을 줄 모르는 우리나라 부모들의 사교육 열기가 창업에도 영향을 미치고 있는 것으로 나타났다. 다음으로는 최상위 3개 업종과 비교했을 때 다소 격차를 보이며 한식·고기 업종(15,307개)과 커피·디저트 업종(13,229개), 유아·아동교육 업종(12,889개) 등이 그 뒤를 잇고 있다.

신규 개점 및 폐점 현황 체크는 필수

새롭게 사업을 시작하는 신규 개점 수와 사업을 중단하게 되는 폐점률 현황도 살펴보아야 한다. 앞서 언급했듯이 최근 신규 개점 수가 가장 많은 업종은 초·중·고 교육업종이다. 그러나 폐점률 또한 19.3%로 5개 업종 중 가장 높게 나타나 많이 생기는 만큼 많이 없어지는 현상을 보여주고 있다.

다음으로 편의점·마트 업종은 점포 수가 가장 많음에도 신규 개점 수로는 두 번째를 차지하고 있다. 폐점률 역시 15.4%로 상당히 높게 나타나고 있어 해당 업종이 포화상태임을 추정할 수 있다.

세 번째는 치킨 업종이다. 역시 기존 점포 수가 많음에도 신규개점 또한 지속적으로 발생하고 있는 상황이다. 다만 의외로 폐점률은 10.9%로 다른 Top 5 업종 대비 낮은 수준이다. 프랜차이즈 관리가 어느 정도는 잘 이루어지고 있는 것으로 보인다.

점포 수에서 4, 5위를 차지한 한식·고기 업종과 커피·디저트 업종이 신규 개점 수에서도 역시 같은 4, 5위를 차지하였다. 반면 폐점률에서는 한식·고기 업종이 12.2%로 커피·디저트 업종의 9.4%보다 다소 높게 나타난 점이 특이하다.

신규 개점 수가 많다는 것은 해당 업종에 대한 트렌드가 형성되었거나 브랜드에 대한 선호도가 높은 결과이니 가맹본부 입장에서는 매우 환영할 만한 일이지만 가맹점 입장에서는 그만큼 경쟁이 치열하다는 의미이다. 따라서 예비창업자라면 영업지역 보호 여부 등 해당 업종 진출에 대한 충분한 사전검토가 이루어져야 한다.

또한, 폐점률 역시 해당 업종에 대한 사업 실패확률을 직접 보여주는 결과이므로 당연히 주의를 기울여볼 필요가 있는 통계이다.

지역별로 다르게 나타나는 매출

창업을 생각하고 있는 업종이나 브랜드에 대한 기존 점포들의 매출을 확인해보는 것도 시장조사의 중요한 과정 중 한 가지이다. 매출 현황을 체크해보면 특정 지역에서 어떤 업종이 장사가 잘되고 있는지, 동일 업종 내에서는 어떤 브랜드를 선호하는지를 간접적으로 판단할 수 있다.

포화상태인 업종이지만 어떤 지역에서는 그 경쟁 정도가 상대적으로 덜할 수도 있고, 반대로 전반적으로는 경쟁이 심하지 않은 업종이라도 특정 지역에서는 경쟁이 심할 수도 있기 때문에 업종이나 브랜드의 평균적인 매출 정보를 확인해 보는 것이 좋다.

주요 프랜차이즈 선호 업종들에 대한 지역별 매출을 살펴보면 현재 가장 많은 점포 수를 가진 편의점·마트 업종의 경우 충북지역이 가장 높은 평균 매출을 보여주고 있다. 서울지역과 매출격차를 비교해보면 2억원 이상 차이가 난다. 해석해보면 편의점·마트 업종 같은 경우 충북지역에서의 창업은 어느 정도 경쟁력 유지가 가능하다는 말이 된다.

반면, 치킨 업종 같은 경우 지역별 매출의 차이가 있긴 하지만 상·하위 간 격차가 그리 크지 않다. 이처럼 지역에 따른 편차가 크지 않은 치킨 업종은 이미 거의 모든 지역에서 경쟁상황이 심하다고 볼 수 있겠다.

초·중·고 교육업종의 매출 상위 지역을 살펴보면 서울과 수도권 지역이 특히 높게 나타나는 등 대도시 중심으로 매출이 높게 형성되고 있다. 해당 업종은 학생과 학교가 많은 대도시에서 발달할 수밖에 없는 성격이기 때문에 예상했던 것과 크게 다르지 않은 결과이다. 전반적으로 대도시에서는 경쟁이 심한 상황이지만 경기지역에서는 다소 여지가 있어 보인다.

그 밖에 한식·고기 업종이나 커피·디저트 업종의 경우에도 치킨 업종과 마찬가지로 지역별 평균 매출에는 큰 차이를 보이지 않고 있다. 다만 한식·고기 업종은 대구지역에서, 커피·디저트 업종은 울산지역에서 가장 높은 매출을 보여주고 있다는 점은 참고할 만하다.

업종이나 브랜드의 매출 현황을 체크할 때 한 가지 주의해야 할 사항이 있다. 매출이 높다고 많은 수익이 무조건 보장되는 것은 아니라는 점이다. 사업의 수익성을 제대로 파악하기 위해서는 매출 외에도 창업비용 및 판매원가 등 들어가는 비용요소들을 추가로 고려해야 한다. 매출이 높더라도 비용요소가 많으면 수익성이 좋지 않고, 비용요소가 적어 수익성이 좋더라도 매출이 적다면 의미가 없으니 상호보완적인 요소를 보고 판단해야 할 것이다.

💰 감당 못 하는 창업비용은 독(毒)

아무리 사업성이 좋다고 하더라고 너무 많은 창업비용이 들어간다면 그림의 떡에 지나지 않는다. 더구나 은퇴 후 창업에 실패하게 되면 타격이 클 수 있으니 무리하게 많은 비용을 투자하는 것은 위험한 일이다. 은퇴 후 창업의 목적은 큰 성공보다는 일하는 보람과 안정적인 수익 창출에 있다는 점을 잊지 말고 창업비용을 스스로 감당할만한 수준에서 정해야 한다.

주요 업종들의 창업비용을 살펴보면 점포 수에서 1, 2위를 했던 편의점과 치킨 업종이 제일 적은 것으로 나타났다. 물론 여기에는 지역에 따라 편차가 큰 임차비용 등 포함되어있지 않은 부분은 있지만 적은 프랜차이즈 비용이 해당 업종을 선호하는 주요 원인 중 하나인 것으로 보인다.

초·중·고 교육업종의 경우 창업비용 대비 평균 매출이 낮은 편인데 이는 인건비 외 재료원가 등 특별한 비용요소가 없기 때문이다. 또한, 최근 신규 개점이 많은 초·중·고 교육업종의 평균 창업비용이 상대적으로 높게 나타난 것은 해당 업종의 대형학원 프랜차이즈가 포함된 영향으로 보인다.

주요 5개 업종을 전반적으로 보면 창업비용이 적게는 6,000만원에서 1억2,000만원 정도가 소요되며, 여기에 임차보증금 예산을 3,000~5,000만원 정도로 가정한다면 최소 9,000만원에서 최대 1억7,000만원 정도의 창업비용 예산이 필요하다고 볼 수 있다. 대략적인 수준으로만 파악해본 것이니 실제 은퇴 후 창업을 원하는 경우 좀 더 꼼꼼하게 비용요소를 체크해보고 무리한 투자가 발생하여 독(毒)이 되지 않도록 주의를 기울여야 할 것이다.

💰 은퇴 후 창업, 망하지 않는 5가지 원칙

은퇴 후 창업은 그동안 꾸어왔던 꿈이나 자아실현을 이루기 위해서

하는 경우도 있겠지만 대다수가 생계 목적이 될 확률이 높다. 할 수밖에 없는 상황이라면 어떻게 되겠지 하는 생각으로 안이하게 하지 말고 안정적인 수익창출이라는 성과를 달성하기 위해 충분히 많은 노력을 기울여야 한다. 그럼 은퇴 후 창업을 안정적으로 성공하기 위한 5가지 원칙을 살펴보자.

① 소자본으로 창업하라

은퇴 후 창업의 최우선 조건은 창업비용의 적정성이다. 커다란 성공보다는 일하는 보람과 안정적인 수익에 목표를 두는 것이 좋다. 대출 등을 이용해 무리한 투자를 하였다가 실패하게 되면 회복이 어려우니 감당할 수 있는 예산 범위 내에서 업종을 선택하자. 초기 자본이 클수록 리스크도 커질 수밖에 없다. 순 자산 2억5,000만원 정도를 가정했을 때 1억원 내외 소자본 창업이 적정 수준으로 보인다.

② 365일 묶여있는 창업은 피하라

하루 종일 일에만 매달려 있게 된다면 조금은 여유로워야 할 노후생활이 오히려 불행해질 수 있다. 물론 자영업의 성격상 자신의 노동력이 투입된 만큼 수익성은 좋아지고, 사업이 자리를 잡을 때까지는 많은 시간이 필요하다. 하지만 사업이 어느 정도 운영궤도에 올라섰다는 판단이 서면 인력 고용을 통해 안정적인 노후생활을 지켜낼 수 있도록 하자.

③ 가족의 지지는 반드시 확보하라

창업은 가족의 지지가 없는 경우 사업이 난관에 부딪혔을 때 고통은 배가 된다. 특히 배우자와의 충분한 사전논의는 반드시 필요하다.

혹시라도 어려운 상황이 되었을 때 심적, 물적 지원을 받을 수 있도록 가족의 공감대를 반드시 확보하자.

④ 잘 알고, 좋아하는 일을 하라

성공확률을 높이기 위해서는 가능한 본인의 경험과 지식이 많은 분야를 선택하는 것이 좋다. 그렇지 않다면 평소 관심이 많은 분야를 선택하자. 조금이라도 일을 즐길 수 있는 상황으로 만들어 놓는 것이다. 단순히 남들이 하니까, 또는 너무 유행을 타는 업종을 선택하기보다는 자신에게 강점이 있고 오랫동안 지속 가능한 업종을 선택하는 것이 좋다.

⑤ 사업가 마인드로 철저히 무장하라

소자본 창업은 대부분 서비스 업종으로 불특정 일반 대중들이 고객이다. 예상치 못한 고객과의 마찰에 대비한 서비스 정신으로 철저하게 무장하지 않으면 심한 스트레스로 돌아온다. 또한, 창업은 수많은 선택을 스스로 결정해야 한다. 월급 받던 직장인에서 월급을 주는 사장님으로 위치가 바뀌게 되면 종업원과의 관계 설정에도 여러 가지 어려움이 발생할 수 있다. 사업가로서 이러한 상황을 극복할 수 있도록 단단한 각오를 해야 한다.

생활에 활력을 주는
'진지한 여가'

🎒 은퇴 후 8만 시간, 무엇을 할 것인가?

평균수명의 연장으로 60세에 정년퇴직을 해도 노후생활 기간이 30년 이상 늘어나게 되었다. 은퇴 후 일상생활에 꼭 필요한 수면, 식사, 가사노동 등의 시간을 제외한 여가시간이 8만 시간에 이른다고 한다. 이 8만 시간은 만 25세부터 직장생활을 시작해서 60세까지 35년 동안 일한 사람의 노동시간인 8만4,000시간(8시간×25일×12개월×35년)과 맞먹는 긴 시간이다. 은퇴 후 또 한번의 8만 시간이 있기 때문에, 은퇴 후의 삶은 연장전이 아니라 후반전이다. 젊어서는 가족을 위해 사는 삶이었다면 은퇴 후에는 평소하고 싶었던 일과 여가활동을 하며 인생 2막의 꿈을 시작할 수 있다. 은퇴자에게 필요한 다섯 가지로 돈·건강·일·여가·관계를 꼽는다. 행복한 노후생활을 위해서는 이 다섯 가지 요소의 밸런스가 필요하다. 은퇴 후 8만 시간에 무엇을 할 것인지 미리 계획해 보자.

🎒 은퇴 생활의 활력소, 취미 · 여가생활

평균수명이 90세에 육박하는 장수 시대가 도래하면서 은퇴 생활의 활력을 주는 취미와 같은 여가활동이 점차 더 중요해지고 있다. 하지만 많은 퇴직자가 평생을 회사형 인간으로 살아온 결과 이렇다 할 취미 · 여가가 없는 상황이다. 그래서 우리나라 은퇴자들의 삶은 자아를 성취하는 멋진 시간이 아니라, 은퇴 후 많아진 자유시간을 오히려 부담스러워 하는 경우가 많다.

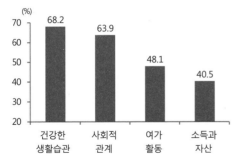

영역별 노후준비 수준

▲자료: 보건복지부, 노후준비지표 예비조사 결과, 2012

우리나라 국민의 노후준비수준은 '건강한 생활습관' 68.2점, '사회적 관계' 63.9점, '여가활동' 48.1점, '소득과 자산' 40.5점으로 나타났다. '건강'에 대한 노후준비도가 가장 높고, '여가활동'과 '소득과 자산'에 대한 노후준비도가 취약한 것으로 나타났다. 직장에 다닐 때부터 미리 후회 없는 노후 생활이 되도록 여가활동과 소득과 자산에 대한 철저한 준비가 필요하다.

연금제도가 잘 갖춰진 선진국에서는 은퇴자들이 매우 다양한 여가 활동을 즐긴다. 스포츠활동을 즐기는 것은 기본이고, 여행을 하거나, 평생학습을 하며 기술을 배우거나, 사회봉사 활동도 펼치고 있다. 은퇴자들은 직장 퇴직 후 자아를 실현하며, 많은 사람과 교류하기 위한 방법으로 여가활동을 즐기게 된다.

은퇴 후 여행, 독서, 스포츠, 악기연주, 자기계발과 같이 평생 하고 싶었던 여가활동을 하면 은퇴자에게 행복감을 높여준다. 또한, 여가활동은 은퇴 후 시작하는 새로운 사회활동의 기반이 될 수 있다. 수준 높은 여가활동을 위해서는 관련 지식이나 기술을 배워야 하는데, 그 과정에서 많은 사람을 새롭게 사귈 수 있다.

또한, 동호회나 단체에 가입하여 활발한 활동을 할 수 있게 된다. 이처럼 적극적으로 여가활동을 즐기다 보면 취미·여가가 또 다른 직업으로 발전하는 경우도 종종 있다. 취미·여가활동을 할 때 한 가지 활동에만 몰입하기보다는 다양한 취미의 포트폴리오를 구성하는 것이 만족도를 더 높이는 방법이다.

💰 일상적 여가 vs 진지한 여가

'일상적 여가(casual leisure)'는 산책, TV 시청, 인터넷 검색·SNS, 낮잠 등으로 일상적 여가를 즐기면서 휴식, 재충전, 사교, 즐거움을 얻을 수 있다. '진지한 여가(serious leisure)'는 중심적인 삶의 관심(central life interest)거리가 되는 여가활동이다. 관련 지식이나 기술을 배우기 위해 때때로 수년간의 열정과 노력이 필요하지만, 어느 수준에 도달하면 높

은 성취감과 자아실현의 보상이 오는 여가활동이다. 진지한 여가보다
일상적 여가 참여자들이 훨씬 많다.

중·장년층, 하루 여가시간의 절반을 TV 등에 의존

우리나라 50~60대 중·장년층은 하루 여가시간의 절반을 TV, 스마트폰, 인터넷 등의 미디어를
이용하여 정적인 여가활동을 하고 있는 것으로 나타났다. 우리나라의 베이비붐 세대는 한국경
제 고도성장기에 바쁘게 일하느라 이렇다 할 취미나 여가 없이 미디어를 이용하여 휴식하는 것
으로 보인다.

　미디어 이용 비율은 65세 이상 고령자가 가장 높았다. 65세 이상 고령자들은 하루 여가시간
의 약 50%(3시간 48분)를 TV 시청에 사용하는 것으로 나타났다. 고령자들은 TV 시청 다음으로 종
교·문화 활동(8.7%), 교제 활동(7.1%), 스포츠 활동 (6.8%) 등의 여가활동을 하는 것으로 나타났다.
우리나라 고령자들은 활기차고 즐거운 노후를 위해서 TV 보는 시간을 줄이고, 다른 여가활동을
적극적으로 개발해야 할 필요가 있어 보인다.

　우리나라 중·장년층도 현재 고령자들의 여가생활을 타산지석으로 삼아 하루 여가시간의 상
당 부분을 TV, 스마트폰, 인터넷 등의 미디어를 이용하여 소일하며 보낼 것이 아니라 진지한 여
가를 시작할 필요가 있다. 진지한 여가활동을 하면 관련 지식이나 기술을 배우는 과정에서 많은
사람을 새로 사귈 수 있고 성취감과 자아실현을 느낄 수 있기 때문이다.

▶ 생활체육을 전혀 안 하는 사람 10명 중 3명 수준

주 1회 이상 규칙적으로 생활체육에 참여한 비율은 59.5%를 기록했다. 생활체육에 전혀 참여하
지 않는 비율은 50~60대는 10명 중 3명 수준이었으나, 70세 이상은 10명 중 4명 수준으로 다
른 연령대에 비해 가장 높게 나타났다. 규칙적인 생활체육에 참여하지 않는 주된 원인으로는 시
간 부족(63.2%)을 꼽았다. 그 다음으로 관심 부족(37.7%), 체육시설 접근성 낮음(23.6%) 등이 원인
인 것으로 나타났다.

▶ 연령대가 높아질수록 문화예술 및 스포츠 관람비율 감소

지난 1년간 공연장, 전시장 또는 체육시설에 문화예술 및 스포츠를 관람하러 가본 적이 있는 사
람의 비율은 66.8%로 나타났다. '문화예술 및 스포츠 관람비율'은 40대(76%), 50대(59.1%), 60대
이상(30.1%)으로 연령대가 높아질수록 계속 낮아지는 것으로 나타났다. 자원봉사 활동 참여율은
10대(26.9%)가 가장 높고 50대(10.3%), 60대 이상(5.2%)으로 매우 낮은 수준인 것으로 나타났다.

💰 보이지 않는 '자산'에 투자하라

노후생활 기간이 30년 정도로 늘어나게 되어 평생을 즐길 수 있는 여가활동이 중요해지고 있다. 하지만 우리나라 중·장년층은 하루 여가시간의 절반을 TV 등 미디어를 이용하며 소일하고 있고, 생활체육을 전혀 안 하는 사람의 비율이 10명 중 3명 수준에 달한다. 또한, 중·장년층은 연령대가 높아질수록 '문화예술 및 스포츠 관람' 비율도 크게 낮아지는 것으로 나타났다.

취미·여가활동 동호회에 가입하면 많은 사람을 새로 사귈 수 있다. 미술에 관심이 있다면 주말마다 화랑을 돌며 전시회를 관람하고, 미술과 관련된 잡지와 책을 읽으면서 실력을 쌓자. 손재주가 있어 목공을 좋아한다면 주 1~2회 목공을 배우며 생활에 필요한 가구들을 직접 만들며 성취감을 느껴보자. 원예에 관심이 있다면 과수, 채소, 화훼 등을 직접 재배해보고, 필요할 경우 방송통신대학교 등에 등록하여 관심 있는 작물의 재배기술을 배우고 공부하자.

이제부터는 여가시간의 절반을 TV, 스마트폰, 인터넷 등의 미디어를 이용하여 정적인 여가활동만 할 것이 아니라, 성취감을 느끼고 자아를 실현할 수 있는 '진지한 여가'를 개발하여 실천해보자. 진지한 여가를 즐기는 사람의 대부분은 여가시간에 다양한 일상적 여가를 같이 즐기고 있다. 최적의 여가 라이프스타일은 '일상적 여가'와 더불어 한 가지 이상의 '진지한 여가'를 영위하는 것이다.

서울시50플러스재단

중·장년층은 '서울시50플러스재단'을 이용하면 저렴한 비용으로 다양한 여가·취미·자기계발 교육을 수강할 수 있다. 50플러스 재단은 50플러스 세대의 복지와 일자리를 체계적으로 지원하게 만든 재단이다.

50플러스 재단에는 사진·목공·공방·요리·집짓기·글쓰기 등 다양한 여가 프로그램뿐만 아니라 새로운 커리어를 모색하는 중·장년층을 위한 일자리 관련 프로그램도 개설되어 있다. 또한, 동사무소 주민자치센터, 문화센터에도 다양한 취미·여가 관련 프로그램이 개설되어 있으며 저렴한 비용으로 수강할 수 있다.

정부에서도 2015년 12월부터 '전 국민 노후준비 서비스'를 개발하여 시행하고 있다. 노후준비 서비스란 체계적으로 노후준비를 할 수 있도록 재무·건강·여가·대인관계 실태에 대한 진단과 '노후준비 종합진단 리포트'를 제공하여 국민의 노후준비를 지원하는 서비스이다. 국민연금공단 홈페이지를 통해 온라인으로 이용할 수 있다.

과거와 달리 재무·건강·여가·대인관계 실태에 대한 노후준비수준을 편리하게 진단할 수 있을 뿐만 아니라 50플러스 재단과 같은 다양한 교육 프로그램도 제공되고 있다.

묘수는 없다

"신의 한 수가 아니라 그 수밖에는 둘 데가 없었다."

인간과 컴퓨터의 대결, 이 세돌 9단과 인공지능 '알파고(AlphaGo)'와의 대국에서 유일한 1승이었던 제4국에서 소위 '신의 한 수'라고 불렸던, 백 78수에 대해 이 세돌 9단이 한 말이다.

바둑의 역사는 아주 길다. 바둑은 중국의 전설적인 성군인 요임금이 아들 순임금의 어리석음을 깨우치기 위해 만든 교육 도구라고 한다. 이번 세기의 대국에서 인간의 최고수인 이 세돌 9단이 겨우 1승을 하면서 결국 1승 4패로 인공지능에게 패하자, 2,500년 동안 쌓은 인류의 경험과 지혜가 무력화되었다는 점, 그리고 미래에 대한 걱정과 우려, 더 나아가 공포감이 쏟아지기 시작했다. 인간과 기계의 대결, 아니 창조자와 피 창조물의 위치가 어쩌면 뒤바뀔 수도 있다는 것 자체가 공포이자 충격이었던 것이다.

포석이며, 행마며, 끝내기까지…… 바둑 정석의 세계는 깊고도 넓다. 그런데 알파고는 그 정석의 세계를 무너뜨린 것이다. 알파고의 기풍(棋風)은 우주류도 세력바둑도 아니었으며, 발 빠름과 두터움의 어느 한쪽에 서 있지도 않았다. 언제나 그랬듯이 인류는 바둑을 두면서 새로운 정석을 만들어 냈다. 시행착오와 새로운 시도가 축적되어 오늘날의 정석이 만들어진 것이다.

따라서 알파고 승리의 파장에는 인간이 수천 년간 축적해온 경험과 지혜의 산물인 바둑 정석의 본질적인 재평가도 있을 것이다. 이번 인류와 컴퓨터의 대결이 시사하는 바는 너무나도 많지만, 그중에서도 특히 '새로운 변화는 언제나 밀려온다'는 사실과 '그에 맞게 적응하고 대응하지 않으면 안 된다'는 점에 주목해야 한다.

즉, 세상에는 언제나 거대한 변화가 일어나고 있으며, 우리가 아는 것이 전부가 아니라는 것이다. 무엇보다도 우리가 알고 있는 것 외에도 해법은 존재한다는 것이다. 우리의 인생도 같은 이치가 아닐까? 인류의 평균수명이 2배 이상 늘어난 '기적의 100년' 20세기에 태어난 세대들은 노후준비에 있어서도 새로운 솔루션이 필요한 세상으로 바뀌고 있다.

과거는 자식 농사가 노후 준비이던 시절이 있었다. 절대불변일 것 같았던 그 부동의 공식도 이젠 더 이상 맞지 않게 되어 버렸다.

인류역사상 수만 년 이어온 가장 전통적인 노후대책의 정석인 '자식 농사'는 이제 무의미해졌다. '스스로 구제했던' 자산의 유동화 정석도 절대 저금리시대에 이미 무력화되었거나, 앞으로 유효한 수단이 아닐 공산이 크다. 결국, 이제 우리는 새로운 정석(定石)을 찾아야 한다. 그만큼 노후생활에 있어서 현금흐름에 문제가 발생할 가능성이 큰 것이다.

"신의 한 수가 아니라 그 수밖에는 둘 데가 없었다"라고 한 것처럼, 노후준비를 충분히 하지 못한 사람은 주택연금이나 노후 일자리 등을 활용할 수밖에 없을 것이다. 그러나 우리가 가야 할 길은 '연금이라는 정석(定石)'으로 안정되고 윤택한 노후를 준비하는 것이다. 세상사 묘수는 없기 때문이다.

100세 쇼크

초판 1쇄 찍은날 2018. 3. 30 ‖ 초판 5쇄 펴낸날 2019. 9. 30 ‖ 지은이 NH투자증권 100세시대연구소
펴낸이 정혜옥 ‖ 펴낸곳 굿인포메이션(스쿨존) ‖ 출판등록 1999년9월1일 제1-2411호
사무실 04779 서울시 성동구 뚝섬로 1나길 5(헤이그라운드) 7층
사서함 06779 서울시 서초구 동산로 19 서울 서초우체국 5호
전화 02)929-8153 ‖ 팩스 02)929-8164 ‖ E-mail goodinfozuzu@hanmail.net

ISBN 978-89-88958-82-7 03330